A Arte do Ator entre
os Séculos XVI e XVIII

Coleção Estudos
Dirigida por J. Guinsburg

Equipe de realização – Edição: Adriano A. Sousa; Revisão: Jonathan Busato; Sobrecapa:
Sergio Kon; Produção: Ricardo W. Neves, Sergio Kon e Lia N. Marques.

Sobrecapa: Giandomenico Tiepolo, *Balanço dos Pagliacci*. Afresco. Veneza, Ca' Rezzonico,
século XVIII.

Ana Portich

A ARTE DO ATOR ENTRE OS SÉCULOS XVI E XVIII

DA COMMEDIA DELL'ARTE
AO PARADOXO SOBRE O COMEDIANTE

Dados Internacionais de Catalogação na Publicação (CIP)
(Câmara Brasileira do Livro, SP, Brasil)

Portich, Ana
A arte do ator entre os Séculos XVI e XVIII /
Ana Portich. – São Paulo: Perspectiva: Fapesp, 2008. –
(Estudos; 254 / dirigida por J. Guinsburg)

Bibliografia.
ISBN 978-85-273-0827-4

1. Arte dramática 2. Atores 3. Teatro –
História e crítica I. Guinsburg, J. II. Título.
III. Série.

08-04975   CDD-792.028

Índices para catálogo sistemático:
1. Atores de teatro : Arte dramática   792.028
2. Personagens : Construção : Arte dramática   792.028

Direitos reservados à
EDITORA PERSPECTIVA LTDA.

Av. Brigadeiro Luís Antônio, 3025
01401-000 São Paulo SP Brasil
Telefax: (011) 3885-8388
www.editoraperspectiva.com.br

2018

*Para Anna Lia Amaral de Almeida Prado
e para meus pais, Arno (*in memoriam*) e Idalina.*

Agradecimentos

Ao saudoso professor Bento Prado Jr., por narrar a lenda da Donzela Trágica em outro registro, às vezes cômico, mas certamente menos doloroso.

A Luiz Fernando Franklin de Mattos, cuja obra filosófica foi decisiva para a estruturação e a consecução deste trabalho.

A Raquel Prado e Vivian Breda, interlocutoras, incentivadoras e amigas de todas as horas. A Iná Camargo Costa, que não me deixa esquecer o fator político de todas as manifestações teatrais.

A Magda Teixeira de Souza, com saudades, a Maria Teresa Mucci e Rodolfo Rachid, sem a amizade dos quais eu não teria finalizado a graduação em filosofia.

Aos professores Mario Fernando Bolognesi, da Unesp, e Roberto Cuppone, da Universidade Ca' Foscari de Veneza, meus mentores em *Commedia dell'Arte*.

A Leon Kossovitch, Márcio Suzuki – padrinho editorial –, Maria das Graças de Souza e João Adolfo Hansen, pela atenção dada a meus esboços. A Samuel Leon, Roberto Bolzani e a Ingrid D. Koudela.

*

Este trabalho – fruto de meu doutorado em filosofia pela Universidade de São Paulo – e as pesquisas em Veneza foram realizados com financiamento da Fundação de Amparo à Pesquisa do Estado de São Paulo (Fapesp).

Sumário

O PASSADO QUE SE FAZ PRESENTE – *Mario Fernando Bolognesi*..XIII

PRÓLOGO..XVII

1. REPRESENTAÇÃO DE CORTE 1

Grimm, d'Alembert, Rousseau e o *Paradoxo sobre o Comediante* 1
A *Commedia dell'Arte* e o Espetáculo Teatral como Fonte de Deleite 15
Leone de' Sommi: Teatro como Exemplo 26
Do Mecenato de Maria de Médici à Comédie Italienne 35

2. A *COMMEDIA DELL'ARTE* E A ELABORAÇÃO DA ARTE DO ATOR 47

Padre Garzoni e São Carlos: Setores da Igreja Favoráveis e Setores Desfavoráveis ao Teatro 47
Os Andreinis, Pier Maria Cecchini, Flamínio Scala, Basílio Locatelli: a Apologia do Teatro Feita por Comediantes *dell'Arte* 51
Argumentos de Nicolò Barbieri contra a Censura 60
A Cristã Moderação do Teatro: a Censura Eclesiástica Proposta pelo Padre Ottonelli 67

Luigi Riccoboni: a Tragédia da *Commedia dell'Arte versus* a Tragédia da Comédie Française 72

Luigi Riccoboni e Carlo Gozzi: o Ator como Orador Monárquico 88

3. *ENTRETIENS* DE DIDEROT E *SERMONES* DE HORÁCIO: INDICAÇÕES PARA A ARTE DO ATOR 99

4. TEATRO DA VIRTUDE: O DISCURSO DE DIDEROT CONTRA A COMÉDIA DE CARACTERES 119

EPÍLOGO 135

A TRATADÍSTICA DO ATOR: FONTES PRIMÁRIAS 145

BIBLIOGRAFIA 165

ÍNDICE ONOMÁSTICO 181

O Passado
que se Faz Presente

O teatro tem como requisito essencial a comunicação direta entre atores e público, e ambos são (ou deveriam ser), antes de tudo, cidadãos. Este é um forte motivo para que a arte do palco seja uma questão de Estado. Nos momentos de autoritarismo, a ação estatal se traduz em censuras, proibições, fechamentos de casas de espetáculos, perseguições, prisões, além de outros expedientes. Em momentos mais brandos, abolem-se as medidas de intervenção – curiosa e maliciosamente chamadas de "exceção" – e as atenções se voltam para especificidades técnicas da arte do teatro. No entanto, as buscas das especificidades não deixam de estar conectadas com a política maior. Melhor dizendo, elas são partes integrantes de certa compreensão e concepção do fazer teatral em sua amplitude social.

Ao ler o trabalho de Ana Portich somos levados a uma experimentação de múltiplas faces, que envolve a técnica do palco e da interpretação, a histórica, a política e a conceitual. O foco do trabalho está nos desdobramentos da poética teatral, quando a Contra-Reforma, na Itália, é o ponto de partida, e o absolutismo monárquico, na França, o de chegada. O centro das atenções se direciona para a arte da interpretação, analisada à luz das políticas totalitárias. No início do percurso são apresentados argumentos favoráveis ao teatro, e outros nem tanto assim, oriundos de alguns setores da Igreja. Ao final, Diderot e, prioritariamente, o *Paradoxo sobre o Comediante*. No meio do caminho, a *Commedia dell'Arte* e os mecanismos de apropriação, em solo francês,

XIV A ARTE DO ATOR ENTRE OS SÉCULOS XVI E XVIII

desse modo específico de interpretar e encenar. Se preferirem um outro linguajar, das pastorais à comédia, desta ao drama.

Com *A Arte do Ator*, o leitor tem a oportunidade de apreciar uma análise pormenorizada de alguns dos principais escritos e reflexões acerca da profissão dos atores e atrizes do século XVI ao XVIII. Na maioria dos casos são textos e autores desconhecidos do público brasileiro, exceto o próprio Diderot, já traduzido entre nós. A simples revelação desses escritos e autores em língua pátria já contribui para a ampliação de nossos horizontes, revelando, portanto, sua importância. Mas o livro não fica nisso: ele focaliza temas relevantes do debate atual em torno do fazer teatral e da política. Com base em fontes do passado, que trazem à tona textos e autores pouco estudados, o trabalho de Ana Portich sedimenta, histórica e criticamente, algumas vertentes atuais do debate teatral. A leitura aprofundada dos tratados acerca da arte do ator em séculos passados, pontuada com os referenciais históricos do absolutismo, descortina o "puramente técnico" e o insere no complexo debate que envolve a necessidade, os perigos e a importância da arte do palco.

A opção da autora pelos pensadores e praticantes da *Commedia dell'Arte* em solo francês – boa parte deles originários da Itália – corresponde a um importante movimento da história do teatro, exatamente aquele que absorve um modo teatral de amplo agrado popular e o direciona às necessidades de uma política de Estado. Este episódio do teatro provocou não apenas uma migração de países, mas também de classes. Ao buscar a corte e os teatros em espaços fechados, os comediantes *dell'Arte* abandonaram sua forma primeva, na qual a dramaturgia tinha lugar insignificante e a interpretação corporal e improvisada sua força máxima, e procuraram se adequar (ou se submeter?) aos cânones literários em fase de revisão diante da consolidação do drama. Houve, nesse processo, um movimento de domesticação da interpretação corporal improvisada e sua adequação ao texto dramático, definidor dos rumos da encenação. Esse processo não foi exclusivo da Comédie Italienne (durante bom tempo, um dos teatros oficiais na França monárquica): ele ocorreu também nos ambientes mais populares, como no Teatro de Feira[1].

---

1. Quem se interessar por esse processo, consultar C. Vinti, *Alla Foire e dintorni*, Roma: Edizioni di Storia e Letteratura, 1989, p. 39. O autor analisa o percurso de Lesage, o Molière das feiras, e constata a transformação de Arlequim. Em suas palavras, "*Alla Foire*, Arlecchino si ingentilisce, quasi imborghesendosi; si fa 'gentiluomo', e come i gentiluomini settecenteschi diventa galante, spesso cerimonioso e si esprime con un linguaggio amoroso ricercato e signorile (il suo ruolo è spesso quello di *maître d'Amour*), ben lontano dal *jeu* burlesco e acrobàtico e dalle pesanti allusioni caratteristiche della maschera dell'Arte. L'evoluzione della commedia foraine porta parallelamente all'evoluzione della concezione dell'amore, che, via via si trasforma spiritualizzandosi nell'amore-sentimento" (Na Feira, Arlequim se torna mais gentil, quase aburguesando-se; se faz "gentil-homem", e, como os gentis-homens setecentistas, torna-se galante, muitas vezes cerimonioso, e se exprime com uma linguagem afetuosa, rebuscada e nobre [seu

O PASSADO QUE SE FAZ PRESENTE

Parte desse percurso pode ser observado através dos textos de Riccoboni e o apelo que faz aos comediantes para seguir os instintos naturais e "esquecer os quatro membros e talvez até o quinto, que é a cabeça". O processo irônico prevaleceu por conta do esvaziamento da agressividade interpretativa corporal dos primórdios da *Commedia dell'Arte*, quando o quinto membro era certamente o falo. A *Commedia*, em solo italiano, fundada na improvisação corporal, não era nada espontânea e/ou popular, isto é, feita pelo povo: exercida por profissionais, organizados em companhias, ela estava plenamente conformada aos ditames da Contra-Reforma. A gradual substituição da improvisação corporal por um enquadramento dramatúrgico é analisada por Ana Portich como parte do processo de conciliação com o absolutismo, com os "ditames da monarquia francesa setecentista". O comediante (assim como os súditos) deve aderir à hierarquia da corte, ao racional e ao sentimental (pólos essenciais do *Paradoxo*, de Diderot). Eis a explanação do processo migratório acima referido: do campo à corte; do corpo para o espírito; do baixo para o alto, para o encontro da literatura, enfim, para o sentimental e o racional. Daí a importância da retórica na arte do ator, fator não negligenciado neste estudo. É o processo de adaptação do "primitivo", do "selvagem", a uma nova ordem, a um novo modelo de produção e organização sociais. Movimento, aliás, fundamental para o mais complexo dos quatro paradoxos analisados pela autora, exatamente aquele que "professa uma arte que se tem de negar".

Outros três paradoxos são identificados e analisados pela autora. O primeiro deles, basilar para todos os demais, diz respeito à moral dos atores e atrizes, moral esta determinada pelo despotismo. O segundo é pontuado a partir do caráter. Como alguém sem caráter (Diderot refere-se à vida mundana e promíscua dos atores e atrizes) pode dar bons exemplos? A resposta é o fingimento, isto é, a interpretação de papéis que evidenciam as qualidades do cidadão. Contrariamente aos escritos difamatórios que encontrava em seu tempo, Diderot aponta positivamente para a capacidade de discernimento dos atores e atrizes no palco, discernimento que se daria através da sensibilidade, que é determinada pelo caráter. Aqui transparece o interesse público em detrimento do privado, que se exige de todos: artistas, políticos, governantes e cidadãos. Um terceiro paradoxo se impõe: onde buscar sentimentos que originalmente não se têm? A resposta está no distanciamento das convenções e em uma aproximação com a natureza humana, tensionada entre a razão e a sensibilidade[2]. Em outro registro,

---

papel é, freqüentemente, o do *maître d'Amour*], bem distante do *jeu* burlesco e acrobático, e das tediosas alusões características da máscara *dell'Arte*. A evolução da *commedia* itinerante leva, paralelamente, à evolução da concessão do amor, que sucessivamente se transforma, espiritualizando-se no amor-sentimento).

2. Note-se que o distanciamento não tem os mesmos propósitos daqueles defendidos por Brecht no século xx.

XVI A ARTE DO ATOR ENTRE OS SÉCULOS XVI E XVIII

e complementarmente, Diderot propõe a substituição da comédia de caráter (e também da tragédia) por um drama que trate das condições das personagens, quer dizer, um gênero que esteja próximo da percepção do público comum e que promova a inserção das personagens na vida pública, isto é, na história.

Ao tratar dos escritos poéticos acerca da interpretação no palco, *A Arte do Ator* focaliza, de modo subliminar, algumas das principais discussões teatrais que o século XX instigou e que se estendem até os dias atuais. O estatuto e formação do drama, passos essenciais para a proposição de sua dissolução, estão fartamente discutidos no terceiro capítulo, "*Entretiens* de Diderot e *Sermones* de Horácio: Indicações para a Arte do Ator". Também está presente a discussão acerca do teatro como arte exclusiva do ator. No que diz respeito à interpretação, o oscilar entre o sensível e o distanciamento subsidia o debate de Brecht em oposição a Stanislávski, tocando os limites do naturalismo e do teatro épico, sendo cabalmente demonstrado pela autora que o distanciamento em discussão no século XVIII nada tem de crítico: ao contrário, tal como proposto, este recurso insere ainda mais o espectador na trama do enredo e nas angústias do herói. Encontra-se também a proposta de anulação da platéia como terceiro elemento do teatro. A proposição do drama em substituição à comédia de caráter envolve a anulação da triangulação cômica e a ruptura da inevitável comunicação entre palco e platéia, essencial à comédia: atores e atrizes devem agir como se estivessem sós em uma multidão, como se estivessem fechados entre quatro paredes. Também está presente a polaridade entre o teatro como instrução e o teatro como entretenimento e a decorrente síntese, assuntos próprios de nossos tempos. Em outras palavras (e se eu não estiver enganado), há uma opção brechtiana a comandar a análise da autora, opção esta fundada na exigência (de Diderot) de um ator observador, perspicaz, que faz uso do discernimento, com vistas a direcionar o espectador ao ato de julgar o desempenho no palco e, a partir dele, o julgamento das personagens e da obra como um todo.

As reflexões do passado se descortinam, engendradas em suas dimensões técnicas e políticas, lançando fagulhas de entendimento à arte do ator, de ontem e de hoje. Certamente, elas servirão de estímulo ao debate atual envolvendo as relações do teatro com o Estado, a história e a política.

Mario Fernando Bolognesi*

* Professor do Programa de Artes Cênicas do Instituto de Artes da Unesp e livre-docente em Estética e História da Arte pela Faculdade de Filosofia da mesma universidade. É autor de *Palhaços*, Editora da Unesp.

Prólogo

> *Mas, se privarmos o indivíduo do direito de decidir sobre a natureza do justo e do injusto, a quem remeter esta grande questão? A quem? Ao gênero humano: somente a ele cabe decidi-la, pois o bem de todos é sua única paixão. As vontades particulares são suspeitas; podem ser boas ou más, mas a vontade geral é sempre boa: jamais se enganou, jamais se enganará.*
>
> DENIS DIDEROT, Direito Natural, *Enciclopédia*.

Quando Diderot iniciou a redação do *Paradoxo sobre o Comediante*, os atores da Comédie Française passavam por sérios desentendimentos com autores dramáticos. Estes, ao fornecer peças teatrais, já se davam por satisfeitos por terem suas obras encenadas, mesmo não ganhando dinheiro com isso. Até os ingressos gratuitos que deveriam ser concedidos aos autores eram-lhes negados com freqüência. A primeira versão do *Paradoxo* foi publicada em 1770; dois anos antes Michel Sedaine, dramaturgo muito admirado por Diderot, teve de processar a Comédie para receber uma ínfima porcentagem, garantida por lei, sobre a bilheteria de sua bem-sucedida peça *Filósofo sem o Saber*.

Duas peças de Diderot haviam sido encenadas pela Comédie Française; foi então com conhecimento de causa que ele escreveu sobre a falta de caráter dos atores. No entanto, Diderot agiu diferentemente de outros dramaturgos e homens de letras que atiçavam a curiosidade dos espectadores de teatro e dos leitores de jornais e panfletos difamando comediantes e divulgando, por exemplo, os casos amorosos de Mlle Gaussin, protagonista do *Narciso*, de Rousseau, que, segundo um almanaque de 1762, aos cinqüenta anos havia tido 1.372 amantes.

Este gênero de discurso – a murmuração sobre a má conduta dos comediantes fora de cena – estava plenamente consolidado na França do século XVIII. Dramaturgos hábeis como Voltaire e Sedaine lançaram mão desse trunfo na campanha contra os atores cooperados que compunham a Comédie Française, os quais recebiam subsídios reais,

XVIII   A ARTE DO ATOR ENTRE OS SÉCULOS XVI E XVIII

embolsavam a bilheteria e a venda de camarotes, mas não pagavam direitos autorais.

No *Paradoxo sobre o Comediante*, defeitos morais não concorrem para vilipendiar quem pratica o ofício de ator, mas para enaltecê-lo. Diderot toma a devassidão da classe artística como ponto pacífico e, do ponto de vista literário, como lugar-comum. A partir desta opinião consolidada e sobre este lugar-comum, o enciclopedista opera uma inversão que acaba por afirmar a honestidade da profissão de comediante, ao modo de exercícios retóricos em que se elogia algo ou alguém indigno de louvor – como fizera o sofista Górgias no *Elogio de Helena*.

Por pensar o *Paradoxo sobre o Comediante* como exercício retórico de *paradoxal encômio*, Diderot não propõe uma cisão entre moralidade e o que mais tarde se denominou estética, uma ruptura entre os padrões de comportamento dos atores na vida civil e sua proficiência artística. Tampouco se constata no *Paradoxo* uma distinção entre padrões morais e políticos. No elogio de atores desregrados, Diderot não afirma a utilidade política de recursos desonestos, pois a função dos comediantes para com seus concidadãos-espectadores é tornar a virtude amável.

Dessa forma, no teatro, não é a desonestidade que os comediantes propagam. Ainda assim, o comediante não é santo; como todo homem, tem pechas morais (em concordância, até aqui, com o pressuposto cristão da queda como traço fundamental da humanidade), mas o que lhe permite dar exemplos cênicos é a capacidade de se desprender de seus próprios interesses. A simulação desonesta, diferentemente do desempenho do comediante, aparenta tender para o bem comum, mas acaba por favorecer tudo aquilo que seu realizador preza, enquanto atores e atrizes, por serem volúveis e dissipadores, não prezam nada em especial.

Dizia Voltaire que os atores "se desforram à vontade, prodigalizando, sobre um pobre autor dramático, todo o desprezo que recebem"[1]. Isso não impede, segundo Diderot, que mereçam loas por sua atuação no palco, porque "é sobretudo quando tudo é falso que se ama o verdadeiro, sobretudo quando tudo está corrompido que o espetáculo é mais depurado". A partir de uma opinião sedimentada e compartilhada pelos mais diversos autores, como se percebe na citação a Voltaire, Diderot opera uma mudança de ponto de vista sobre o assunto. Os infames comediantes merecem elogios, apesar de serem alvo de maledicência e apesar dos arrufos com fornecedores de peças, pois todos estão inseridos em uma estrutura maior:

---

1. Apud M. Pellisson, Les Hommes de lettres et les comédiens, *Les Hommes de lettres au xviiie siècle*. Sobre o assunto, cf. ainda P. Reboux, Les Demoiselles de comédies e A. E. Sorel, Le Métier d'auteur dramatique, em M. Donnay et al., *Le Théâtre à Paris au xviiie siècle*.

PRÓLOGO   XIX

Eles [os comediantes] são excomungados. Esse público, que não pode dispensá-los, despreza-os. São escravos que se encontram incessantemente sob a vara de outro escravo. [...]

Este despotismo que se exerce sobre eles, eles o exercem sobre os autores, e não sei qual é mais vil, o comediante insolente ou o autor que o suporta[2].

O despotismo político mencionado por Diderot havia-se exacerbado na época em que foi escrito o *Paradoxo sobre o Comediante*: o parlamento de Paris (principal instância legislativa e judiciária francesa) e outros tribunais de província foram fechados por decreto real; uma expressiva parcela de súditos não pôde mais recorrer a essas instituições, que de certa forma legalizavam sua participação no *Ancien Régime*.

No *Paradoxo sobre o Comediante* ocorre um distanciamento em relação ao ator, que passa a ser olhado de uma perspectiva externa ao edifício teatral; o teatro contemporâneo francês, seus protagonistas e comparsas são vistos de longe, cada um deles como parte de um todo que extrapola as dimensões do palco e da platéia, e sua atitude moral é tida por Diderot como *conseqüência de um regime político despótico*. O paradoxo que dá título àquela obra capital pode então incorrer em outra conotação, a de ser um para-doxo – aquilo que contraria uma opinião corrente, ou ainda um antimodelo literário, uma vez que falar mal de atores havia-se tornado um gênero[3].

O termo "público" (conferir trecho do *Paradoxo* reproduzido acima) não tem em Diderot conotação pejorativa, uma vez que o público de teatro não é responsável pelo estado de coisas imposto por um monarca absolutista e seus assessores diretos. A proposta de que se concentrasse a ação trágica em interiores domésticos, encenando conflitos de amor familiar, expõe a preferência de Diderot por cenas trágicas que afetem, comovendo, um público de teatro entendido como vulgo.

Porque no auge do absolutismo o vulgo só é agente dentro dos lares, mas não no tocante a decisões políticas, Diderot coloca em outro plano da encenação – épico – episódios que referem narrativamente acontecimentos decisivos sobre governos, negócios e até mesmo discussões filosóficas[4]. Teóricos e autores apologistas da tragédia

---

2. D. Diderot, *Paradoxo sobre o Comediante*, em *Diderot: Obras ii*, p. 65; *Paradoxe sur le comédien*, em *Oeuvres*, v. 4, p. 1410-1411. Nas próximas citações, a primeira referência indica a edição em português, e a segunda, a francesa.

3. Cf. Y. Belaval, *L'Esthétique sans paradoxe de Diderot*, p. 170: "conforme ensina a etimologia, o paradoxo sustenta uma opinião que fica 'ao lado' da opinião comum, e, por derivação, é contrária à opinião comum"; em relação ao ator setecentista, Belaval explicita que "a opinião comum é feita de desprezo".

4. Cf. D. Diderot, Primeira e Segunda Conversa, *Conversas sobre o* Filho Natural, em *Diderot: Obras v*, p. 106 e 141; *Entretiens sur* Le Fils naturel, em *Oeuvres*, v. 4, p. 1138 e 1161: "Se a mãe de Ifigênia se mostrasse, por um momento que fosse, rainha de Argos e mulher do general dos gregos, ela me pareceria a última das criaturas. A verdadeira dignidade, a que me toca e perturba, é o quadro [*tableau*] do amor materno

XX A ARTE DO ATOR ENTRE OS SÉCULOS XVI E XVIII

destinada a um público preferencial mais seleto privilegiariam tais elementos em linguagem dramática, e não narrativa.

Esta opção pela emotividade alentada no ambiente familiar, que denota preferência pelo vulgo, foi explicitada por Diderot em sua poética sobre o gênero médio, do qual se declarou partidário por acreditar "que um drama é feito para o povo e não se deve supor que o povo seja estúpido ou sutil em demasia"[5].

Se levarmos adiante as conseqüências do pensamento de Diderot, ainda que na França fosse instituída uma constituição soberana – evitando-se medidas despóticas como o fechamento dos parlamentos nos anos de 1770 –, os comediantes teriam de continuar atuando de modo comovente, estabelecendo com os espectadores uma relação emocional simpática. Isso porque a constituição, composta por um pequeno número de leis gerais, ao ser aplicada engendra uma casuística e se desdobra num emaranhado de questões morais que suscitam sentimentos. Contrastando com essas leis, que são poucas, os sentimentos são copiosos e não se esgotam; sua variabilidade fornece ao comediante matéria para diversificar seu desempenho e impedir que o público se entedie.

Quando Diderot diz que a profissão de comediante corresponde à função de "pregador laico"[6], deduz-se em primeiro lugar que a prédica dos comediantes não se imiscui em matéria sacra. Ao mesmo tempo, circunscrevendo seu campo de atuação à variabilidade dos casos e não à letra da lei, a arte do comediante se aproxima da arte retórica. O modelo retórico fornece ao comediante a possibilidade de sistematizar aquilo que, embora não seja objeto de ciência[7], é passível de generalização, destacando-se do particular sem perder o contato com a diversidade e a impermanência: o fomento de bons costumes, considerado como um dos ramos da política.

Ao fazê-lo, Diderot converge para o legado da tratadística do comediante – desde seu aparecimento centrada sobre a arte retórica e suas prescrições sobre o *éthos* do orador –, mas diverge de todos os seus antecessores, que, para conferir ao ofício do comediante o *status* de arte, impuseram a condição de que fora do palco ele fosse homem de bem.

Esta, uma terceira hipótese para pensar o *Paradoxo sobre o Comediante*: *pode alguém sem caráter dar bons exemplos* de conduta

---

em toda a sua verdade"; "em uma obra, seja qual for, o espírito do século deve fazer-se notar. Se a moral se depura, se o preconceito se atenua, se os espíritos tendem à benevolência geral, se o gosto pelas coisas úteis se difunde, se o povo se interessa pelos atos do ministro, é preciso que isso seja percebido, até numa peça de teatro".

5. *Discurso sobre a Poesia Dramática*, XII, p. 81; *De La Poésie dramatique*, em *Oeuvres*, v. 4, p. 1311. Sobre as implicações sociopolíticas do teatro diderotiano, esta pesquisa tem como referência os estudos de Franklin de Mattos em *O Filósofo e o Comediante*.

6. *Paradoxo sobre o Comediante*, op. cit., p. 56; ed. fr., p. 1401.

7. Cf. Aristóteles, *Retórica*, 1356b e 1359b, respectivamente.

moral? Sim, contanto que seja um bom fingidor, distanciando-se de seus próprios sentimentos, os quais, pela repetição, configuram o caráter. Enquanto não estão representando, os comediantes, bem como os espectadores e mesmo aqueles que não freqüentam o teatro, são dominados pelos piores sentimentos e partilham uma moral corrupta, pois se encontram sob o jugo do despotismo.

Assim, a expressão do afeto e a moralidade não se dissociam da política, daí Diderot ter levantado objeções contra o predomínio da sensibilidade na atuação do comediante. Não se trata de desqualificar a contrafação de sentimentos. Por não conceber a natureza como vinculada à espontaneidade, Diderot não desmerece o fingimento: "o coração que supomos ter não é o coração que temos". Somente após numerosos ensaios e penosos exercícios, um comediante "se identifica com sua personagem"[8].

Se os costumes, a reboque da política francesa de então, não coincidem com a bondade natural, em cena o comediante tem a oportunidade de se distanciar da perversidade, podendo ali dar bons exemplos e ser um "pregador laico" para os espectadores. Um trecho de outra obra de Diderot elucida seu ponto de vista sobre a questão: "'A natureza humana é portanto boa?' Sim, meu amigo, e muito boa. [...] Não se deve acusar a natureza humana, mas as miseráveis convenções que a pervertem". Os sentimentos, segundo Diderot, não são naturais se não fizerem jus à bondade que define o humano, e esta sob determinadas circunstâncias representa apenas um modelo ideal. Portanto, alguém espontaneamente sensível pode não ser bom. "Num povo escravo, tudo se degrada"[9], havia escrito Diderot no final dos anos de 1750. Nesse caso, a arte do comediante consiste em simular *bons sentimentos, que ninguém tem, nem mesmo ele*, razão pela qual a simulação é vista como positiva por Diderot: enquanto a extrema sensibilidade e um caráter forte fazem com que os homens se apeguem aos seus próprios sentimentos, e restringem seu campo de interesse aos assuntos particulares, a falta dessas qualidades permite que o comediante ascenda a interesses gerais, faculta-lhe representar um modelo ideal de virtude, ao qual amiúde o público só tem acesso freqüentando o teatro[10].

8. D. Diderot, *Paradoxo sobre o Comediante*, op. cit., p. 66 e 71; ed. fr., p. 1412 e 1416, respectivamente.

9. *Discurso sobre a Poesia Dramática*, II e XVIII, p. 45 e 107; ed. fr., p. 1282 e 1330.

10. A sanção para que o comediante represente o bem não provém da sensibilidade alheia – cuja misericórdia redimiria seus excessos – mas da perspicácia e do juízo que ele próprio demonstra ter. Como exemplo, Diderot cita no *Paradoxo* o episódio de um literato que, premido pela indigência, teria chegado às vias de fato e ameaçado de morte seu irmão, um clérigo abonado; "ainda assim não seria necessário dar pão a vosso irmão?", indaga Diderot ao clérigo. Até mesmo os celerados têm direitos, mas dar mostras de sensibilidade em relação a eles não basta para que sejam reconhecidos esses direitos. Isso porque o fato de todos nós sermos sensíveis não obstrui a prática da crueldade e os atentados contra a humanidade: "de todas as qualidades da alma, a

XXII A ARTE DO ATOR ENTRE OS SÉCULOS XVI E XVIII

É mais fácil para os atores aparentar o que não se é. Conquanto não tenham "sensibilidade natural", também não devem recorrer a uma "mobilidade de entranhas adquirida ou factícia"[11], que não passe de uma contrafação de sentimentos corrompidos e por isso não lhes proporcione um desempenho natural. Então, a verdade e a naturalidade do desempenho – uma vez que a sensibilidade não as define – são vinculadas por Diderot a outras qualidades do ator: juízo, frieza, tranqüilidade, perspicácia.

Tais qualidades permitem ao comediante que ele ascenda à generalidade da arte, enquanto a predominância da sensibilidade seria efeito das determinações de seu caráter. Estas, no entanto, não provêm da natureza, mas de convenções que nos distanciam da natureza. Segundo Diderot, espontaneidade, caráter, sensibilidade, e conseqüentemente as preferências dos profissionais de teatro e o gosto do público podem ser tão convencionais quanto sua versão factícia: "nem sempre o público é capaz de desejar o verdadeiro. Quando se precipita na falsidade, pode lá permanecer durante séculos; mas é sensível às coisas naturais e, tão logo sentir sua impressão, jamais a perderá de todo"[12].

Para que o ator consiga colocar em lugar de destaque e assim fazer com que o público aprecie e valorize o sentimento verdadeiro, Diderot nega que juízo, frieza, tranqüilidade e perspicácia sejam aspectos do caráter desse ator. Portanto somente o ator sem caráter é capaz de imprimir gradações à representação de um papel, tornando raros os momentos da peça em que vem à tona o pendor pelo bem; com isso se consegue maravilhar o público.

Como, para fazer efeito, as cenas passionais devem ser necessariamente raras, o restante da peça vai tratar de tudo o que ocorre no mundo, assuntos menos comoventes, porém mais instrutivos. Desse modo, Diderot compara o comediante ao orador que a preceptiva retórica designava como mais indicado, por estar apto a comovê-lo, para falar ao povo.

Paradoxo outra vez: *onde buscar sentimentos que não se têm*? Se as convenções a todo momento corrompem os sentimentos naturais, é preciso que coexistam as duas versões (sentimentos corrompidos e bons sentimentos, estes produzidos a partir de um modelo ideal) para que o comediante logre o intento de trazer à tona a bondade natural, e assim imitar a natureza.

Enquanto, em um drama de La Chaussée, uma comediante "soluçava e nos fazia derramar lágrimas ardentes", Diderot menciona como ela conseguiu, ao mesmo tempo em que representava e "sem se abalar

---

sensibilidade é a mais fácil de arremedar [*contrefaire*], não havendo um único homem bastante cruel, bastante desumano para que não trouxesse o germe disso no seu coração, para não a ter jamais experimentado". *Paradoxo sobre o Comediante*, op. cit., p. 50 e 77; ed. fr., p. 1396 e 1422, respectivamente.

11. Idem, p. 40; ed. fr., p. 1387.

12. *Discurso sobre a Poesia Dramática*, xx, p. 114; ed. fr., p. 1335.

no desempenho"[13], falar com um de seus amantes sentado à frisa e com ele se reconciliar. Se as convenções nos distanciam da natureza, é distanciando-se delas, mas com elas convivendo, que o comediante se reaproxima da natureza.

Pode-se então concluir que para Diderot todos os sentimentos são produto de convenções – e não somente os sentimentos de um povo submetido a um regime despótico. Daí ter saído em defesa da substituição da comédia de caracteres por um drama que trate das *condições* nas quais se encontram as personagens, de onde brotassem sentimentos momentâneos –, ao passo que se estes fossem associados aos caracteres fixos, não ensejariam efetivamente um drama:

na comédia, o caráter [da personagem] tem sido o objeto principal e a condição não passou de acessório; é preciso que, a partir de agora, a condição se torne o objeto principal e o caráter seja apenas o acessório. Era do caráter que se tirava toda a trama. Procuravam-se, em geral, circunstâncias que o ressaltassem, e depois elas eram encadeadas. A condição, seus deveres, suas vantagens, suas complicações é que devem servir de base à obra. Parece-me que esse manancial é mais fecundo, mais amplo e mais útil que o dos caracteres[14].

Mais útil porque, ao vincular a efetividade do teatro ao mantenimento de bons costumes, Diderot confere ao comediante a tarefa de persuadir, o que só se efetiva se o público não se der conta disso. Isso não aconteceria se a trama dramática se baseasse em caracteres permanentes, exaustivamente codificados e facilmente decodificados pelo público. Artes e ciências regulamentaram caracteres, que fundamentaram o correspondente teatral de leis (as regras) e perderam a capacidade de surpreender e de falar a um público-alvo normatizado como desconhecedor de normas (o vulgo).

*

Tais critérios de adequação dos gêneros ao receptor da obra derivam de preceitos retóricos que se disseminavam em escolas jesuíticas, com base "em uma versão cristianizada da *Instituição Oratória*, a *Ratio Studiorum*"[15]. A *Instituição Oratória*, de Quintiliano – cuja versão integral, sem registros desde o século IX, havia sido redescoberta em 1416 em um mosteiro suíço –, passou a ser utilizada na educação tanto de futuros padres quanto de alunos leigos dos colégios mantidos por jesuítas, os quais em 1599 adotaram a *Ratio Studiorum* como livro didático.

---

13. *Paradoxo sobre o Comediante*, op. cit., p. 47; ed. fr., p. 1393.

14. Terceira Conversa, *Conversas sobre* O Filho Natural, op. cit., p. 164; ed. fr., p. 1177.

15. M. Fumaroli, *Héros et orateurs*, p. 288. Cf. *Ratio atque Institutio Studiorum Societatis Iesu*, 1997.

XXIV A ARTE DO ATOR ENTRE OS SÉCULOS XVI E XVIII

Extraído da obra de Quintiliano, esse modelo pedagógico comum a leigos e sacerdotes foi em seguida reivindicado para uso exclusivo dos clérigos[16]. Bem antes disso, porém, como conseqüência da Contra-Reforma e com base no recurso retórico de gradação de gêneros conforme a matéria tratada, conforme as características dos oradores e a diversidade do público, já havia sido estabelecida uma divisão entre assuntos sagrados e profanos, determinante para a apologia de um estilo mais baixo – porque familiar – de escrita e representação teatral.

Apesar de ter sido assim imposta uma mudança de registro entre a linguagem dos espetáculos e a oratória clerical, a prática religiosa não abriu mão do estímulo aos sentidos e do apelo aos sentimentos em sua prédica; uma importante referência nesse sentido são os *Exercícios Espirituais* escritos por Inácio de Loyola, os quais preparavam o monacato para "vencer a si mesmo e ordenar a própria vida, sem se determinar por nenhuma afeição desmedida"[17]. Os jesuítas recorriam à fantasia em todas as etapas de seus exercícios espirituais, desde a meditação sobre o inferno até outras sobre o Evangelho e o gozo em Cristo, excitando em si mesmos afetos de modo a representar em espírito imagens ausentes. Note-se que o procedimento havia sido largamente aconselhado por Quintiliano para que o orador conseguisse evocar imagens e afetar os ouvintes[18].

Santo Inácio, em um dos *Exercícios*, aconselha que se faça a seguinte composição visual de lugar, no caso o inferno:

pedir o sentimento interno da pena que padecem os condenados, a fim de que, se por minhas faltas chegar a esquecer o amor do Senhor eterno, pelo menos o temor das penas me ajude a não cair em pecado. [Isso se consegue ao] ver, com os olhos da imaginação, as grandes chamas e as almas dos corpos incandescentes. Aplicar o ouvido aos choros, alaridos, gritos, blasfêmias contra Cristo Nosso Senhor e contra todos os seus santos. Com o olfato, sentir o cheiro da fumaça, do enxofre, das cloacas, da podridão. Com o paladar, provar coisas amargas: lágrimas, tristeza e o verme da consciência. Tocar com o tato as chamas que atingem e abrasam os condenados[19].

No âmbito da Companhia de Jesus, lançar mão da fantasia como exercício espiritual se configurava como postura antiluterana, na medida em que também capacitava os sacerdotes a infundir nos fiéis o tormento, o júbilo e tantos outros afetos, facultando a esses fiéis, por intermédio do clero, empenhar-se na sua salvação. Os padres encarregavam-se de, promovendo a devoção, interceder para salvar as almas, o que reforçava o papel da instituição eclesiástica, encabeçada pelo papa, como suprema autoridade terrena, embora fosse distinta do poder temporal.

16. Cf. M. Fumaroli, op. cit., p. 420-425.

17. I. de Loyola, *Exercícios Espirituais*, p. 21, § 21. A redação dos *Exercícios* se iniciou em 1522, mas somente em 1548 o papa autorizou a publicação.

18. Cf. Quintiliano, *Institution oratoire*, livro VI, cap. X, § 29; X, 7, 15.

19. I. de Loyola, op. cit., § 65, p. 39; §§ 66-70, p. 40.

PRÓLOGO

A autoridade eclesiástica assim efetuada não entra em atrito com o poder civil, pois "tal poder é meramente natural; logo, por sua natureza, não tende a uma finalidade sobrenatural"[20]. Proposições como essa, do filósofo jesuíta Francisco Suárez (1548-1617), vieram refutar a tese de que toda autoridade política emana de Deus, defendida por Lutero com base na *Epístola de São Paulo aos Romanos*: "Todo homem se submeta às autoridades constituídas, pois não há autoridade que não venha de Deus, e as que existem foram estabelecidas por Deus. De modo que aquele que se revolta contra a autoridade opõe-se à ordem estabelecida por Deus. E os que se opõem atrairão sobre si a condenação"[21].

Os contra-reformistas, no entanto, diziam que Deus havia dotado os homens da capacidade de estruturar a vida política em todos os seus níveis. A sanção para isso, segundo eles, provém de uma hierarquia entre as leis que regem o universo, na qual as leis civis, concebidas para decidir as questões humanas, ocupam a seguinte posição: em primeiro lugar está

a lei eterna (*lex aeterna*), pela qual age o próprio Deus. A seguir, vem a lei divina (*lex divina*), que Deus revela diretamente aos homens nas Escrituras e sobre a qual a Igreja foi fundada. Segue-se a lei da natureza (*lex naturalis*, às vezes denominada *ius naturale*), que Deus "implanta" nos homens, a fim de que sejam capazes de compreender Seus desígnios e intenções para o mundo. E por último aparece a lei humana positiva, diversamente designada por *lex humana*, *lex civilis* ou *ius positivum*, que os homens criam e promulgam para si próprios com o objetivo de governar as repúblicas que estabelecem[22].

Às leis divinas e eternas estão associadas as leis da natureza. As leis positivas, por sua vez, devem ser compatíveis com a lei natural, pois a lei natural "fornece uma estrutura moral dentro da qual devem operar todas as leis humanas; inversamente, o objetivo dessas leis humanas consiste apenas em fazer viger, no mundo (*in foro externo*), uma lei superior que todo homem já conhece em sua consciência (*in foro interno*)"[23].

Para Suárez, "os homens – conforme sua natureza – não se governam por anjos, nem imediatamente por Deus [...], logo, é natural que os governem homens"[24]. Nesta acepção, o poder político é uma tendência natural, e não um pacto que detém esta tendência em nome de poderes sobrenaturais; pois "este poder indireto [espiritual], embora baste às vezes para corrigir ou ab-rogar leis civis que possam ceder à

20. F. Suárez, *Tratado de las Leyes y de Dios Legislador*, livro III, cap. XI, § 4, p. 237.

21. *Romanos* 13, 1-2, em *A Bíblia de Jerusalém*. Cf. M. Lutero, *Sobre a Autoridade Secular*, p. 8; cf. ainda Q. Skinner, *As Fundações do Pensamento Político Moderno*, p. 297.

22. Q. Skinner, op. cit., p. 426.

23. Ibidem.

24. F. Suárez, op. cit., III, I, 5, p. 199.

XXVI A ARTE DO ATOR ENTRE OS SÉCULOS XVI E XVIII

perdição das almas, não basta propriamente para dar e estabelecer leis positivas"[25]. Todos os homens, até mesmo os infiéis, têm dons naturais para instituir e sustentar uma estrutura política, inclusivamente no tocante aos costumes, artes, ofícios e ciências a ela inerentes.

Para salvaguardar as prerrogativas do clero em relação à autoridade secular, e sem incorrer no abuso luterano de fazê-la emanar de Deus, membros da Igreja elaboraram casuísticas sobre os mais diversos assuntos, em linguagem mais prosaica possível, de maneira a tornar imperceptível a intervenção da Igreja sobre a vida civil. Uma delas foi escrita em 1585 pelo padre Tommaso Garzoni, a *Praça Universal de Todas as Profissões do Mundo, tanto Nobres quanto Ignóbeis*, com 155 capítulos, três dos quais se dedicam a estabelecer uma diferença entre histriões honrados, de um lado, e infames charlatães ou bufões, de outro.

Foi, pois, em concordância com a ortodoxia católica que a tratadística da representação cênica – surgida após o Concílio de Trento (1545-1563) – definiu o espetáculo teatral como entretenimento, momento de repouso necessário à retomada da operosa fadiga, constitutivos esta e aquele de uma honesta vida civil, em separado da prática religiosa.

Por aí se entende a exigência de um rebaixamento de tom que mantivesse distância de assuntos sagrados, rebaixamento que se nota nos *Quatro Diálogos em Matéria de Representação Cênica* (1570 circa), do mantuano Leone de' Sommi, defensor da temática pagã característica dos dramas pastorais: "com tão profanas tolices exatamente, a gente deve brincando troçar, o que não seria lícito fazer com coisas sagradas e divinas".

Circunscreve-se assim o efeito dos espetáculos entre limites sancionados pela Contra-Reforma; a retórica de poetas dramáticos e de comediantes não se confunde com a prédica sagrada, porque a jurisdição laica e a religiosa são separadas. Em respeito a esta, a comédia não trata de metafísica; para Sommi, ela se restringe a tolices e troças porque é "uma imitação ou um exemplo da vida civil, sendo o seu fim a instrução humana"[26], apartada dos assuntos divinos. Em Sommi o prazer proporcionado por essas peças e o exemplo civil são concomitantes.

Ângelo Ingegneri, que em 1598 escreveu e organizou *Della Poesia rappresentativa e del modo di rappresentare le favole sceniche* (Da Poesia Dramática e Do Modo de Representar Fábulas Cênicas),

25. Idem, III, VI, 6, p. 217. Cf. Idem, III, X, 2, p. 233: "este poder (legislativo), de um príncipe ou de um súdito em que reside, não requer a fé nem nenhum dom sobrenatural".

26. L. de' Sommi, II Diálogo, *Quatro Diálogos em Matéria de Representação Cênica*, p. 89 e 83, respectivamente; *Quattro dialoghi in materia di rappresentazioni sceniche*, p. 35 e 29. Nas próximas citações, a primeira referência indica a edição em português, e a segunda, a italiana.

PRÓLOGO

também se detém sobre a representação do gênero pastoral; no entanto, para Ingegneri a instrução exerce um papel secundário, uma vez que a pastoral, mais do que a tragédia ou a comédia, "tem por fim o deleite (na verdade, para purgar as almas nobres e urbanas, de pouco valem os rústicos exemplos)"[27].

Ou seja, segundo Ingegneri o exemplo fica a cargo de instâncias superiores da vida civil, ou mesmo deve ser confiado aos cuidados da Igreja. Nessa vertente da tratadística, o ator é representante de um espetáculo ornado, apropriado ao deleite, entendido como pausa preparatória para o retorno à lida de cada integrante da sociedade organizada e mantida pelos homens.

Tanto os autores que defendiam a instrução como principal objetivo do espetáculo teatral, quanto aqueles que optaram pelo entretenimento circunscreviam a representação cênica no âmbito das obras humanas, em separado das divinas, e canonicamente afirmavam a capacidade dos homens para estruturar a vida civil em todos os seus aspectos, dentre os quais a instituição dos espetáculos.

Membros da Igreja, secretários de príncipes ou pessoas proeminentes das cortes italianas quinhentistas e seiscentistas precisavam ainda expor as vantagens do teatro como simulação honesta, de modo a combater a tese maquiavélica da simulação por razão de Estado, condenada como heresia. Vale lembrar, como relata Quentin Skinner, que em 1595 se registra pela primeira vez uma associação entre os nomes de Maquiavel e Lutero, visto que "ambos se empenhavam, ainda que por motivos bem diferentes, em rejeitar a idéia de lei natural enquanto base moral adequada para a vida política"[28].

Deste ramo da Contra-Reforma provém a utilização cênica do mesmo exercício que Inácio de Loyola havia tomado da retórica: o estímulo aos sentidos e o apelo aos sentimentos da platéia, para que o comediante conseguisse persuadi-la, conectando sensorialmente atores e espectadores – portanto obedecendo antes às leis da natureza do que às regras emitidas pela razão. Além disso, estimular os sentidos do comediante, durante a preparação do papel ou durante a atuação, é um recurso compatível com critérios teológicos que facultam ao sentimento um vínculo direto com a divindade. Trata-se de um procedimento sancionado pela lei natural inspirada por Deus, e que indica o caminho natural mesmo quando as leis positivas se desviam dele.

Entretanto, da carne também provêm pecados, donde as censuras de São Carlos Borromeu contra os espetáculos, capazes de arrastar os espectadores a um irrevogável estado de embriaguez dos sentidos. Nas palavras do santo,

---

27. A. Ingegneri, *Della Poesia rappresentativa e del modo di rappresentare le favole sceniche*, p. 20.

28. Q. Skinner, op. cit., p. 421.

XXVIII   A ARTE DO ATOR ENTRE OS SÉCULOS XVI E XVIII

de que serviram os decretos do Concílio Tridentino mediante os quais diligentemente se tomaram providências contra livros obscenos, ordenando que fossem queimados, extirpados da memória dos homens [...]? Muito mais fundo penetra na alma aquilo que os olhos vêem do que o que se pode ler em livros do gênero! [...] Se o intelecto e o lume da alma são os que enchem vossos olhos de alegria, eu vos peço que vos afasteis da cena e fujais, como do demônio, desse gênero de espetáculos[29].

Levando em conta advertências como as de São Carlos, a tratadística do ator teve de se posicionar frente a teses segundo as quais, dentre os sentidos, a visão é mais suscetível à dissipação pecaminosa, sendo a audição uma instância de controle e moderação, por estar em contato direto com o espírito. Para o comediante *dell'Arte* Giovan Battista Andreini, a distinção vale ainda para definir a arte do comediante: "sob o nome de histriões compreendem-se aqueles que, sem falar [*ragionare*], atuam somente com gestos e movimentos próprios dos mímicos [...], e são objeto do olhar somente, ao passo que aqueles que falam e discorrem, e falam com palavras apropriadas, são objeto da audição e do espírito [*animo*]"[30].

*

Datados do século XVIII, os estudos de Diderot sobre o ator colocam-se ao lado de textos que, duzentos anos antes, vinham preceituando a prática da representação cênica como arte, e não como repetição mecânica ou fruto do acaso, de modo que se pudesse "constituir um sistema firme de declamação", e o comediante não se limitasse a reiterar "o hábito do ofício".

Diderot salienta que a enunciação da "arte do comediante"[31] em sistema implica outrossim uma recusa à sistematização; esse "paradoxo do comediante" traz à baila *uma acepção de sistema na qual não há "princípio geral*; não há nenhum, entre os que acabei de enumerar, que um homem de gênio não possa infringir com sucesso"[32], diz Diderot sobre as regras de atuação que havia acabado de enunciar.

Tratados sobre a representação publicados na Itália a partir de meados do século XVI, por autores como o secretário e cortesão Ângelo Ingegneri, ajustavam os elementos do espetáculo, dentre os quais o ator, de modo a compor fábulas cênicas. Fábula é a tradução latina do "mito", que a *Poética* de Aristóteles define como "trama dos fatos"[33], ações encadeadas como um todo, uma unidade; tanto a fábula cênica,

---

29. C. Borromeo, *Dalle Omelie recitate il 17 luglio 1583*, em F. Taviani (org.), *La Commedia dell'Arte e la società barocca*, v. 1, p. 33-34.

30. G. B. Andreini, *Prologo in dialogo fra Momo e la Verità* (1612), em F. Marotti; G. Romei (orgs.), *La Commedia dell'Arte e la società barocca*, v. 2, p. 482.

31. *Paradoxo sobre o Comediante*, op. cit., p. 75 e 68; ed. fr., p. 1420-1421 e 1414.

32. Terceira Conversa, op. cit., p. 152; ed. fr., p. 1168.

33. Aristóteles, *Poética*, 1450a16.

PRÓLOGO   XXIX

composta pelo poeta, quanto sua representação, articulada pelo corego[34], têm como referência a definição aristotélica de mito, unitário conquanto tenha sido composto por um poeta dramático.

Para Diderot, os elementos heteróclitos presentes em uma encenação são análogos à simultaneidade em que se dão os dados do pensamento. Em toda a tratadística do espetáculo, o agenciamento desses elementos associou-se à operação da mente, daí as artes cênicas terem, desde a sua enunciação, recusado o estatuto de atividade mecânica, relegada a bufões ou charlatães. A arte do comediante, engendrada em correlação com a tratadística do espetáculo, tampouco se colocou como tendência contrária à poética aristotélica e à teoria dos gêneros nela contida, uma vez que refere o ator como representante da fábula composta pelo intelecto.

Do ponto de vista da recepção do espetáculo, todo o cuidado com a montagem do aparato cênico se articula de modo a estabelecer um vínculo com a alma e o espírito do espectador e ouvinte. Tratados sobre o espetáculo e sobre o comediante apareceram como extensão da poética do drama pastoral, em prol de um teatro ornamental, compartilhando com esse gênero o estímulo aos sentidos como via de acesso a faculdades superiores. Pela gestualidade, o comediante capacita-se para entrar em conexão anímica com o auditório, como sugere Piero Valeriano em 1567, no livro sobre a decifração de hieróglifos egípcios que dedicou a Cosimo de Médici. Investigando a gramática do corpo humano, Valeriano se propõe a "restituir a língua sagrada anterior à corrupção de Babel e à multiplicação das línguas"[35]. Obras como a de Valeriano contribuíam para decodificar os vestígios do sagrado no mundo (corroborados pela lei natural), sem entrar em contradição com a letra das Escrituras (outro registro do divino) nem com a lei positiva (puramente profana; mas as faculdades humanas que a engendram, em última instância, são dons divinos).

Todos os testemunhos sobre a *Commedia dell'Arte*, surgida em meados do século XVI, manifestam concordância com determinações contra-reformistas que impulsionaram a legitimação civil dos ofícios, dentre os quais o de comediante. Tanto o teatro mambembe quanto a versão citadina e comercial da *Commedia dell'Arte* – em que se incluem as festividades carnavalescas e a proliferação de salas de espetáculo com cobrança de ingresso – são aspectos da sociedade de corte consolidada sob a égide da Igreja. Na estrutura política principesca, regulamentada pela mente humana, vislumbram-se centelhas divinas; na *Commedia dell'Arte*, as surpreendentes facécias concebidas por

34. Termo empregado por Ingegneri para designar, em sua época, o que na Antigüidade definia o organizador do espetáculo teatral, bem como o cidadão que arcava com os custos de produção.

35. M. Fumaroli, Le Corps éloquent: théorie de l'action du héros cornélien, op. cit., p. 416.

XXX A ARTE DO ATOR ENTRE OS SÉCULOS XVI E XVIII

personagens mascaradas e o elaborado repertório madrigalesco das falas dos Enamorados são indícios da presença divina.

Reação ao luteranismo, a *tensão entre razão e sensibilidade* foi posteriormente tomada como "o" *Paradoxo sobre o Comediante*. Essa tensão se intensifica se examinarmos proposições díspares de Diderot, em suas *Conversas sobre* O Filho Natural (1757) e no *Paradoxo sobre o Comediante*:

> Felizmente uma atriz de discernimento limitado, de uma perspicácia comum, mas dona de grande sensibilidade, apreende sem esforço um estado d'alma e encontra, sem pensar, o tom [*accent*] que convém aos muitos sentimentos diferentes que se fundem constituindo esse estado e que toda a sagacidade do filósofo seria incapaz de analisar[36].
>
> Quero que [o comediante] tenha muito discernimento [*jugement*]; acho necessário que haja nesse homem um espectador frio e tranqüilo; exijo dele, por conseqüência, penetração e nenhuma sensibilidade, a arte de tudo imitar, ou, o que dá no mesmo, uma igual aptidão para toda espécie de caracteres e papéis[37].

Note-se que Diderot desloca os termos da questão, ao falar sobre sensibilidade e *jugement* (não entendido como razão lógica, mas faculdade do juízo, responsável pelo conhecimento do efêmero[38]), como indissoluvelmente ligados. Daí ter-se mantido, na apreciação de Diderot sobre o ator, a adoção do modelo retórico, vigente desde o aparecimento da tratadística do espetáculo, em detrimento do modelo lógico.

No tocante à preparação e ao desempenho do comediante, implicações teológicas impediram, como se viu, que os primeiros tratados sobre o ator optassem por um dos termos da questão, de modo a anular

---

36. Segunda Conversa, op. cit., p. 120; ed. fr., p. 1146.

37. *Paradoxo sobre o Comediante*, op. cit., p. 32; ed. fr., p. 1380. Cf. os seguintes estudos sobre a questão: P. Vernière, Diderot, du *Paradoxe sur le comédien* au paradoxe de l'homme, *Lumières ou Clair-obscur*, p. 300; a dualidade é aqui vinculada a teorias fisiológicas que propugnavam a existência de dois centros nervosos, o cérebro e o diafragma, "sendo o cérebro o *sensorum* comum, centro geral da inteligência e da vontade consciente e controlada, e o diafragma, que poderíamos denominar *plexus* solar, um centro autônomo da sensibilidade inconsciente ou ainda não dominada"; Y. Belaval, La Sensibilité du comédien, op. cit, p. 263, atribui tal disparidade à diferença entre a fase de composição do papel e a fase de execução. O "trabalho de criação" demanda maior sensibilidade; passado esse momento, o comediante executará o papel com frieza. Ver ainda A. Becq, Fonctions de Diderot dans la genèse de l'esthétique moderne, *Lumières et Modernité*, p. 64. A autora detecta em Diderot a "passagem da razão entendida como especulativa e intelectual, fonte de regras exatamente formuladas, para uma razão mais ligeira e mais aberta, 'razão poética'".

38. Jacques Chouillet considera o aparecimento da teoria diderotiana do modelo ideal "um dos fenômenos mais importantes na história das idéias estéticas do século XVIII, por ser a única tentativa verdadeiramente séria de síntese, antes da *Crítica do Juízo*. Pela primeira vez na França se superou a antítese improdutiva sobre a verdade na natureza e a verdade na arte". Ver *La Formation des idées esthétiques de Diderot*, p. 479.

PRÓLOGO

o sobre-restante – sendo ambos indispensáveis; a razão, por referir a lei positiva, e a sensibilidade, por referir a lei natural[39].

Alguns tratadistas de então compartilham com Giovan Battista Andreini a noção de teatro como ascese. Outros, como Francesco Andreini (pai de Giovan Battista), escreviam e atuavam "mais por deleite do que para ganhar coroas de louros, de hera e de mirto" – prêmios esses que fazem a glória de acadêmicos e poetas. De modo conveniente à personagem que representava, Francesco Andreini dizia que as *Bravuras do Capitão Spavento*, de 1607, foram por ele escritas e deveriam ser lidas somente "para passar as horas ociosas do dia, às vezes para subtrair-vos de incômodas preocupações"[40].

Também o comediante *dell'Arte* Nicolò Barbieri afirma que em matéria de comédia nada há de celestial, portanto os comediantes não devem satisfações a religiosos, mas a príncipes; esta asserção é teologicamente lícita, uma vez que o antiluteranismo veio reforçar as bases laicas da estrutura política. Na *Súplica*, publicada em 1636 por Barbieri, não se faz a apologia da "comédia, por mais honesta que seja, como coisa espiritual, mas como honrado e virtuoso entretenimento"[41], tratado como assunto profano, da alçada puramente humana.

Um século depois, Luigi Riccoboni, *capocomico* da *Commedia dell'Arte* sediada em Paris, aconselhava ao comediante:

[Deves] seguir o instinto natural, [...] esquecer os quatro membros e talvez até mesmo o quinto, que é a cabeça; e procurar sentir tão bem aquilo que expões, que acreditem serem teus os interesses de outrem. Se já sentiste as esporas do amor, do desdém ou do ciúme [...], em cena também sentirás amor, desdém, ciúme e o diabo; teus braços e pernas movimentarás sem artifício. Sou capaz de apostar, não encontrarás em toda a cristandade ninguém que te censure [...], se medires teus movimentos pelas batidas do coração[42].

Segundo Riccoboni, esses conselhos visam a tornar o ator mais persuasivo, pois "o que parece nos ocorrer de repente tem um ar de simplicidade e verdade que predispõe o auditório em favor do que é dito. Portanto, se a declamação for a tal ponto natural e verdadeira, a

39. Nesse sentido, é preciso salientar que durante a fase de preparação de um papel o comediante também tem de prever o efeito de seu desempenho. A recepção não é pensada apenas no momento em que o ator está em cena; portanto, durante o ensaio de cenas emotivas, não é apenas a sensibilidade do comediante que entra em jogo: ele julga, em relação à entonação de voz e à gestualidade, quais opções são mais eficazes para expressar determinadas emoções, de acordo com os diversos tipos de teatro e de platéia. Durante a representação, por sua vez, as cenas emotivas podem variar muito em relação ao que o comediante havia preparado nos ensaios; é preciso então julgar o melhor meio de lidar com os sentimentos, conforme as reações da platéia e a própria disposição do ator. Por essa razão, discordo da solução de Yvon Belaval para o *Paradoxo sobre o Comediante*, relatada na nota 37.

40. *Le Bravure del Capitano Spavento*, em F. Marotti; G. Romei, op. cit., p. 214.

41. *La Supplica, discorso familiare*, em F. Marotti; G. Romei, op. cit., p. 630.

42. L. Riccoboni, *Dell'Arte rappresentativa*, p. 17-18, fac-símile da edição de 1728.

XXXII A ARTE DO ATOR ENTRE OS SÉCULOS XVI E XVIII

ilusão será perfeita". O espectador ficará completamente iludido se o ator sentir tudo o que disser, e assim "nos persuadir de que estamos escutando as próprias personagens, e não o comediante que as representa"[43]. A expressão dos sentimentos contribui para dissimular o artifício e iludir.

Riccoboni vincula o bom desempenho de um comediante ao fato de ele, além de conhecer, estimar a correta hierarquia da sociedade de corte: na adesão racional e sentimental ao regime monarquista consiste a virtude política, moral e religiosa, e o fundamento da arte do comediante.

Para Riccoboni, os sentimentos do comediante, como de todos os bons súditos, coincidem exatamente com os ditames da monarquia francesa setecentista, e repousam sobre uma crença religiosa. Porque o monarca foi ungido pela Igreja, resistir à sua soberania é resistir à vontade divina. Leis divinas e leis naturais unem-se aqui de modo semelhante às teses reformistas; Riccoboni, porém, se define como um devoto a toda prova por sua anuência ao catolicismo gálico, defensor do direito divino dos reis[44]. Comediante piedoso que zela pelos interesses do rei, Luigi Riccoboni não se vê como servidor do reino, do povo ou de magistrados eleitos; sua obrigação é para com Luís XV, ou para com outros reis e príncipes que o admitam em sua corte.

Pressupondo que os corações e mentes dos comediantes estejam a serviço de seus mecenas, Luigi Riccoboni censura a representação da tragédia na França, cujo estilo predominante foi o da Comédie Française. Segundo Riccoboni, o desempenho dos atores dessa companhia distancia demais as personagens no tempo e no espaço, anulando a possibilidade de o auditório comparar os heróis da Antigüidade com os grandes homens contemporâneos, e desperdiçando assim a oportunidade de que estes sejam admirados e elogiados pelo público. Portanto, o privilégio dos atores da Comédie Française não reverte em benefício de seu patrono real. Por outro lado, quando esses atores adotam uma postura e declamam com entonações mais comuns e familiares ao auditório, corre-se o risco de que os espectadores se aproximem demais de assuntos que só concernem aos grandes, e sejam incentivados a se imiscuir na tomada de decisões políticas, o que também não interessa a um monarca.

Para Riccoboni, os comediantes franceses, ao se mostrarem ineptos em sua arte, tornam-se suspeitos de insubordinação contra a autoridade temporal e contra tudo o que há de mais sagrado, uma vez que

---

43. *Pensées sur la déclamation*, em *Réflexions historiques et critiques sur les differens théatres de l'Europe*, p. 264, fac-símile da edição de 1740.

44. Cf. Q. Skinner, op. cit., p. 393: "Não fosse Lutero, jamais poderia ter havido um Luís XIV", diz Skinner, citando Figgis, sobre a unção católica dada ao regime absolutista.

PRÓLOGO

os diferentes empregos de que os homens se encarregam na vida civil são efeitos da Providência, que nos conduz; é um crime ignorar o mais ínfimo conhecimento sobre eles, ou negligenciar sua mais perfeita aquisição, [muito embora] tudo o que se escreva sobre isso não vá nunca suprir todas as carências nem esgotar o assunto. Quintiliano, a propósito da ação do orador, diz que este não deve se ater aos preceitos, mas seguir o que lhe for natural[45].

Sabe-se que o *Paradoxo sobre o Comediante* refutava indiretamente teses expostas em *O Comediante*, escrito em 1747 por Pierre Rémond de Sainte-Albine, êmulo e colaborador da Comédie Italienne desde os tempos em que Luigi Riccoboni a dirigia, o que permite deduzir, no *Paradoxo*, o confronto de Diderot com as idéias do italiano.

Segundo Riccoboni, os sentimentos do ator estão em concordância com a política absolutista. Diferentemente de Luigi Riccoboni, Diderot diz que os sentimentos, sim, obedecem a convenções, mas sensibilidade e natureza são totalmente dessemelhantes quando visam às ambições de uma só pessoa e não ao bem, mais abrangente, da espécie humana. O teatro suscita então sentimentos totalmente contrastantes com a moral e as leis que reforçam a estrutura política ultramonárquica.

Entretanto, a recusa de Diderot em atribuir prerrogativas à sensibilidade do comediante não implica eliminar os elementos emocionais da representação de um drama. Sentimentos são produto de convenções, mas as convenções dramáticas que designam emoções são diferentes das extrateatrais: "vós me falais de uma coisa real, e eu vos falo de uma obra de arte, projetada, interligada, que tem seus progressos e sua duração"[46]. O comediante provoca emoções no espectador lançando mão de preceitos da arte poética e do sistema de declamação (enquanto suas próprias emoções seguem outras convenções).

Ao passo que o comediante sabe que essas emoções são obra de arte – e o filósofo sabe que, no mundo, são forjadas por um regime político –, o público e o povo desconhecem tais fatores. Sem discursar diretamente ao público, os atores de uma peça instruem-no a esse respeito, compondo entre si quadros animados que dão um exemplo vivo. Uma peça que se baseie em reviravoltas também impressiona o espectador, mas o mantém na ignorância daquilo que gera a surpresa.

Como em pouco tempo o público de teatro se dá conta de serem as cenas impressionantes e tocantes tão convencionais quanto os demais componentes de uma peça, é a partir da conjunção de elementos conhecidos pelo público e de dados inusitados que a verdade e a naturalidade se mostram em cena. É possível fazê-lo dando destaque a "um incidente imprevisto na ação e que muda subitamente a situação dos

---

45. L. Riccoboni, *Pensées sur la déclamation*, p. 243 e 249, respectivamente.
46. *Paradoxo sobre o Comediante*, op. cit., p. 41; ed. fr., p. 1388.

XXXIV A ARTE DO ATOR ENTRE OS SÉCULOS XVI E XVIII

personagens"[47]. Diderot, no entanto, prefere não apelar para tais lances teatrais incríveis e inesperados; na composição e na representação de uma peça, "que o espectador saiba de tudo e que os personagens se ignorem tanto quanto possível; que, satisfeito do presente, eu deseje com ardor aquilo que se segue". Com relação à pantomima dos atores – os gestos de cada um deles e as cenas em conjunto –, Diderot defende que se baseie em referências habituais. Uma coisa tão comum, entretanto, não causaria nenhum interesse; por isso Diderot recomenda que os comediantes componham cenas como se fossem *tableaux*, justapondo aquilo a que o público está habituado a ver no palco a gestos, inflexões de voz e comportamentos habituais em sociedade; no entrecruzamento de dois registros conhecidos, um deles se torna insólito. Ou seja, quando o público conversa com amigos na sala de estar de sua casa, pela força do hábito não percebe que está ajustando seu tom de voz e gestos ao ambiente; quando introduzida no teatro, estranha-se a inflexão alhures costumeira. Desse modo, um instrutivo paralelo se estabelece entre o espectador, que sabe "o suficiente e [sente] que ações e discursos seriam muito diferentes, caso os personagens se conhecessem"[48], e o frio, onisciente comediante, observador de seus sensíveis e emotivos concidadãos.

Por ressaltar, como extraordinário, algo habitual, a atuação do comediante é comparada por Diderot à pintura de um quadro (*tableau*). Assim como o pintor lida com preceitos da arte pictórica para "dispor os claros e escuros", as nuanças que o comediante imprime em sua atuação são "obra de uma cabeça fria, de um profundo julgamento [*jugement*], de um gosto refinado, de um estudo penoso, de uma longa experiência e de uma tenacidade de memória não muito comum". O bom comediante é, pois, "senhor dos espíritos"; finge "ora a cólera, ora o temor, ora a piedade, a fim de levar os outros a esses sentimentos diversos"[49]. É a faculdade do juízo que permite ao comediante, sem anular seus próprios sentimentos, simular um modelo ideal que o ultrapasse. O sublime de sua atuação está em destacar do familiar e do comum o que houver de mais altivo[50].

47. Primeira Conversa, op. cit., p. 105; ed. fr., p. 1136.

48. *Discurso sobre a Poesia Dramática*, XI, p. 77; ed. fr., p. 1308.

49. *Paradoxo sobre o Comediante*, op. cit., p. 75 e 81; ed. fr., p. 1420 e 1426, respectivamente.

50. Sobre a retomada, a partir das edições italianas de 1554 e 1555, do tratado *Do Sublime* como parâmetro para o estilo médio de composição e representação teatrais, cf. M. Fumaroli, Rhétorique d'école et rhétorique adulte: la récéption européenne du *Traité du Sublime* au XVIe et au XVIIe Siècle, op. cit., p. 385. Cf. ainda Longino, *Do Sublime*, XVII, 1-2, p. 74: "o ouvinte fica logo indignado se, como criança sem razão, vê-se transportado pelas figuras (derrisórias) de um orador profissional; e interpretando o paralogismo como uma afronta pessoal às vezes deixa-se levar pela exasperação e, se domina sua cólera, resiste totalmente a deixar-se convencer pelos discursos. Por isso a figura parece a melhor, quando permanece escondido isto: que há uma figura.

PRÓLOGO

É, pois, a grandeza de pensamento que faz o comediante:

Esse modelo [ideal] não influi somente no tom; modifica até o passo, até a postura. Daí vem que o comediante na rua ou na cena são dois personagens tão diferentes, que mal se consegue reconhecê-los. A primeira vez que vi Mlle Clairon em casa dela, exclamei com toda a naturalidade: "*Ah! senhorita, eu vos julgava mais alta de uma cabeça inteira*"[51].

A simultaneidade entre alto e baixo não é uma mescla; o ator não mistura sua vida desregrada aos bons exemplos que leva à cena. Em concordância com a tratadística que designou ao comediante um lugar de destaque na vida civil e ao mesmo tempo impediu que ocupasse esse lugar (apartando-o da elevação celestial), são os mal-afamados atores que Diderot convoca como oradores.

Se no passado os desvios dos comediantes reafirmavam a baixeza do humano, mas vinham com lampejos de divindade, para Diderot o modelo ideal concebido pelo ator conecta-se com uma noção elevada da natureza humana, mas não provém de Deus; portanto, o modelo ideal não está dado, é fruto de juízos que conduzem a ação humana (é preciso então inventar a idéia de natureza).

Diderot relata ainda como a "pequena notável" atriz da Comédie Française, Mlle Clairon, concebeu um grandioso modelo ideal de representação teatral:

ela fez para si um modelo ao qual procurou de início conformar-se; sem dúvida, concebeu esse modelo da maneira mais elevada, mais grandiosa e a mais perfeita que lhe foi possível; mas tal modelo, que tomou da história, ou que sua imaginação criou como um grande fantasma, não é ela; se o modelo não a ultrapassasse em altitude, como seria fraca e reduzida sua ação![52]

O fato de que o comediante não se apegue às próprias emoções permite que ele se desprenda de si mesmo e consiga dar unidade ao papel. Se a sua arte consistisse em representar "metade por natureza e metade por estudo, metade por um modelo e metade por si próprio"[53], o desempenho perderia efeito, pois a desigualdade incomodaria o espectador. Ao se destacar de sua vida particular e remontar ao público, o comediante consegue conectar-se com o espectador mediante idéias gerais, pois as emoções de sua personagem não são as dele; tanto quanto os aspectos instrutivos de seu desempenho, são uma obra de arte, que obedece a regras de convenção.

Então, o sublime e o patético são um antídoto e um socorro maravilhosos contra a suspeita que pesa sobre o emprego das figuras, e a técnica do artifício, de certa forma cercada pelo brilho das belezas e das grandezas, aí se encontra mergulhada e livre de toda a suspeita".

51. *Paradoxo sobre o Comediante*, op. cit., p. 40; ed. fr., p. 1387.
52. Idem, p. 33; ed. fr., 1381.
53. Idem, p. 78; ed. fr., p. 1423.

XXXVI A ARTE DO ATOR ENTRE OS SÉCULOS XVI E XVIII

"Não há ninguém, e não pode haver, que julgue igualmente bem em tudo o que diz respeito ao verdadeiro, ao bom e ao belo"[54]: a arte do comediante independe dos interesses de um mecenas; daí Diderot ter escolhido o vulgo como público preferencial do drama, e não uma seleta minoria. Mas o comediante, ao oscilar de acordo com as fugazes sensações do variegado público, não se limita a proporcionar prazeres sensoriais; sua incumbência é "conhecer bem os sintomas exteriores da alma de empréstimo, de dirigir-se à sensação dos que nos ouvem, dos que nos vêem, e de enganá-los pela imitação desses sintomas, mediante uma imitação que engrandece tudo em suas cabeças e que se torna a regra do julgamento deles"[55].

O ator e o espectador comunicam-se no nível das idéias, mais especificamente pela emissão de juízos sobre fatos inesperados, uma vez que o público é comovido por um modelo ideal de virtude que não é conhecido de antemão, modificando-se conforme as condições em que se encontram os comediantes e as personagens.

Como ninguém traz "em si o modelo geral ideal de toda a perfeição", os escultores, pintores, homens de letras, os filósofos e comediantes fazem "um modelo ideal próprio a seu estado". O modelo, no caso do comediante, obedece a um sistema de declamação, até mesmo quando é modificado em função das circunstâncias:

o estudo dobra o homem de letras. O exercício fortalece o andar e levanta a cabeça do soldado. O hábito de transportar fardos abate os rins do carregador. A mulher gorda inclina a cabeça para trás. [...]

É assim que, de um só simulacro, emanará uma variedade infinita de representações diferentes, que cobrirão a cena e a tela[56].

As mais rumorosas cenas e as mais tênues nuanças da representação teatral incorrem em desvios previstos pelo sistema de declamação.

Quanto àqueles que detêm a autoridade política, Diderot aconselha que também não se atenham a seus próprios interesses, mas levem em conta o povo, considerado em sua diversidade e generalidade. Daquele que pretenda ser "grande rei, grande político, grande magistrado" se exige a mesma aptidão do comediante: "esquecer-se e distrair-se de si mesmo, e, com a ajuda de uma imaginação forte, saiba criar, e, de uma memória tenaz, manter a atenção fixada em fantasmas que lhe servem de modelos"[57]. A constituição das leis e sua aplicação devem igualmente sobrepor-se àqueles que as criaram

54. *Discurso sobre a Poesia Dramática*, XXII, p. 130; ed. fr., p. 1349.

55. *Paradoxo sobre o Comediante*, op. cit., p. 66; ed. fr., p. 1412.

56. *Discurso sobre a Poesia Dramática*, XXIII, p. 130; ed. fr., p. 1349 e 1350. *État* aqui designa desde o estado civil, até a origem e as profissões; segundo essas categorias, o *état* indica a posição de quem elabora o modelo ideal, dentro da estrutura sociopolítica do *Ancien Régime* – que referia três ordens: a nobreza, o clero e a plebe.

57. *Paradoxo sobre o Comediante*, op. cit., p. 69; ed. fr., p. 1415.

PRÓLOGO

e àqueles que julgam em nome delas, estando acima dos magistrados, dos políticos e do próprio rei.

Como essas autoridades têm respaldo legal, ainda que seja necessário simular emoções para convencer os interlocutores, suas decisões são impositivas, ao passo que o comediante não pode obrigar o público a gostar de uma peça. Para tornar a virtude amável e mostrar como o vício é "contrário à ordem geral e à felicidade pública e particular", o ator precisa dissimular essa pretensão, erguendo uma quarta parede para separá-lo da platéia, de modo que o espectador não se aperceba de sua finalidade nem dos preceitos que regem a representação cênica. Pois, se a platéia notasse que os comediantes querem lhe dar lições de moral, diria: "Que queres? Não estou aqui. Por acaso me intrometo em tua vida?"[58]

Um paradoxo a mais compilado pelo enciclopedista, ou talvez o paradoxo definitivo sobre o comediante: *professar uma arte que se tem de negar*.

---

58. *Discurso sobre a Poesia Dramática*, XXII e XI, p. 127 e 79; ed. fr., p. 1346 e 1310, respectivamente.

1. Representação de Corte

GRIMM, D'ALEMBERT, ROUSSEAU
E O *PARADOXO SOBRE O COMEDIANTE*

O *Paradoxo sobre o Comediante*[1] foi publicado 46 anos após a morte de Diderot. Conservado até 1830 em São Petersburgo, constava do acervo que, com a condição de não cedê-lo em vida, o filósofo havia vendido a Catarina II, da Rússia.

Obra póstuma, porém não inédita; uma versão abreviada do *Paradoxo* circulara em 1770 na *Correspondência Literária*[2] editada por Grimm. Este filho de pastor luterano representava em Paris a seção evangélica do Sacro Império Romano-Germânico; os protestantes

---

1. Comediante na acepção de intérprete de todos os gêneros dramáticos, inclusivamente o cômico.

2. Cartas manuscritas, sem distribuição na França, mas redigidas neste país; a *Correspondência Literária, Filosófica e Crítica* era enviada à imperatriz da Rússia, ao rei da Suécia, ao rei da Polônia e ao arquiduque da Áustria (o futuro imperador José II), à princesa da Saxônia e a outros nobres alemães, dentre os quais o irmão de Frederico II. A *Correspondência Literária* iniciou-se em 1753 sob direção de Raynal, que no ano seguinte abandonaria o cargo, embora mantivesse ligações com a Prússia e a Rússia, onde se exilou em 1781. De 1754 a 1773 foi editada por Grimm, e até 1793 pelo protestante suíço Meister. Em geral, a *Correspondência Literária* continha resenhas dos principais lançamentos editoriais de Paris e comentários sobre espetáculos teatrais, redigidos pelo próprio editor desse "periódico" ou por alguns colaboradores. A *Correspondência* também publicava cartas, poemas e obras, como a primeira versão do *Paradoxo sobre o Comediante*.

2 A ARTE DO ATOR ENTRE OS SÉCULOS XVI E XVIII

alemães contavam com o apoio da França para enfrentar a hegemonia católica do ramo austríaco nas eleições imperiais, sendo do interesse de Luís xv fortalecer os opositores da potência rival, a Áustria[3].

Por intermédio de Grimm, o eleitor da luterana Saxônia casou sua filha com o primogênito de Luís xv[4]. A *Correspondência Literária, Filosófica e Crítica* viria a se notabilizar em sua gestão como veículo apropriado para estabelecer tais alianças, pois dentre seus assinantes todos eram, no dizer de Arthur Wilson, potentados alemães ou cabeças coroadas. "A *Correspondência Literária* geralmente era expedida de Paris duas vezes por mês, por via diplomática, o que a tornava ainda mais segura e confidencial. Assim, o exemplar remetido à rainha Louise Ulrique, da Suécia, irmã de Frederico, o Grande [...], viajava certamente pelo malote postal do embaixador da Suécia na França"[5].

A *Correspondência Literária* consistia em um despacho de documentos circunscrito aos interessados em informar-se sobre as últimas notícias do paço versalhês e sobre as novidades da arte francesa, que delas fariam uso em lances diplomáticos. Em termos de política internacional, pode-se dizer que a linha editorial da *Correspondência Literária* – iniciada anos depois da Guerra de Sucessão da Áustria (1742-1748), mas consentindo com os termos da assinatura da paz – coincidiu com os propósitos de Luís xv em relação ao setor luterano do Império Germânico, havendo naquele então um ambiente favorável à tolerância religiosa na católica França.

A situação, porém, tornou-se crítica em 1756, quando Frederico da Prússia invadiu a Saxônia; a França reagiu prontamente em defesa de sua aliada, dando início à Guerra dos Sete Anos. No momento em que Frederico II se transforma em inimigo nacional da França, as ligações entre Grimm e a Prússia poderiam fazê-lo cair em desgraça diante de Luís xv, não fossem os serviços que prestava a este monarca junto aos demais assinantes da *Correspondência Literária*.

Sua destreza diplomática em ocasiões como essas, bem como a eventual necessidade de fazer jogo duplo, deram a Grimm o epíteto de perfeito cortesão, até mesmo em seus modos e na sua aparência. Eram notórias sua estima pela maquiagem com pó-de-arroz e sua preocupação em frisar a cabeleira, penteado pelo qual recebeu de Diderot a alcunha de "carneiro cacheado"[6].

---

3. Cf. P. Chaunu, *A Civilização da Europa das Luzes*, v. 1, p. 171-172; e G. Treasure, *The Making of Modern Europe*, p. 375.

4. Cf. J. Meyer, *La France moderne*, p. 485.

5. A. Wilson, *Diderot*, p. 309.

6. Recibos de Grimm confiscados pela Revolução Francesa foram preservados até hoje; das contas enviadas por um fornecedor de cosméticos e perfumes, Arthur Wilson constatou que em sua *toilette* Grimm nunca deixou faltar "pó-de-arroz tratado com essências". A habilidade do cortesão não se restringia a seu porte, se levarmos em conta as manobras mediante as quais granjeou da imperatriz Maria Teresa o baronato,

REPRESENTAÇÃO DE CORTE

Enquanto Grimm habilmente se esquivava da acusação de colaboracionismo, o aliciamento de d'Alembert pelo rei da Prússia foi menos equívoco. Como atestam as páginas de apresentação dos primeiros volumes da *Enciclopédia*, o matemático francês era membro da Academia Real de Ciências daquele país. Recebia desde 1754, conforme a *Correspondência Literária* de junho daquele ano, uma generosa pensão concedida por Frederico II. Nas palavras de Grimm, a concessão do benefício revertia em prejuízo para Luís XV: "antigamente Luís XIV, pelos conselhos do sr. Colbert, procurava descobrir pessoas de mérito na Europa para conceder-lhes benefícios. Hoje um grande rei os encontra sem precisar de Colbert. O rei da Prússia acaba de dar uma pensão de 1.200 libras ao sr. d'Alembert"[7].

Extrapolando o âmbito de malotes sigilosos e das academias de ciências, o alcance das teorias de d'Alembert tornou-se bem mais amplo desde que, em fins de 1747, livreiros parisienses o contrataram para dividir com Diderot a direção da *Enciclopédia*, este dicionário de ciências, artes e ofícios que chegou a ter cerca de quatro mil assinantes. Ambos encabeçaram o empreendimento desde o primeiro volume, publicado em 1751, até o sétimo, de 1757, em plena Guerra dos Sete Anos, quando os diretores e colaboradores da *Enciclopédia* receberam acusações de falta de patriotismo e impiedade (por suas ligações com a luterana Prússia e com outros adversários), uma das quais teve como base o verbete "Genebra", escrito por d'Alembert e duramente criticado por referir-se aos pastores suíços de maneira injuriosa à Igreja da França[8].

No período imediatamente anterior à Guerra dos Sete Anos, a dissensão ao catolicismo não vinha causando conflitos nas relações diplomáticas da França com os Estados imperiais luteranos, visto que os interesses de ambos convergiam na oposição à Áustria católica. Após o ataque à Saxônia, porém, a França reconciliou-se com a facção austríaca do Império, e ambas uniram-se à Rússia contra a coalizão Prússia-Inglaterra, cuja orientação religiosa deu ao conflito um caráter de facciosismo católico, determinante para o recrudescimento de medidas contra-reformistas na França.

---

sem incompatibilizar-se com o inimigo prussiano, pois anos após a guerra (em 1769 e em 1773) chegou a passar temporadas na corte de Frederico II. Cf. A. Wilson, op. cit., p. 101.

7. F. M. Grimm, *Correspondance littéraire, philosophique et critique*, t. 2, p. 370.

8. D'Alembert finaliza o verbete "Genebra" com dados sobre sua religião: "A constituição eclesiástica de Genebra é puramente presbiteriana; nada de bispos, nada de cônegos; não que se desaprove o episcopado; mas como não crêem que seja de direito divino, julgaram que pastores menos ricos e menos importantes do que os bispos convinham mais a uma pequena República". Genebra, em J.-J. Rousseau, *Carta a d'Alembert*, p. 156.

4 A ARTE DO ATOR ENTRE OS SÉCULOS XVI E XVIII

O apoio financeiro que recebiam de potências inimigas só fazia aumentar as suspeitas de que os enciclopedistas fossem traidores, contra os quais Luís xv tomava medidas cada vez mais enérgicas desde que sofrera uma tentativa de assassinato: em janeiro de 1757, o cavalariço Damiens penetrou no palácio de Versalhes para atacar o rei a golpes de canivete; o séquito real impediu seu intento, Damiens foi detido e esquartejado.

O culpado recebia assim um castigo exemplar;

mas não se deixou de incriminar também, no círculo de Luís xv, a obra desses malditos filósofos que atacam a religião, desprezam a autoridade, obtêm apoios até nos ministérios e propagam na sociedade idéias perigosas, peçonhentas, que perturbam os espíritos débeis, fomentam a revolta e fornecem munição para os Damiens[9].

Com efeito, em abril do mesmo ano um decreto real estipulou que "todos os culpados de ter composto, de mandar compor e imprimir escritos propensos a atacar a religião, a promover agitações, a atentar contra nossa autoridade e a perturbar a ordem e a tranqüilidade de nossos estados serão punidos com a morte"[10]. Autores e distribuidores de textos menos ofensivos seriam condenados às galés ou à prisão.

Precavendo-se do encarceramento ou da pena de morte, no início de 1758 d'Alembert abandonou a direção da *Enciclopédia*; embora permanecesse como colaborador, daí em diante coube somente a Diderot o encargo de dirigir a publicação.

Em setembro do mesmo ano d'Alembert parecia carecer do salário que abandonou com a *Enciclopédia*, pois recorreu novamente a Frederico II, dessa vez protegido pelo sigilo da *Correspondência Literária*, que não era difundida na França. Naquela remessa da *Correspondência* foram publicados "versos sobre o rei da Prússia (atribuídos ao sr. d'Alembert): Sábio e valente, monarca e pai,/ Sabe vencer e pensar, sabe reinar e agradar./ Herói na desgraça, pronto a tudo superar,/ Opõe seu gênio à borrasca tenebrosa,/ Vê a Europa em polvorosa/ A combatê-lo e admirá-lo"[11].

Os enciclopedistas que resistiram à crise – tanto os articulistas quanto o editor – permaneciam suspeitos de conspirar contra o governo e contra a religião, pois seus panegíricos não se dirigiam ao rei da França, mas a Frederico da Prússia. O elogio fúnebre a Montesquieu, publicado no quinto volume da *Enciclopédia*, exemplifica a posição

9. P. Lepape, *Diderot*, p. 190.

10. *Bibliothèque Nationale, Département des Manuscrits, Fond Français* 22177, fls. 200-201, apud A. Wilson, op. cit., p. 231.

11. "Vers sur le roi de Prusse (On les attribue à M. d'Alembert)/ Sage et vaillant, monarque et père,/ Il sait vaincre et penser, il sait régner et plaire/ Héros dans ses malheurs, prompt à les réparer,/ Au plus affreux orage opposant son génie,/ Il voit l'Europe reunie/ Pour le combattre et l'admirer". J. le R. D'Alembert, Vers sur le roi de Prusse, *Correspondance Littéraire*, septembre 1758, t. 4, p. 32

REPRESENTAÇÃO DE CORTE 5

comprometedora de d'Alembert e Diderot, ao arrolar as manifestações de pesar pela morte do autor de *Cartas Persas*:

A Academia Real de Ciências e Belas-Letras da Prússia, embora não use pronunciar o elogio dos associados estrangeiros, sentiu-se no dever de dar-lhe esta honra [...]. A tantos sufrágios brilhantes em favor do senhor de Montesquieu, acreditamos poder acrescentar sem indiscrição os elogios que lhe foram feitos, em presença de um de nós, pelo próprio monarca ao qual essa Academia célebre deve seu lustro, príncipe feito para sentir as perdas da Filosofia, e para as consolar[12].

Entretanto, tais manifestações de apoio não foram divulgadas – não se dirigiam ao vulgo, uma vez que o alcance da *Enciclopédia* se restringia a uma elite. A *Enciclopédia* contava com 4.225 assinantes, que dispenderam uma soma elevada para adquirir seus luxuosos volumes. A maioria residia na França e compunha-se de aristocratas e membros dos altos escalões da área jurídica, da Igreja e da administração do reino, os quais, após a interdição da *Enciclopédia*, enviaram seus exemplares para casas de campo, onde estariam a salvo de quaisquer acusações ou *lettres de cachet*[13]. Os leitores que tiveram acesso à *Enciclopédia* formavam, portanto, a base mais ampla do governo, interessada em defender suas prerrogativas e evitar a concentração de poder nas mãos de Luís xv e seus assessores diretos.

Mesmo assim, em 8 de março de 1759 o Conselho do Rei da França, acatando um parecer do parlamento, decretou a revogação dos direitos de publicação da *Enciclopédia*. O oitavo número estava saindo do prelo. Os editores da *Enciclopédia* não podiam abrir mão da distribuição deste volume e da entrega de todos os demais, porque o reembolso das assinaturas os levaria à falência e representaria um sério prejuízo para a economia do país, já debilitada pelo ônus da guerra em curso. Apesar de Clemente xiii ter incluído a *Enciclopédia* no *Index* em setembro de 1759, ordenando aos fiéis a queima de todos os exemplares, até 1772 foram publicados e entregues os 21 volumes restantes, editados clandestinamente por Diderot[14].

12. Éloge de M. le Président de Montesquieu, *Encyclopédie ou Dictionnaire Raisonné des Sciences, des Arts et des Métiers*, t. 5, p. xvi.

13. As *lettres de cachet*, assim chamadas por estamparem o selo real, foram utilizadas durante o *Ancien Régime* para dar ordem de prisão ou de exílio, sem julgamento. Segundo Arthur Wilson, como qualquer ordem de prisão, as *lettres de cachet* só se executavam depois que um dos ministros do rei analisasse os relatórios do comissário de polícia e assinasse a petição. Como proibiam que o detento se comunicasse com qualquer pessoa e não prescreviam o tempo de detenção, que poderia ter duração indefinida, constituíam notadamente um abuso de autoridade. Cf. A. Wilson, op. cit., p. 88.

14. Cf. R. Darnton, *O Iluminismo como Negócio*, p. 36-37: "Edição *in-folio* de Paris (1751-72): compôs-se de dezessete volumes de texto, publicados de 1751 a 1765 (os dez últimos foram lançados simultaneamente em 1765, sob o falso termo de impressão de Neuchâtel), e onze volumes de ilustrações, publicados de 1762 a 1772. [...] Embora o preço da assinatura tenha sido originalmente fixado em 280 libras, acabou por atingir 980".

6 A ARTE DO ATOR ENTRE OS SÉCULOS XVI E XVIII

Os episódios em torno da *Enciclopédia* ou da *Correspondência Literária* manifestavam a tensão própria do funcionamento da sociedade de corte. Se em certos aspectos expressavam dissidências, em outros momentos os enciclopedistas apoiavam medidas tomadas por Luís xv ou por outras instâncias de poder, como os parlamentos e facções em choque no interior da corte. A exemplo do que ocorreu durante a Querela dos Bufões, quando correspondentes e enciclopedistas se uniram à própria rainha da França para enfrentar o partido de madame Pompadour, favorita do rei e sua articuladora em matéria política.

Deflagrada por uma companhia italiana contratada em 1752 para cantar óperas-bufas em Paris, dentre as quais *A Serva Padrona*, de Pergolesi, a Querela dos Bufões aconteceu quando o repertório italiano de treze obras curtas que se revezava com uma ópera longa francesa deu "aos ouvidos parisienses uma excelente ocasião para fazer comparações"[15].

No teatro de Ópera de Paris os partidários do gênero italiano situaram-se nos lugares próximos ao camarote da rainha, e os partidários da música francesa postaram-se junto ao camarote de madame Pompadour.

Jean-Jacques Rousseau, que ocupava uma posição de destaque no *coin de la reine* (simpatizante da ópera italiana), declarou em sua *Carta sobre a Música Francesa*, de 1753, que "os franceses não têm música e não podem tê-la; ou, se alguma vez a tiverem, será tanto pior para eles"[16]. Para sanar a carência, Rousseau compôs uma ópera cômica nos moldes italianos, *O Adivinho da Aldeia*, que teve sua estréia em Fontainebleau (palácio de outono de Luís xv) em outubro de 1752, levada pela Ópera de Paris. No dia seguinte a esta récita o rei convocou Rousseau para uma audiência, a fim de lhe conceder uma pensão[17]. Dessa forma, partidos opostos entrariam em acordo sem mais alarde.

Rousseau, entretanto, optou por não comparecer à audiência. "Perdi", diz em suas *Confissões*,

a pensão que me foi oferecida; mas me isentei também do jugo que ela teria imposto a mim. Adeus à verdade, à liberdade, à coragem. Como falar doravante em independência e desinteresse? Deveria lisonjear ou calar-me, recebendo a pensão; e quem me garantiria que ela seria paga? Quantas providências, a quantas pessoas eu teria de solicitá-la! Obtê-la me custaria muito mais preocupações do que tive para recusá-la. Renunciando a ela, tomo um partido muito mais coerente com meus princípios[18].

15. A. Wilson, op. cit., p. 150.
16. J.-J. Rousseau, *Carta sobre a Música Francesa*, p. 44.
17. Cf. A. Wilson, op. cit., p. 153.
18. *Les Confessions*, em *Oeuvres complètes*, t. 8, p. 270.

REPRESENTAÇÃO DE CORTE

O *Paradoxo sobre o Comediante*, por sua vez, traz à baila o envolvimento entre Diderot e Catarina II, uma aristocrata alemã que havia dado um golpe de Estado e assassinado o marido para tornar-se czarina. "Pedro III, destronado, no cativeiro desde o golpe de Estado, morreu subitamente 'de hemorróidas e de cólica', segundo comunicado de Catarina de julho de 1762 – o qual, diga-se de passagem, não continha nenhuma expressão de pesar"[19]. Daí a explicação jocosa de d'Alembert sobre sua recusa ao cargo de preceptor naquela corte: "sou muito suscetível a ter hemorróidas, elas são muito perigosas naquele país, e quero sofrer dos fundilhos em segurança"[20].

Também alemão, Pedro III ascendera ao trono russo por razões de parentesco. Durante seu breve reinado, assinou um tratado de paz desfavorável à Rússia, devolvendo à Prússia todo o território que a Rússia havia conquistado durante a Guerra dos Sete Anos; outras de suas atitudes suspeitas foram secularizar terras da Igreja Ortodoxa, expressar o anseio de instaurar o luteranismo no país e passar suas tropas em revista trajando o uniforme de coronel da Guarda Prussiana[21].

A França tinha, pois, razões de sobra para derrubar este simpatizante da inimiga Prússia. Com apoio de Luís XV, Catarina foi elevada ao poder; para manter-se nele, a czarina ratificou esta aliança tomando diversas medidas, entre elas contratar a preço de ouro os mais prestigiados intelectuais franceses, dentre os quais Diderot.

A biblioteca de Diderot, que desde 1760 estava à venda – uma vez que a interdição da *Enciclopédia* havia reduzido seus proventos –, foi arrematada em 1765 por Catarina II. As generosas condições de compra foram negociadas por Grimm: Diderot vendeu sua biblioteca – incluídos os escritos de sua autoria –, teve permissão para continuar com ela enquanto vivesse e recebeu uma verba extra para adquirir novos títulos e deduzir seus honorários pela manutenção do acervo.

Mediante este acordo, Diderot tornou-se "bibliotecário de Sua Majestade Imperial Catarina II"[22] e, para alguns, "o agente pago de Catarina"[23]. As poucas bases legítimas do reinado dessa czarina precisavam ser fortalecidas; ela tentou fazê-lo atraindo luminares da aliada França e celebridades que tivessem ascendência sobre as cortes européias.

Catarina perderia seu maior apoio externo se a França rompesse os laços com a Rússia, e agraciar Diderot pode ter sido um dos lances

---

19. A. Wilson, op. cit., p. 368.
20. Carta de d'Alembert a Voltaire, 25 de setembro de 1762, apud A. Wilson, op. cit., p. 368.
21. Cf. A. Wilson, op. cit., p. 588.
22. A. Wilson, op. cit., p. 388.
23. P. Chaunu, op. cit., p. 187.

8 A ARTE DO ATOR ENTRE OS SÉCULOS XVI E XVIII

de sua estratégia diplomática[24]. Servindo à benemérita czarina (e indiretamente favorecendo a política externa de Luís xv[25]), Diderot passou a agenciar artífices, cientistas e todo o funcionalismo necessário à consolidação do mandato de Catarina. Diderot ainda adquiriu móveis e quadros para o *Ermitage* e outros palácios russos[26].

Se em termos literários e artísticos a parceria havia-se mostrado tão fecunda, Diderot não se furtou a prodigalizar outros conselhos à czarina. No entanto, em assuntos de Estado ela não admitia ingerências, reafirmando-se como déspota, ainda que esclarecida. Diderot estava ciente de que um dos exemplares da *Correspondência Literária* era remetido à Rússia; assim, as *Observações sobre Garrick* ali publicadas em 1770 – que posteriormente foram denominadas *Paradoxo sobre o Comediante* –, deveriam encontrar em Catarina II uma leitora atenta às entrelinhas, em que Diderot ressaltava as virtudes de um sistema constitucionalista.

Por ocasião de sua visita a São Petersburgo (1773-1774), Diderot revisou as *Observações sobre Garrick*, mencionando-as como uma de suas poucas atividades em solo russo – uma vez que não tinha sido bem-visto como conselheiro em matéria política: "de certo modo não perdi tempo neste país. Tomei notas interessantes sobre os habitantes. Rabisquei inteiramente as margens da última obra de Helvétius. Certo panfleto sobre a arte do ator está a ponto de se tornar uma obra"[27].

Porque zelam pelo bem geral e não somente pelos interesses de seus patronos, é possível estabelecer um paralelo entre o papel de conselheiro exercido por Diderot junto a Luís xv e sua aliada russa, e os avatares do desempenho de um comediante.

Onde quer que haja despotismo a condição do ator será sórdida, constata o *Paradoxo sobre o Comediante*. A manutenção de um regime despótico implica a degradação dos valores morais em todos os estratos de um reino. Esta é a causa dos péssimos costumes da classe artística; como exigir que os comediantes sejam honrados se os próprios freqüentadores de teatro são tratados como escravos fora dali? Diderot manifesta assim seu repúdio a medidas absolutistas tomadas

---

24. Que entretanto não convenceu a *entourage* de Luís xv, como se pode verificar na carta da duquesa de Choiseul a Mme du Deffand, em *Correspondance complète*, apud A. Wilson, op. cit., p. 432: "[Catarina II] teve presença de espírito para perceber que precisava da proteção dos letrados [*gens de lettres*]. Ela imaginou que os elogios banais destes cobririam com um véu impenetrável, aos olhos de seus contemporâneos e da posteridade, a traição que espantou o universo e revoltou a humanidade".

25. É importante notar que Diderot não se furta a participar da política de seu tempo, embora não aceite o papel de cortesão – uma vez que este gira em torno dos interesses de uma só pessoa, enquanto, para Diderot, fazer política é visar ao bem de todos os estratos de um povo. Para compreender o alcance das críticas de Diderot à corte e aos cortesãos, cf. D. Diderot, Cour, *Encyclopédie*.

26. Cf. A. Wilson, op. cit., p. 453 e 499; e P. Lepape, op. cit., p. 326.

27. Lettre de Diderot a mme. d'Épinay, 18 août 1773, *Oeuvres*, t. 5, p. 1187.

por Luís xv, bem como seu embasamento teológico. Na França, diz ele, os comediantes "são excomungados. Esse público, que não pode dispensá-los, despreza-os. São escravos que se encontram incessantemente sob a vara de outro escravo". Enquanto esse estado de coisas não se modificasse, o efeito-cascata da tirania continuaria arrastando o público, atores e autores de teatro. Mas a simulação teatral permite, segundo Diderot, que se superem os limites da moral degradada e do despotismo vigente, e isso acontece a despeito dos atores, que calçam o soco ou o coturno por falta de opção, por "falta de educação, [por] miséria e libertinagem. O teatro é um recurso, nunca uma escolha. Nunca alguém se fez comediante por gosto à virtude, pelo desejo de ser útil na sociedade e de servir a seu país ou sua família, por nenhum dos motivos honestos que poderiam mover um espírito reto, um coração ardente, uma alma sensível a abraçar tão bela profissão"[28].

Alguém mais sensível, com mais caráter do que o comediante, teria compaixão por seus semelhantes e desse modo não conseguiria se distanciar das más afeições convencionais, brotadas de ambientes degradados. Segundo Diderot, atrizes e atores de sua época "servem para interpretar todos [os caracteres] porque não têm nenhum"[29].

Diante dessa perspectiva, Diderot avalia como positivas a capacidade que o comediante tem de se despojar do próprio caráter para revestir em cena outro mais elevado, e a habilidade em seguir o modelo de um ser superior enquanto a baixeza e a vileza grassam fora do palco.

As imagens das paixões no teatro não são, pois, as verdadeiras imagens, sendo, portanto, retratos exagerados, apenas grandes caricaturas sujeitas a regras de convenção. [...] Qual é o comediante que apreenderá melhor essa prosápia prescrita, o homem dominado por seu próprio caráter, ou o homem nascido sem caráter, ou o homem que dele se despoja a fim de revestir-se de outro, maior, mais nobre, mais violento e mais elevado?[30]

Para conseguir despir-se das vilezas em cena, esse homem não pode ter um caráter firme, que o domine completamente. Com vistas a promover a contrafação da virtude (nos casos em que ela só se constata em cima de um palco), Diderot elenca as habilidades de um comediante: "quero que tenha muito discernimento [*jugement*]; acho necessário que haja nesse homem um espectador frio e tranqüilo; exijo dele, por

28. *Paradoxo sobre o Comediante*, em *Diderot: Obras II*, p. 65 e 61, respectivamente; *Paradoxe sur le comédien*, em *Oeuvres*, t. 4, p. 1411 e 1407. O calçado "soco" é mencionado aqui como símbolo da comédia; o "coturno", como símbolo da tragédia, por terem sido usados, no teatro romano, exclusivamente em cada gênero. O soco, com sua sola rasteira, estava de acordo com o nível da comédia, e o coturno, que se caracterizava pelo salto alto, dava grandiosidade e ênfase às personagens trágicas, cf. E. Bickel, *Historia de la Literatura Romana*, p. 505.

29. *Paradoxo sobre o Comediante*, op. cit., p. 62; ed. fr., p. 1407.

30. Idem, p. 66; ed. fr., p. 1411-1412.

10 A ARTE DO ATOR ENTRE OS SÉCULOS XVI E XVIII

conseqüência, penetração e nenhuma sensibilidade, a arte de tudo imitar, ou, o que dá no mesmo, uma igual aptidão para toda espécie de caracteres e papéis". Desvinculando-se de suas determinações de caráter, isso se tiver um, somente o comediante de sangue-frio consegue se tornar senhor de si e romper a submissão ao mal, pois

o verídico e o honesto exercem tamanho ascendente sobre nós que, se a obra de um poeta oferecer as duas características e o autor tiver talento, seu triunfo estará mais do que assegurado. É sobretudo quando tudo é falso que se ama o verdadeiro, é sobretudo quando tudo está corrompido que o espetáculo é mais depurado. O cidadão que se apresenta à entrada da Comédie deixa aí todos os seus vícios, a fim de retomá-los apenas à saída. Lá dentro ele é justo, imparcial, bom pai, bom amigo, amigo da virtude[31].

Em virtude do fingimento, que permite ao ator desonesto ascender à honestidade, o *Paradoxo sobre o Comediante* elogia aquele cuja condição só é digna de vitupério. Uma das maiores atrizes de todos os tempos da Comédie Française, *mademoiselle* Clairon (senhorita, pois na França de então as atrizes eram proibidas de receber o sacramento do matrimônio), serve para exemplificar esse mecanismo:

ela fez para si um modelo ao qual procurou de início conformar-se; sem dúvida, concebeu esse modelo da maneira mais elevada, mais grandiosa e a mais perfeita que lhe foi possível; mas tal modelo, que tomou da história, ou que sua imaginação criou como um grande fantasma, não é ela; se o modelo não a ultrapassasse em altitude, como seria fraca e reduzida sua ação![32]

Devido à sua posição de destaque, a situação não é outra para aqueles que ocupam cargos de comando fora dos palcos.

O homem sensível fica demais à mercê de seu diafragma para que seja grande rei, grande político, grande magistrado, homem justo, profundo observador e, conseqüentemente, sublime imitador da natureza, a menos que possa esquecer-se e distrair-se de si mesmo, e com a ajuda de uma imaginação forte, saiba criar, e, de uma memória tenaz, manter a atenção fixada em fantasmas que lhe servem de modelos[33].

O desdobramento, que permite aos atores dissolutos abandonar sua tendência ao vício e romper a cadeia de corrupção – ao menos enquanto estejam no palco – permite também aos governantes distanciar-se da sordidez reinante.

Conselhos úteis a Catarina II, que, se adotasse outro modelo de monarquia e abandonasse o despotismo, poderia andar de cabeça erguida diante da arena política européia.

Como Rousseau, Diderot rechaçou o papel de cortesão, sem que isso implicasse (para Diderot) rejeição à participação política. Os conselhos contidos no *Paradoxo sobre o Comediante* diferenciam-se

31. Idem, p. 32 e 64; ed. fr., p. 1380 e 1410, respectivamente.
32. Idem, p. 33; ed. fr., p. 1381.
33. Idem, p. 69; ed. fr., p. 1414-1415.

REPRESENTAÇÃO DE CORTE 11

dos ardis mediante os quais os cortesãos defendem os interesses de seus protetores, porque extrapolam a vontade e os caprichos de um monarca ou de um pequeno grupo de pessoas.

O SEGUNDO – Um grande cortesão, acostumado, desde que respira, ao papel de títere maravilhoso, assume toda sorte de formas, à vontade do cordão que se encontra nas mãos de seu senhor.

O PRIMEIRO – Um grande comediante é outro títere maravilhoso cujo cordão o poeta segura, e ao qual indica a cada linha a verdadeira forma que deve assumir.

O SEGUNDO – Assim, um cortesão, um comediante, que não consigam tomar senão uma forma, por mais bela, por mais interessante que seja, não passam de dois maus títeres?[34]

Para responder à pergunta que ele próprio forjou, Diderot nega-se a comparar o ator ao cortesão, porque ambos estão atolados na corrupção, mas o cortesão não é capaz de elaborar um modelo ideal de virtude.

Um hábil manipulador como Grimm domina a etiqueta de corte, no entanto, suas recomendações pautam-se pela ordem do dia de protetores que o retribuem fartamente; agindo interessadamente, este tipo de conselheiro político fica à mercê de seu diafragma e não de uma instância superior. Em termos de política, Diderot vislumbra leis uniformes e gerais que estivessem acima de qualquer instância de poder, enquanto o cortesão Grimm se emaranhava nas intrigas de corte.

O império da lei, tal como Diderot o concebe, instaura-se contra o arbítrio da monarquia absolutista. Nesta acepção constitucionalista de Estado, todos os componentes da sociedade são considerados cidadãos, consistindo a justiça na obediência à "mais simples" legislação, reduzida por Diderot "a um pequeno número de leis"[35], às quais devem-se conformar os reis, os políticos, os magistrados, todo o povo. Legisla-se sobre questões fundamentais, mas não sobre assuntos corriqueiros, e a autoridade não deve ser delegada segundo caprichos ou interesses de monarcas e ministros, que, ao multiplicar instâncias legais, anulam sua efetividade.

Durante sua estada na Rússia, onde concebeu o *Paradoxo sobre o Comediante*, Diderot diagnosticou a ruína da França na diversidade de leis e na distribuição de privilégios: "A lei não é a mesma para plebeus e para nobres. O clero possui uma constituição particular à sua posição [*état*]. Entretanto, toda essa gente não passa de súditos e cidadãos. É justo que a nação os recompense por seus serviços, mas não com privilégios exclusivos, isenções, ou por todos os meios iníquos que constituem infrações à lei geral"[36].

---

34. Idem, p. 60; ed. fr., p. 1406.
35. Législation, *Encyclopédie*, p. 51; cf. ainda, o verbete Citoyen, p. 31-35.
36. *Mélanges pour Catherine II*, em *Oeuvres*, t. 3, p. 206.

12   A ARTE DO ATOR ENTRE OS SÉCULOS XVI E XVIII

Porém, ao corte de privilégios decretado por Luís xv na época em que foi escrito o *Paradoxo* não se seguiu a promulgação de um conjunto de leis soberanas. Ocorreu então o que Diderot denominou "a passagem de um governo monárquico a um governo despótico". Em 1771, Luís xv e seus conselheiros fecharam o parlamento de Paris, principal tribunal legislativo e judiciário, e outros tribunais de província, exilando 130 magistrados para substituí-los por gente muito pior, "uma corja maldita de malfeitores, sicofantas, patifes, ignorantes; uma miserável canalha guarda a urna fatal em que se encerram nossas vidas, nossa liberdade, nossa fortuna e nossa honra"[37].

*

Com as *Observações sobre Garrick*, Diderot resenhava para a *Correspondência Literária* o livro de Antônio Fábio Sticotti denominado *Garrick ou Os Atores Ingleses*[38], divergindo de Sticotti quanto às "qualidades principais de um grande comediante"[39]. Enquanto Diderot exige que o bom comediante seja observador e perspicaz o bastante para assumir o lugar do espectador e julgar seu próprio desempenho, Sticotti não prega uma arte de representar baseada na reflexão, mas na emotividade, mediante a qual o ator atrai o espectador para que suba ao palco e se coloque no lugar da personagem[40].

Antônio Fábio Sticotti, ou Toni Sticotti, chegou à França com um ano de idade – quando o regente contratou seus pais, componentes de uma trupe de doze atores italianos, para em 1716 reabrir a Comédia Italiana de Paris, em uma transação intermediada pelo duque de Parma.

O regente Felipe de Orléans, que promoveu o retorno dos comediantes italianos a Paris, manifestava assim seu repúdio à base jesuítica

---

37. Idem, p. 225 e 216, respectivamente; cf. notas à p. 824.

38. O subtítulo informava ainda que a obra havia sido traduzida do inglês. Em 1970 o estudioso da estética diderotiana Jacques Chouillet concluiu que *O Ator*, de Aaron Hill, publicado em 1750, havia servido de base para a tradução. O livro de Hill, por sua vez, consistia em uma tradução de *Le Comédien*, publicado em 1747 por Pierre Rémond de Sainte-Albine, jornalista francês, êmulo e colaborador da Comédia Italiana de Paris (grupo de que o próprio Sticotti havia feito parte). Cf. P. Tort, *L'Origine du Paradoxe sur le comédien*.

39. *Paradox sobre o Comediante*, op. cit., p. 32; ed. fr., p. 1380.

40. Cf. P. R. de Sainte-Albine, *Le Comédien*: "o coração e o espírito de um artista de teatro devem ser apropriados para receber todas as modificações que o autor queira lhes dar. Se não vos prestais a essas metamorfoses, não vos arrisqueis ao palco. No teatro, quando não se sentem as diferentes emoções que se quer aparentar, apresentam-nos uma imagem imperfeita, e a arte não demonstra sentimento", p. 32. Páginas antes, entretanto, Sainte-Albine havia dito: "Poucas pessoas são capazes de julgar em que medida o espírito é necessário a um comediante, para que não se tome um sentimento por outro, sem forçá-lo nem enfraquecê-lo; para perceber aonde o autor quer levar o coração e o espírito dos ouvintes, levando a si mesmo de um movimento ao movimento oposto", p. 23-24.

REPRESENTAÇÃO DE CORTE

do governo anterior, que, no combate aos inimigos internos e externos, havia apoiado o rei em sua decisão de abolir a tolerância religiosa e reafirmar a ortodoxia católica. Assistido pelo Pequeno Concílio de bispos, dentre os quais estavam os jesuítas Bossuet e Fénelon, Luís XIV havia revogado o Edito de Nantes em 1685[41].

De modo a instaurar a monarquia francesa sobre bases sacrossantas, fortalecendo assim o poder de Luís XIV, Bossuet usou os seguintes termos:

Sois deuses [...]. Mas ó deuses de carne e osso, ó deuses de lama e de pó, morrereis como os homens. Mesmo assim, sois deuses, e ainda que estejais mortos, vossa autoridade não morre; o espírito da realeza passa inteiramente a vossos sucessores, e sempre imprime o mesmo temor, o mesmo respeito, a mesma veneração. O homem morre, é verdade, mas o rei, digamos, não morre jamais: a imagem de deus é imortal[42].

Como se vê, o aparato conceitual absolutista implicou, no âmbito das artes, uma reinterpretação teológico-política de tópicas da retórica; segundo João Adolfo Hansen ao referir o Seiscentismo ibérico,

essa reinterpretação, operada em vários graus e intensidades, mantém a normatividade clássica dos gêneros, da divisão dos estilos e da verossimilhança, adaptando-a a novos fins. É ela que permite pensar o espetáculo maravilhoso da arte barroca como proliferação retoricamente ordenada em função da unidade de sua Causa Primeira implícita que, por isso, sempre efetua os vestígios do sagrado, mesmo quando cortesã e programaticamente ornamental[43].

Em 1682, o Rei-Sol passa a residir permanentemente em Versalhes[44]. Do ritual de corte ali representado e da inteira submissão às convenções estabelecidas depende a manutenção da estrutura absolutista. Qualquer desvio, qualquer reação imprevista pode fazer com que alguém caia em desgraça. Donde a necessidade de controlar os afetos, porque variam de pessoa para pessoa e tornam suas conseqüências

41. Pondo fim às Guerras de Religião (1562-1598), o rei Henrique IV, ele próprio um calvinista convertido ao catolicismo, promulgou o Edito de Nantes, "concedendo aos huguenotes o direito de culto nos 'templos' existentes, e todos os direitos civis, além de privilégios especiais tais como representação nas *chambres de l'édit* anexas a alguns *parlements*, direito de reunir-se em assembléia e até de fortificar algumas cidades". G. Treasure, op. cit., p. 113.

42. J.-B. Bossuet, *Sermon sur les devoirs des rois*, 2/4/1662, em *Oeuvres Oratoires* 4, p. 362.

43. *A Sátira e o Engenho*, p. 205. Na atribuição de direitos divinos aos reis católicos concorreu o que João Adolfo Hansen denomina determinação teológica da estrutura política absolutista, que incorpora a doutrina papista da *plenitudo potestatis* na caracterização do poder real, e reinterpreta a escolástica, como fundamento das "doutrinas providencialistas do Estado monárquico, então difundidas para fazer frente às teses 'ímpias'".

44. Cf. P. Burke, *A Fabricação do Rei*, p. 102. Cf. ainda N. Elias, *A Sociedade de Corte*, p. 99: o castelo, que inicialmente abrigou quatro mil cortesãos, terá uma população, em "1744, de cerca de dez mil pessoas – incluindo a criadagem".

14 A ARTE DO ATOR ENTRE OS SÉCULOS XVI E XVIII

incalculáveis, podendo fornecer aos cortesãos, em constante concorrência pelas boas graças do rei, motivo para humilhar os adversários. "A competição da vida de corte obriga os homens que a compõem a dominar suas paixões, a restringir-se, nas relações com os demais, a um comportamento judiciosamente calculado e nuançado. As estruturas dessa sociedade e a natureza das relações sociais dão pouco espaço para manifestações afetivas espontâneas"[45].

Propagadas como ortodoxia, as preceptivas autorizadas pela monarquia absolutista interpretam-se como as únicas razoáveis ou racionais. A arte cortesã assim entendida oficializa-se em 1634 com a fundação da Academia Francesa de Belas-Letras. Em 1666, a Academia de Pintura e Escultura fundada em 1648 por Charles Le Brun transfere para mandatários de Luís XIV o controle de suas atividades. A Academia Real de Música, fundada em 1669, passa a deter o monopólio das apresentações de ópera e balé; em 1680, sete anos após a morte de Molière, sua trupe ganha o monopólio do teatro falado em francês, com a criação da Comédie Française[46]. Em 1661, a *Commedia dell'Arte* já havia obtido uma sede permanente em Paris, batizada Companhia Real de Comediantes Italianos, consignando o apoio dado esporadicamente a grupos como os Fedeli, Gelosi, Uniti, Accesi e Confidenti.

Em troca da concessão de direitos de exibição e de cobrança de ingressos, tanto os comediantes franceses quanto os que se apresentavam em língua italiana sujeitavam-se à superintendência de fidalgos indicados pelo rei, e à agenda dos *Menus Plaisirs* – festas, espetáculos e cerimônias palacianas.

Se a racionalidade de corte é o produto mais refinado desse espaço, qualquer atitude artística contrária a seus estatutos considera-se reação irracional, portanto desprovida de artifício, e ímpia, sendo heresia transgredir "certos procedimentos artísticos [que] foram apropriados pela máquina católica da propaganda da fé". Ao proscrever da esfera profana o acaso e a exceção, a racionalidade de corte (em especial aquela que se estabelecem na França) assume prescrições contra-reformistas atinentes à imagética sagrada: na sessão final do Concílio de Trento, em dezembro de 1563, determinou-se

que a finalidade das imagens religiosas é instruir os crentes e confirmá-los na prática de sua fé. O uso de imagens que possam conter doutrina falsa ou encorajá-la é proibido. As imagens não devem encorajar a superstição; nenhuma imagem extraordinária ou de forma muito imprevisível poderá ser exposta na igreja sem permissão do bispo[47].

45. N. Elias, op. cit., p. 107-108.
46. Cf. H. Lagrave, *Le Théatre et le public à Paris de 1715 à 1750*, p. 21.
47. J. A. Hansen, op. cit., p. 205 e p. 446, nota 147, respectivamente.

Resta saber por que o improviso característico da *Commedia* *dell'Arte* não entrava em conflito com a racionalidade de corte: a improvisação dos comediantes, condicionada à sua capacidade de sentir, em nada feria o estatuto cortês, uma vez que a filosofia contra-reformista referia o sentimento como um elo direto com Deus.

A *COMMEDIA DELL'ARTE* E O O ESPETÁCULO TEATRAL COMO FONTE DE DELEITE

Quando Luís xiv instituiu oficialmente a Comédia Italiana, fazia um século que a *Commedia dell'Arte* havia sido introduzida nas cortes francesas.

Os primeiros registros sobre a *Commedia dell'Arte*, de meados do século xvi, mostram que esta modalidade de espetáculos estava incluída em uma organização civil cujo vértice incidia na corte. Também quando cobravam ingresso para apresentar-se em locais públicos, as mais bem-sucedidas companhias teatrais que praticavam a *Commedia* *dell'Arte* dependiam de "empresários" fidalgos, que negociavam com parentes e aliados as lucrativas turnês e salvo-condutos[48], bem como o arrendamento de teatros junto a confrarias detentoras dos direitos de exibição de espetáculos nas cidades[49], ou mesmo providenciavam o aluguel de teatros particulares, que em muitos casos eram de propriedade da nobreza.

48. Os salvos-condutos faziam-se necessários principalmente para entrar nas cidades, onde, para a apresentação de espetáculos, pedia-se autorização a governantes e às vezes ao clero: "no decorrer do século xvi, o crescente urbanismo e a relativa resistência mediante a qual as cidades se opuseram ao ingresso dos fluxos migratórios foram inicialmente um obstáculo para a liberdade da viagem cômica". S. Ferrone, *Attori Mercanti Corsari*, p. 22.

49. A exemplo do que aconteceu na França: desde 1402, somente a Confraria da Paixão, que reunia burgueses como tapeceiros e merceeiros, tinha autorização para organizar apresentações teatrais públicas em Paris. Em 1548 as moralidades e os mistérios sacros encenados pela Confraria foram proibidos por decreto parlamentar. Católicos e protestantes vinham denunciando a lascívia das encenações da Paixão de Cristo, mas a medida parlamentar coincide com a instauração do Concílio de Trento (1545), e com a declaração de guerra contra a Inglaterra anglicana, o que permite defini-la como medida contra-reformista. A Confraria da Paixão, antes da proibição, já arrendava seu teatro a grupos itinerantes; visto que os "mistérios profanos, honestos e lícitos, sem ofender nem injuriar nenhuma pessoa", não foram atingidos pela proibição, as peças que não tratassem de assuntos sagrados continuaram a ser apresentadas em Paris. Para espetáculos laicos, a Confraria – que era detentora do monopólio da representação dramática em Paris – continuou a alugar seu teatro, construído junto ao palácio dos antigos duques de Borgonha, e por isso denominado Hôtel de Bourgogne. Cf. J. Scherer, Le Théâtre Phénix, em J. de Jomaron, *Le Théâtre en France*, p. 105-107.

16 A ARTE DO ATOR ENTRE OS SÉCULOS XVI E XVIII

Segundo a historiografia autorizada[50], o termo *Commedia dell'Arte* aparece em uma peça de Carlo Goldoni, *O Teatro Cômico* (1750), em que se repudiam os elementos constitutivos da *Commedia dell'Arte*: o improviso, as personagens tipificadas e as máscaras. Surpreendentemente, Goldoni passou para a posteridade como propagador de um espetáculo contra o qual levantava sérias objeções, a exemplo das proferidas pelos atores daquele *Teatro Cômico*: "Se fazemos comédias *dell'Arte*, [...] todo o mundo fica entediado de ver sempre as mesmas coisas, de ouvir sempre as mesmas palavras; o auditório sabe o que Arlequim vai dizer antes mesmo que ele abra a boca". Segundo Goldoni, comediantes acostumados a improvisar são incapazes de interpretar uma peça escrita, de dedicar-se ao estudo de textos, papéis e situações que não conheçam. Em conseqüência dessas limitações, no século XVIII "as comédias *dell'Arte* jamais receberam o aplauso"[51] que vinham obtendo as peças de autor.

Embora Goldoni propusesse o abandono do improviso e das máscaras, perdurou o termo que ele ajudou a cunhar (*Commedia dell'Arte*), gerando toda uma discussão sobre o significado da *commedia all'improvviso*, *commedia a soggetto* ou *commedia degli Zanni*, termos encontrados em testemunhos a partir de meados do século XVI que assinalavam o aparecimento do teatro profissional e da arte do ator[52].

O primeiro deles é a ata de constituição de uma companhia teatral registrada em cartório em 25 de fevereiro de 1545, quando oito pessoas chefiadas por Maffio Zannino se comprometeram a "recitar comédias"[53] durante uma turnê de dez meses, e ao fim dessa temporada dividir em partes iguais o montante dos cachês. Este é tido como o primeiro contrato estabelecido entre comediantes; digna de nota nesse documento é a menção aos Zanni[54], bufões que nas comédias *dell'Arte*

50. Cf. F. Marotti, Premessa, em F. Marotti; G. Romei (orgs.), *La Commedia dell'Arte e la società barocca*, v. 2, p. XXXI; e ainda C. Molinari, *La Commedia dell'Arte*, p. 67.

51. C. Goldoni, Il Teatro comico, *Tutte le opere*, p. 1052 e 1053.

52. Cf. C. Mic, *La Commedia dell'Arte ou le Théatre des comédiens italiens des XVIe., XVIIe. et XVIIIe. siècles*, p. 223, onde consta que no prólogo de uma comédia de Parabosco publicada em Veneza em 1545 "o termo *'all'improvviso'* é empregado pela primeira vez", e na mesma época "o termo *'a soggetto'* é empregado pela primeira vez por Sansovino, referindo-se ao ator Francesco Cherea".

53. Apud E. Cocco, Una Compagnia comica nella prima metà del secolo XVI, *Giornale Storico della Letteratura Italiana*, LXV, 1915, p. 57-58; reproduzido em R. Tessari, *Commedia dell'Arte*, p. 113-114.

54. Zanni seria a pronúncia do nome próprio Gian, Gianni ou Giovanni, visto que o *g* do vernáculo se transforma em *z* no dialeto veneziano; os Zanni falam em dialeto bergamasco, mas aparecem como personagens de comédia em Veneza, pólo mercantil para onde, no século XVI, muitos nativos da arruinada Bérgamo migravam em petição de miséria, maltrapilhos e esfomeados, aceitando qualquer tipo de trabalho que encontrassem, principalmente os mais pesados como o de estivador e o transporte de cargas em

REPRESENTAÇÃO DE CORTE 17

improvisavam vários tipos de criados – e que muitos estudiosos acreditam ter sido o protótipo de Arlequim, Polichinelo, Scapino, Brighella e tantos outros[55]. A origem do ofício do ator fica assim associada aos bufões, à improvisação e ao gênero cômico.

Entendida como atividade ao mesmo tempo improvisada e organizada, como profissão mais ou menos remunerada, os estudos sobre o significado da *Commedia dell'Arte* têm sido fortemente marcados pela asserção de Benedetto Croce:

> *Commedia dell'Arte* não é, em sua origem, conceito artístico ou estético, mas profissional ou industrial. O próprio nome o diz claramente: *Commedia dell'Arte*, ou seja, teatro feito por gente de profissão e de ofício; pois é este o sentido da palavra "arte" no italiano antigo. Portanto, não representações teatrais feitas por atores ocasionais, estudantes, acadêmicos, diletantes, confrades de congregações e assim por diante; mas industrialização do teatro, com formação de companhias mediante contratos e estatutos, com mestres e aprendizes, com famílias que transmitem o ofício de pai para filho e de mãe para filha, com exercício itinerante desta indústria, de cidade em cidade ou, como ainda se diz no jargão teatral, de uma "praça" a outra[56].

geral. Cf. T. Garzoni, *Piazza universale di tutte le professioni del mondo*, em F. Marotti; G. Romei, op. cit., p. 7-8. Cf. também G. Poli (org.), *La Commedia degli Zanni*, p. 4: "Zanni, que é o diminutivo veneziano de Giovanni, identifica-se ainda com um nome muito difundido entre montanheses que migraram para a rica e esplêndida Veneza em busca de trabalho quando Bérgamo foi conquistada pela Sereníssima". Cf. ainda M. Apollonio, *Storia della Commedia dell'Arte*, p. 18-19, em que se dá outra explicação sobre a origem da personagem Arlequim e dos Zanni: ambos representariam "homens selvagens", cuja figura caprina denota os faunos de dramas pastorais, os sátiros dos dramas satíricos ou ainda os diabos que integravam os espetáculos da Paixão de Cristo.

55. Delia Gambelli discorda dessa derivação, demonstrando que Arlequim e os Zanni são papéis distintos. Cf. *Arlecchino a Parigi*, v. 1, p. 183-190.

56. Intorno alla Commedia dell'Arte, *Poesia popolare e poesia d'arte*, p. 507. Para Croce, tais determinações econômicas anulam a possibilidade de haver qualidades estéticas na *Commedia dell'Arte*. Por estar totalmente calcada em bases materiais, a *Commedia dell'Arte* não passa de um "teatro bufonesco". Sequer pode ser comparada ao "drama popular, uma vez que a Itália não era mais a terra da poesia popular, tão culta – hiperculta – e acadêmica vinha-se tornando. A teoria de que a *Commedia dell'Arte* seja comédia popular, ou enxerto da comédia popular no tronco da comédia erudita, é uma das costumeiras combinações imaginárias de filólogos [...]. Da comédia popular, tanto quanto da erudita, esses atores tiravam as tramas e elementos esparsos – como fizeram posteriormente com o teatro espanhol – mas tratava-se de esquemas e coisas externas, e não a substância de sua arte". Croce demonstra que a *Commedia dell'Arte* tampouco consistia em um grito de revolta do povo oprimido e explorado, em primeiro lugar porque os comediantes não vinham dos estratos mais baixos da plebe, "eram quase todos provenientes da burguesia letrada ou do artesanato, obsequiosos e religiosamente devotos; eram tudo, menos rebeldes". Portanto, a *Commedia dell'Arte* não ascende à categoria de "poesia ou literatura"; ela se restringe a um nível epistemológico insuficiente para tanto: uma vez que seu "núcleo vital" está "na figuração plástica e na mímica" (p. 506-507), a *Commedia dell'Arte* só abarca o sentido da visão, preso à materialidade e comprometido com a passividade. Desse modo, Benedetto Croce enquadra a *Commedia dell'Arte* dentro de padrões filosóficos que a privam de qualidades estéticas. Contudo, o estímulo visual que caracterizava os espetáculos *dell'Arte* nem sempre se associava à passividade, à opressão da matéria; a desqualificação operada por Croce tampouco

18 A ARTE DO ATOR ENTRE OS SÉCULOS XVI E XVIII

Ao restringir a abordagem sobre a *Commedia dell'Arte* a questões proto-industriais e comerciais, Benedetto Croce não leva em conta as implicações teológico-filosóficas do reconhecimento da profissão de comediante. O aparecimento de contratos entre comediantes coincidiu com a efetivação de medidas antiluteranas que reforçavam as bases da vida civil – inclusivamente no que referia o entretenimento – como afirmação de domínios puramente humanos, mas convalidados por Deus. A arte do comediante, enquanto realização máxima das capacidades humanas – consideradas como dons divinos –, é pensada como supra-sumo espiritual: porque se atém aos aspectos materiais de seu ofício, o comediante logra até mesmo dissimular os aspectos sublimes de seu desempenho.

Com efeito, o segundo testemunho sobre a *cosiddetta Commedia dell'Arte* foi deixado por Máximo Troiano, membro da corte de Munique encarregado de redigir a crônica da festa de casamento do

se sustenta se levarmos em conta que a tratadística da *Commedia dell'Arte* – na esteira das artes da representação – imbuiu-se de prerrogativas do mito (ou fábula), que se compõe de acordo com os princípios da arte poética; assim, o comediante *dell'Arte* tinha de articular essas regras, ainda que, para ser mais convincente, fosse necessário negar que as conhecesse. Por outro lado, o apelo sensorial da *Commedia dell'Arte* em muitos casos subdividia-se, segundo uma hierarquia em que a fala das personagens preponderava em relação ao elemento plástico do espetáculo, a exemplo do que disse Giovan Battista Andreini em 1612: "sob o nome de histriões compreendem-se aqueles que, sem falar [*ragionare*], atuam somente com gestos e movimentos próprios dos mímicos [...], e são objeto do olhar somente, ao passo que aqueles que falam e discorrem, e falam com palavras apropriadas, são objeto da audição e do espírito [*animo*]", ver Prologo in dialogo fra Momo e la Verità, em F. Marotti; G. Romei, op. cit., p. 483. E ainda, em conformidade com a filosofia contra-reformista, o elemento espetacular da *Commedia dell'Arte* justifica-se teologicamente, uma vez que o apelo aos sentidos delimita uma esfera propriamente humana, em separado da prática religiosa e do poder espiritual. No entanto, o aspecto sensorial e plástico da *Commedia dell'Arte*, salientado por Benedetto Croce, vinha provocando entre os cristãos uma longeva *Querela das Imagens*, que, no dizer de Marc Fumaroli, redundou em uma "'iconoclastia' antiteatral". Em resposta à Reforma, o catolicismo reforçou suas bases laicas, abrindo espaço para o teatro profano e sua extensão profissional, que culminou na *Commedia dell'Arte*. "A Reforma protestante, abolindo a separação católica entre o sacerdote e o laicato, tentou muito mais sacerdotizar os leigos do que laicizá-los, como também se mostrou muito mais radical, em sua condenação do teatro profano, do que o clero católico [...]: em 1642, o parlamento inglês, atuando como 'concílio eclesiástico', suprime os teatros, a exemplo do que haviam decidido Calvino e a Cidade-Igreja de Genebra um século antes". Visando à salvação das almas, setores da própria Igreja católica continuaram a combater o teatro, a exemplo da campanha feita pelo cardeal Carlos Borromeu, que entretanto "não conseguiu extirpar da diocese de Milão os comediantes e o teatro [...]. Esse exemplo famoso faz ver como a hierarquia sacerdotal católica, que eleva o padre muito acima do leigo, serve aos leigos: a bipolaridade pressuposta, na cidade cristã, entre sagrado e profano, autoridade eclesiástica e autoridade civil, de certa forma salvaguarda os leigos": M. Fumaroli, *Héros et orateurs*, Genève: Droz, 1996, p. 451-453. Benedetto Croce tece teorias sobre a *Commedia dell'Arte* que se assemelham às defendidas por iconoclastas pós-tridentinos, os quais viam no estímulo aos sentidos da platéia a perdição dos fiéis.

REPRESENTAÇÃO DE CORTE

príncipe da Baviera, em 1568[57]. O próprio Máximo Troiano e outros cortesãos como Orlando di Lasso – músico de celebridade – durante as festividades fizeram parte de uma comédia *all'improvviso alla italiana*, representando a série completa de personagens da *Commedia dell'Arte*, e fazendo-o "tão bem e com tanta graça" que, embora muitos espectadores não compreendessem o que se dizia (pois não entendiam italiano), esses comediantes-cortesãos fizeram com que "todos rebentassem de tanto rir"[58].

Os cortesãos, secretários e nobres que representavam em espetáculos de corte, apesar de não constituírem uma trupe profissional, eram direta ou indiretamente estipendiados por isso. Por outro lado, os comediantes mercenários – que entre si estabeleciam contratos para recitar comédias a pagamento – quando atuavam a serviço de príncipes não recebiam salários regulares:

> Eram remunerados com "pagamentos" excepcionais, mas quase nunca contratados: além de um "adiantamento" destinado ao conjunto da companhia, um "pagamento" regular (sempre coletivo) poderia ser feito durante semanas ou meses; cada ator, segundo um valor estabelecido ao arbítrio do príncipe, recebia ainda (às vezes às escondidas, para não causar ciúmes entre colegas) donativos pessoais que podiam ser em dinheiro ou em espécie (cavalos, roupas, medalhas, jóias)[59].

Percebe-se, a partir do relato bávaro, que a prática da *Commedia dell'Arte* – em nada prejudicial à pompa de ocasiões de grande evidência como as núpcias de um príncipe herdeiro – ocorria em âmbito áulico, sendo afazer do cortesão tanto a realização de um espetáculo excelente quanto a sua divulgação em crônicas elogiosas. O encômio incide assim sobre o cortesão habilidoso e sobre a casa que montou o aparato festivo. Por isso mesmo não se pode dizer que tais espetáculos fossem malfeitos, ou feitos por pessoas despreparadas.

O ofício de comediante e a prática da *Commedia dell'Arte* não ocorriam em ruptura com a sociedade de corte; pelo contrário, reforçavam a hierarquia que a mantinha, a teologia que a ungia, a filosofia que a explicitava e as atividades comerciais que sustentavam o príncipe, sua corte e seus súditos.

---

57. Cf. M. Apollonio et al., Commedia dell'arte, em *Enciclopedia dello spettacolo*, v. 3, p. 1212.

58. M. Troiano, *Discorsi delli trionfi, giostre, apparati e delle cose più notabili, fatte nelle sontuose nozze dell'illustrissimo et eccellentissimo Signor Duca Guglielmo, primo genito del generosissimo Alberto Quinto, Conte palatino del reno e Duca della Baviera Alta e Bassa, nell'anno 1568, a' 22 di febraro*, em E. Petraccone (org.), *La Commedia dell'Arte*, p. 297 e 298. Cf. P. Burke, El Cortesano, em E. Garin (org.), *El Hombre del Renacimiento*, p. 154: "Lasso, um flamengo que havia residido alguns anos na Itália, principalmente na corte de Mântua, passou quase quatro décadas na corte da Baviera, onde foi mestre-de-capela, casou-se quando estava a serviço do duque e foi elevado à nobreza pelo imperador Maximiliano II".

59. S. Ferrone, op. cit., p. 32.

20 A ARTE DO ATOR ENTRE OS SÉCULOS XVI E XVIII

A tratadística do ator, desde as publicações quinhentistas, pode ser considerada como um dos ramos da "literatura de secretário", fornecendo aos comediantes, enquanto bons súditos de um príncipe, conselhos sobre o entretenimento da corte e dos súditos (incluindo aqui a plebe).

O próprio Baldassare Castiglione, autor do tratado sobre *o Cortesão* (1528), escreveu o prólogo, "preparou a montagem e concebeu os *intermezzi*"[60] para a estréia de *La Calandria*, de Bernardo Dovizi, uma comédia regular – nos moldes da comédia latina, e não improvisada – que marcou a comemoração pelo retorno da família Médici ao governo florentino[61].

La Calandria, de Bibbiena, foi encenada por Castiglione em 1513 durante o carnaval, período em que, além de comédias, se interpretavam todos os gêneros dramáticos. É de notar que até meados do século XVI as peças teatrais apresentadas durante o carnaval restringiam-se ao âmbito dos teatros de corte. Quando apareceram nas cidades italianas os teatros públicos, mediante pagamento de ingresso, o teatro não deixou de constar do "programa oficial das numerosas formas de alegria, por iniciativa da autoridade civil e eclesiástica"[62], sendo um dos elementos do complexo festivo no qual se incluíam procissões,

60. F. Ruffini, *Commedia e festa nel Rinascimento*, p. 7.
61. Cf. Bibbiena, *La Calandria*, em L. Russo, *Commedie Fiorentine del 500*. Bernardo Dovizi empenhou-se por este retorno e pela nomeação do papa Leão X – no século, Giovanni de Médici –, sendo recompensado com o cardinalato em setembro de 1513, alguns meses depois da estréia de *La Calandria*. Dovizi, que ficou conhecido como cardeal Bibbiena, faleceu em 1520, possivelmente vítima de envenenamento encomendado pelo próprio Leão X. Bibbiena foi celebrizado por Castiglione, figurando entre os interlocutores de *O Cortesão*.
62. A. Pontremoli, Il Teatro dell'arcano: ritualità civile e cerimonia, em R. Alonge; G. D. Bonino (orgs.), *Storia del teatro moderno e contemporaneo*, v. 1, p. 996. Sobre o assunto, cf. L. Zorzi, Venezia: la Repubblica a teatro, *Il Teatro e la città*, p. 245-246 e 237: "A rápida criação, em Veneza, de uma rede de salas de espetáculo de que nenhuma outra cidade da Europa podia então se orgulhar resultou principalmente de uma operação de caráter econômico, obedecendo a critérios marcadamente proto-industriais. Entre fins do século XVI e metade do XVII abrem-se em Veneza não menos de dez teatros, e até o fim do século, levando em conta salas construídas em residências privadas, chegam a vinte. [...] Um relativo bem-estar, maior no rico centro industrial e mercantil, artesanal e burocrático, estendia a outras camadas sociais a fruição de um serviço até então reservado às cortes ou à exígua minoria aristocrática"; "o século XVII – quando em Veneza se abriu a maior parte dos teatros – é considerado como um século de geral e crescente decadência econômica. Entretanto, a decadência de Veneza se manifesta sem uniformidade, revelando aspectos contraditórios. [...] As dificuldades com que [Veneza] se deparou no comércio mediterrâneo e atlântico são compensadas, ao menos em parte, pelo desenvolvimento da indústria (de lã, seda, de vidros e tipográfica) e de numerosos e florescentes empreendimentos artísticos, dentre os quais se pode incluir o teatro. A alteração dos investimentos econômicos (do 'mar' para a 'terra') teve como efeito principal a liberação de grandes capitais, anteriormente destinados ao comércio e ao armamento, que passam a ser empregados em investimentos fundiários na *terraferma*, e em especulações imobiliárias na metrópole".

REPRESENTAÇÃO DE CORTE

ritos fúnebres, cortejos de autoridades italianas ou estrangeiras – com espetaculares arcos do triunfo erguidos em terra ou mar, especialmente para a ocasião, e depois desmontados –, torneios de cavalaria, carrosséis, espetáculos de batalha naval entre cristãos e turcos (ou mouros), queimas de fogos, banquetes, bailes e "representações propriamente teatrais (comédias, pastorais, tragédias com ou sem *intermezzi*)". Nos preparativos desses desfiles e cerimônias cívicas estavam envolvidos membros das "corporações de artes e ofícios, representantes de bairros, escolas, colégios, congregações, confrarias"[63], dentre as quais certamente se incluíam trupes itinerantes de *Commedia dell'Arte*.

Um fidalgo que também provou favores e desditas junto a príncipes e cardeais foi Ângelo Ingegneri, autor do volume *Da Poesia Dramática e Do Modo de Representar Fábulas Cênicas*, publicado em 1598, reeditado no início do século seguinte, e reproposto durante todo o século XVIII no bojo das discussões sobre o gênero pastoral[64]. O êxito de Ingegneri como poeta e editor de Torquato Tasso concorreu para colocá-lo a serviço de grandes senhores, conduzindo embaixadas, tratativas de casamentos e batismos, supervisionando negócios, ou seja, ocupando o cargo de secretário, que incluía a função de escrever cartas e encômios, dentre os quais os que se conformavam à matéria teatral.

Daí Ingegneri ter pleiteado uma adequação entre o projeto arquitetônico do teatro a ser construído pela Academia Olímpica, e a escolha da peça a ser encenada na solene inauguração, bem como todos os detalhes da representação. Seus argumentos foram decisivos, de modo que, assim como o Teatro Olímpico de Vicenza havia sido concebido por Andrea Palladio com base no teatro ático, os acadêmicos olímpicos decidiram inaugurá-lo com a tragédia perfeita, do ponto de vista aristotélico: *Édipo Rei*, de Sófocles.

Ângelo Ingegneri distinguiu-se ainda na prática teatral; foi o organizador do célebre espetáculo de inauguração desse teatro, que resultou em uma

coincidência emblemática entre a perfeição do texto e o espaço teatral, e uma convergência entre a "idéia" de tragédia, segundo a Academia Olímpica – fundamento de uma opção retórica conjunta, não apenas com propósitos autocelebrativos, mas sob a

---

63. A. Pontremoli, op. cit., p. 996. Cf. ainda E. Faccioli (org.), Cronache e personaggi della vita teatrale, *Mantova – Le Lettere*, v. 2, p. 586, sobre o ciclo festivo das bodas de Francesco Gonzaga e Margarida de Sabóia, em maio de 1608: "em alternância com *Ariadne* [de Monteverdi], reservada ao gosto refinado de uma elite, a batalha naval fictícia oferece um espetáculo que corresponde às exigências do público mais simples e socialmente menos discriminado, sem privá-lo das 'invenções' cênicas que constituíam o produto de técnicas nutridas com o supra-sumo de uma intelectualidade atualizadíssima".

64. Cf. M. L. Doglio, L'*Institutio* scenica, em A. Ingegneri, *Della Poesia rappresentativa* e *del modo di rappresentare le favole sceniche*, p. XIII.

22 A ARTE DO ATOR ENTRE OS SÉCULOS XVI E XVIII

perspectiva política de celebração do poder constituído –, e a "forma" arquitetônica do teatro palladiano, um teatro trágico, portanto heróico e sublime.

De 1585 a 1598, período entre a inauguração do Teatro Olímpico e a publicação do discurso *Da Poesia Dramática*, ocorre porém "o lento declínio da tragédia e a rápida, irresistível ascensão do drama pastoral como 'poema moderno', como 'novidade mais nova' da dramaturgia italiana"[65]. Essa alteração marca profundamente as preceptivas sobre o espetáculo teatral, dentre as quais o tratado de Ingegneri é considerado precursor.

O sucesso do drama pastoral repôs em discussão o objeto da imitação, tal como havia sido exposto por Aristóteles:

como os imitadores imitam homens que praticam alguma ação, e estes, necessariamente, são indivíduos de elevada ou de baixa índole (porque a variedade dos caracteres só se encontra nestas diferenças [e quanto a caráter, todos os homens se distinguem pelo vício ou pela virtude]), necessariamente também sucederá que os poetas imitam homens melhores, piores ou iguais a nós, como o fazem os pintores [...]. Pois a mesma diferença separa a tragédia da comédia; procura esta imitar os homens piores, e aquela, melhores do que eles ordinariamente são. [...] É, pois, a tragédia imitação de uma ação de caráter elevado[66].

Com base no texto de Aristóteles, delimitou-se no século XVI um estatuto ético que pudesse orientar poetas e atores na composição e na representação. Tais critérios, adotados pelas cortes e academias anexas – de onde procediam deliberações e avaliações, a partir das quais seriam concedidos prêmios e honrarias – afiançaram uma caracterização de personagens adequada aos gêneros. O drama pastoral, no entanto, veio alargar esse estatuto, pois colocava em situações de amor cortês personagens que nunca poderiam ingressar em sua esfera: pastores, ainda que árcades. O critério aristotélico vedaria ainda seu consórcio com ninfas, sendo estas semideusas, portanto, personagens de condição mais elevada.

Para os detratores, tais licenças do drama pastoral acarretariam danos morais e perturbações políticas, mas para seus apologistas viriam ao encontro das exigências do público contemporâneo, que, por não mais desfrutar da tragédia e da comédia puras, estaria mais disposto a prestigiar os gêneros intermediários. A pastoral (ainda que aparecesse como novidade) impedia assim que o tédio e a melancolia despertassem os ânimos para outra novidade: a Reforma[67].

65. M. L. Doglio, La "Poesia rappresentativa", em A. Ingegneri, op. cit., p. x e XII. Com destaque para as pastorais *Amintas*, de Torquato Tasso, que foi escrita em 1573 e publicada em 1581, e *O Pastor Fido*, de Giambattista Guarini (1589), cuja versão final é de 1602.

66. Aristóteles, *Poética*, 1448a1, a16; 49b24.

67. Tanto o partido defensor da pastoral quanto seus opositores consideravam perigosa qualquer novidade, e buscavam precursores dentre os antigos: "Em que con-

REPRESENTAÇÃO DE CORTE

Da demanda por efeitos inesperados e do gosto pela maravilha se fazia premente a enunciação de uma poética que privilegiasse o espetáculo, daí Ingegneri ter escrito *Da Poesia Dramática e do Modo de Representar Fábulas Cênicas*[68]. Na década de 1570, preceptistas italianos já constatavam a necessidade de expor de forma didática os elementos da encenação, complementando o que consideraram lacunas ou indicações deixadas por Aristóteles no seguinte trecho da Poética:

> Quanto ao espetáculo cênico, decerto que é o mais emocionante, mas também é o menos artístico e menos próprio da poesia. Na verdade, mesmo sem representação e sem atores, pode a tragédia manifestar seus efeitos; além disso, a realização de um bom espetáculo mais depende do cenógrafo que do poeta[69].

Embora a poética aristotélica não se ocupe da preparação do espetáculo, a *Retórica*, em que Aristóteles demonstra ser possível erigir uma arte sobre a mutável doxa, funciona como modelo para os preceptistas da representação cênica, por ser mais apropriado para satisfazer à inconstância do público. Justifica-se ao mesmo tempo a opção desses autores por gêneros poéticos intermediários, aptos a acompanhar as mudanças de gosto, inconciliáveis com uma poética restrita à tragédia e à comédia.

O poeta cênico, além de burilar gêneros intermediários, é aquele que tem pleno conhecimento de todos os elementos da representação, fator imprescindível quando se trata dos sedutores dramas pastorais, que por isso mesmo dependem de uma perfeita encenação para obter a preferência do público. Pois, segundo Ingegneri, mais do que a tragédia ou a comédia, a pastoral "tem por fim o deleite (na verdade, para purgar ânimos nobres e urbanos de pouco valem os rústicos exemplos)"[70]. O campo, onde ocorre a ação cênica das pastorais, é antes de tudo um lugar ameno, uma fonte de prazer para os afadigados citadinos. Agradando, capta-se a benevolência do auditório, preparado então para acatar o fator instrutivo da tragicomédia.

---

siste a 'novidade' no século xvi? Consiste em introduzir, quase sempre à força, idéias, instituições e costumes desconhecidos ou há muito esquecidos: uma intrusão violenta. O termo é quase sempre pejorativo, e [...] designa não somente as idéias religiosas de Lutero e de Calvino, ou os movimentos políticos da Reforma e da Liga, mas também a criação de impostos inéditos, a venalidade dos cargos, inovações de uma corte ou de um regime impopulares, ou modas de vestimentas [...]. Na guerra civil, cada partido acusa o adversário e se apresenta a si mesmo como defensor de uma tradição. Assim, as principais idéias novas recusam-se a ser uma 'novidade'. Quanto mais inovadores são os movimentos 'revolucionários' do século xvi, tanto mais proclamam seu horror pela 'novidade'". G. Nakam, *Les Essais de Montaigne*, p. 183-184.

68. Cf. M. L. Doglio, La "Poesia rappresentativa", em A. Ingegneri, op. cit., p. xii.

69. Aristóteles, op. cit., 1450b16.

70. A. Ingegneri, op. cit., p. 20.

24 A ARTE DO ATOR ENTRE OS SÉCULOS XVI E XVIII

O gênero pastoral baseia "na maravilha, na dinâmica inconstante do movimento, na cena como 'metáfora visível'"[71] uma pedagogia da cena cujos parâmetros

são os mesmos da *institutio* cortesã, do príncipe, do embaixador, do cortesão, do secretário, da mulher (em seus diversos estágios, moça, esposa, viúva), do magistrado, do cardeal, do bispo, do predicador, conforme uma rígida distribuição programática e definitiva de casas e classes, e segundo uma casuística dogmática que se expande dos papéis até gêneros ainda não regulamentados[72].

O princípio básico, tanto para o poeta cênico, ao compor sua obra, quanto para os realizadores da fábula representativa, é a subordinação a esse estatuto ético, de modo que personagens de condição inferior não sejam representadas com prerrogativas de chefes de Estado. Relativamente à composição, Ingegneri veta o emprego de elementos líricos no drama, em especial porque não convêm aos protagonistas da pastoral:

ao [poeta] lírico, que fala em sua pessoa e na maioria das vezes hiperbolicamente, e sempre com evidente artifício, é necessário e lícito valer-se de todas as belezas da arte; mas ao dramático, que, vestido como outra pessoa e com pensamentos de outrem, ora pastores, ora outros de baixa condição e humilde intelecto, no mais das vezes incapazes de atuar com estudo e premeditação, não há jamais como fugir da imitação e do decoro.

Pelo mesmo motivo, "pouco convém o costume de pastores e ninfas se amarem de modo tão apaixonado, muito menos falar de seu matrimônio com tanta urbanidade, como se a tratativa estivesse sendo conduzida por procuradores"[73].

Ao utilizar o termo "fábula cênica" para designar o espetáculo, Ingegneri lança mão do "mito", em conformidade com a definição de Aristóteles, latinizado em "fábula". Mito é, segundo Aristóteles, a imitação de ações, a composição dos atos; o mito é a parte principal da tragédia: "o elemento mais importante é a trama dos fatos, pois a tragédia não é imitação de homens, mas de ações e de vida, de felicidade [e infelicidade; mas felicidade] ou infelicidade reside na ação [...]; por isso, as ações e o mito constituem a finalidade da tragédia, e a finalidade é de tudo o que mais importa"[74].

A fábula cênica, bem como o mito poético, sintetiza os diversos elementos do espetáculo, de maneira a efetuar a imitação de ações, levando em conta que estas, fora do palco, são realizadas por pessoas de diferentes condições. Nesse sentido se lê a principal recomendação dada por Ingegneri a atores e aprendizes:

71. M. L. Doglio, La "Poesia rappresentativa", em A. Ingegneri, op. cit., p. xiii.

72. L'*Institutio* scenica, em A. Ingegneri, op. cit., p. xiv.

73. A. Ingegneri, op. cit., p. 15 e 16, respectivamente.

74. Aristóteles, *Poética*, 1450a16.

REPRESENTAÇÃO DE CORTE   25

Toda fábula de cena, tanto trágica quanto cômica e ainda a pastoral, pressupõe coisas que aconteceram antes da ação que se representa, das quais se origina o caso que o poeta finge, e das quais, para saber representá-las bem, convém ter pleno conhecimento [*notizia*]. [...] O segundo cuidado de quem se dedica à instrução [dos histriões] deverá ser capacitá-los para os discursos imaginados, a fim de que, entendendo melhor o que estes querem dizer, consigam proferi-los mais adequadamente, exatamente como mandam o decoro e a verossimilhança da ação[75].

É possível conhecer a ação que antecede a representação por intermédio de informações sobre as personagens que realizam a ação, as quais "se distinguem por sexo, idade, condição e profissão", bem como pela época, pelo lugar ou província de cada uma. Desse modo Ingegneri dá garantias de que não somente o poeta cênico responda pela peça, mas também os histriões, na medida em que tenham a "mais perfeita inteligência de tudo quanto têm a dizer e a fazer em cena"[76].

Desacatar o decoro é vedado a toda a equipe realizadora do espetáculo, já que a "fábula representativa consta de três partes, aparato, ação e música". O aparato é constituído pelo palco, cenários, figurinos, marcação e coreografia, iluminação, platéia, bem como o edifício do teatro; a ação consiste na voz, nos gestos, expressões faciais e postura dos atores; em terceiro lugar, a música, instrumental e/ou vocal, interpretada por um coro participante da trama ou não, e suas variações em relação aos *intermezzi*. Também os preceitos expostos por Ingegneri sobre as três partes da fábula seguem um código de ética. Segundo Ingegneri, a poesia e a fábula cênicas conformam-se desse modo ao objeto da imitação, colocando as personagens em posição elevada ou inferior:

o poeta deve fingir coisas que não sejam como usual e efetivamente são, mas como conviria que fossem; assim, quando alguém representar um rei ou um grande príncipe, faça com que seja o mais belo, o mais alto e o mais bem formado de todos [...]. Em suma, sempre se deve considerar a nobreza ou a ignobilidade da personagem. O mesmo se observe quanto às pastorais, nas quais, posto que pastores e ninfas são em geral pessoas inferiores, iguais entre si, basta atentar qual é a principal e qual não, e fazer com que isso sirva para dar-lhes maior ou menor nobreza[77].

Na acepção pastoral do gênero dramático, a poesia cênica e a representação ficam definitivamente associadas a um registro de linguagem mais baixo do que a poesia lírica, o que começa a se impor a todos os gêneros. Na medida em que todo espetáculo visa a deleitar, diminui-se o volume de elementos cênicos explicitados como obra do intelecto, que denotem estudo e premeditação e que evidenciem o artifício.

75. A. Ingegneri, op. cit., p. 23 e 25.
76. Idem, p. 29 e 25, respectivamente. Na obra de Ingegneri, o termo "histrião" não tem sentido pejorativo, pois refere atores da mais alta categoria, capazes de representar todos os gêneros dramáticos; o uso da palavra antiga concorre para conferir-lhes dignidade.
77. Idem, p. 26 e 27-28.

26 A ARTE DO ATOR ENTRE OS SÉCULOS XVI E XVIII

Do ponto de vista do vulgo, uma atraente ninfa pode-se rebaixar e ter um caso de amor com um humilde pastor, para regozijo do auditório. Mas príncipes e reis estão sempre, da perspectiva vulgar, maximamente elevados.

LEONE DE' SOMMI: TEATRO COMO EXEMPLO

Em termos de preceptiva do espetáculo, embora não o seja de fato, Ingegneri é tido como precursor porque o autor que o antecedeu permaneceu praticamente inédito até meados do século xx, quando foram publicados seus *Quatro Diálogos em Matéria de Representação Cênica*. Escritos por volta de 1570 pelo judeu mantuano Leone de' Sommi[78], os *Quatro Diálogos* também derivam de um programa de institucionalização da experiência tragicômica, não prevista na poética aristotélica, mas que vinha sendo autorizada, tanto no gênero lírico como no dramático, pela referência às éclogas e ao drama satírico[79].

Para fazer jus a esse penhor, Leone de' Sommi considerava necessário compor e representar o drama pastoral em tom elevado, ainda que seus protagonistas não o fossem deveras:

na sátira e na écloga o verso é mais dizível do que a prosa, visto se tratar de poemas cujo tema visa a apresentar, sob as vestes de pastores, deuses e deusas, a simplicidade, pureza e graça dos séculos primitivos de que fabulosamente se faz menção em nossos poetas mais celebrados. [...] E porque cumpre representar os homens daquele tempo não só como felicíssimos por sua sinceridade, mas ainda como virtuosíssimos e de elevado engenho, convém fazê-los comparecer em cena ornados de certas qualidades raras e belas que movem os ouvintes não apenas a louvar a sinceridade dos referidos tempos, como a admirar também o caráter cultivado daqueles engenhos e a integridade daqueles homens, quer nas palavras, quer nas ações; e se por isso se deve usar o verso, como forma mais selecionada e depurada do que o discurso comum e familiar, permite-se outrossim introduzir em poemas dessa ordem alguma divindade, o que é vedado na comédia[80].

Os pastores que Sommi coloca em cena afastam-se devidamente de um referencial corriqueiro; do ponto de vista da estrutura sociopolítica de então, as qualidades que os distinguem não se observam em pessoas comuns, mas nas eminentes. O verso e o ornato são utilizados para distanciá-las ainda mais, maravilhando o público e causando comoção, de modo que o exemplo desses grandes homens produza um impressionante efeito sobre o público. Procedimento essencial, segundo Leone de' Sommi, para que o drama pastoral seja de alguma utilidade na vida

---

78. Cf. F. Marotti, Nota sulla Datazione, em L. de' Sommi, *Quattro dialoghi in materia di rappresentazioni sceniche*, p. 79: "a hipótese mais plausível é que os *Diálogos* foram compostos em fins dos anos sessenta do século xvi".

79. Os quinhentistas teriam, pois, como modelo as poesias bucólicas de Virgílio e o drama satírico *O Ciclope*, de Eurípides.

80. II Diálogo, *Quatro Diálogos em Matéria de Representação Cênica*, p. 88; *Quattro dialoghi in materia di rappresentazioni sceniche*, p. 34.

REPRESENTAÇÃO DE CORTE 27

civil. Aqueles que não caracterizarem suas personagens de maneira elevada serão passíveis de censura por insubordinação.

As objeções contra a representação de deuses pagãos são citadas e refutadas por Leone de' Sommi, que qualifica de "hipócritas" aqueles que "costumam condenar em espetáculos desse gênero o fato de introduzir o culto dos gentios, dizendo que servem de mau exemplo". Hipócritas porque, dissimulando pendores heréticos, levam a sério o politeísmo antigo, ou porque levantam falsas acusações contra os dramas pastorais, cujos representantes em nada pecam, na medida em que tratam do assunto em registro adequado: "com tão profanas tolices exatamente, a gente deve brincando troçar, o que não seria lícito fazer com coisas sagradas e divinas"[81].

Por classificar os motivos pastorais como tolices, e ressaltar nesse gênero os aspectos que o aproximam da comédia – assuntos de menor importância, aptos a alegrar, e não grandes questões públicas ou teológicas, dignas de respeito e motivo de preocupação –, Sommi demonstra estar acatando as decisões do Concílio de Trento, que em sua 25ª e última sessão recomendava "expressamente para uso e veneração dos fiéis somente as imagens de Nosso Senhor, da santa Virgem e dos santos (item em que implicitamente se incluem os anjos)", na tentativa de "eliminar do culto toda e qualquer superstição pagã"[82]. Segundo Sommi, as pastorais, por lidarem com a mitologia pagã como objeto de riso e não como objeto de devoção, estão canonicamente abonadas para colocar os pagãos em cena sem heresia.

A representação de personagens pagãs defendida por um autor judeu – sob a égide do Deus único, cultuado por cristãos e hebreus[83] –, e a hipocrisia que Leone de' Sommi atribui a seus censores fazem pensar na resistência da comunidade hebraica de Mântua às disposições do Concílio de Trento (1545-1563). Os *Quatro Diálogos em Matéria de Representação Cênica*, escritos pelo judeu Sommi pouco depois do encerramento deste concílio contra-reformista, funcionaram como instrumento de apoio aos duques mantuanos nos embates contra a Inquisição; paralelamente, a obra de Sommi integrava uma série de medidas de reforço ao poder dos duques de Mântua, em seus embates contra a intervenção papal autorizada pelo Concílio.

A proteção concedida aos judeus pelos Gonzaga de Mântua antecedia o movimento de reação à Reforma luterana; datava do início do século XVI, quando a Espanha havia conquistado a Sicília e o reino de Nápoles, impondo ali a expulsão dos judeus, decretada pelos Reis

81. Idem, p. 89; ed. it., p. 35.
82. V. Grumel, Culte des images, em *Dictionnaire de théologie catholique*, p. 812.
83. Cf. L. de' Sommi, II Diálogo, op. cit., p. 88-89; ed. it., p. 35: "não é mais de temer que o homem se deixe enganar por tão estúpida idolatria, sendo já agora certo em todo o mundo não existir mais do que um só Deus digno de ser verdadeiramente adorado e reverenciado".

28 A ARTE DO ATOR ENTRE OS SÉCULOS XVI E XVIII

Católicos desde 1492 em todo o território espanhol. Ducados como Mântua, embora não tenham sido incorporados ao reino espanhol, eram seus aliados; ainda assim, resistiram à ingerência da Inquisição, tendo como cavalo de batalha a causa dos hebreus – favoráveis aos quais até mesmo os Estados pontifícios se mostraram, quando recrudescia o conflito entre espanhóis e o papado.

Isso não quer dizer que houvesse integração com a população cristã ou com seus governantes, os quais, se não expulsavam os judeus, tampouco lhes davam autorização para residir definitivamente nas cidades, e os confinavam em guetos, com a condição de que não possuíssem bens imóveis; não tardou para que a Igreja tornasse ilegal, em todo o mundo católico, a realização de empréstimos a juros, principal atividade econômica dos judeus. "Assim, na segunda metade do século XVI uma série de medidas foi tomada por vários governos da península para praticamente excluir os hebreus do consórcio social"[84].

Não obstante o Talmude e a Torá proibirem a prática do teatro, os espetáculos montados pela comunidade judaica constituíram um elo importante entre o gueto e a corte de Mântua. Desde 1525, há registros de espetáculos teatrais custeados e realizados por judeus, para apresentações nos palácios dos Gonzaga e nas festividades do ducado[85].

Encerrado o Concílio de Trento, a Santa Sé e os bispos da Inquisição ordenaram que as investigações contra heresia ocorressem à revelia das autoridades civis. Mas em 1567 o duque Guglielmo Gonzaga, em defesa de sua soberania em assuntos temporais, opôs resistência à intervenção eclesiástica, negando ao inquisidor mantuano o direito de atuar sem lhe prestar contas, sendo por isso ameaçado de excomunhão. Reforçando seus flancos internos, o duque continuou a prestigiar o partido judeu: Leone de' Sommi, como importante articulador nas relações entre sua comunidade e os príncipes de Mântua, Ferrara e Sabóia, nessa época foi admitido na Academia de Mântua – fundada e mantida por Guglielmo Gonzaga –, e começou a escrever seus *Quatro Diálogos em Matéria de Representação Cênica*[86].

A atuação política de Sommi deu-se em diversas frentes; traduziu os Salmos para o italiano, escreveu em hebraico uma comédia nos moldes renascentistas; enquanto escrevia e representava peças em

---

84. C. Vivanti, La Storia política e sociale: dall'avento delle signorie all'Italia spagnola, em R. Romano; C. Vivanti (orgs.), *Storia d'Italia*, v. 2, t. 2, p. 401.

85. Cf. F. Marotti, Introduzione, em L. de' Sommi, *Quattro dialoghi in materia di rappresentazioni sceniche*, p. XLIII.

86. Cf. E. Faccioli (org.), Cronache e personaggi della vita teatrale, *Mantova – Le Lettere* op. cit., p. 554: "Leone foi admitido na Academia *degli Invaghiti* com o título de 'escritor', ou seja, não propriamente como acadêmico efetivo". Faccioli salienta que naqueles ducados italianos os hebreus não tinham acesso aos vértices das instituições cortesãs, sendo sua inclusão apenas parcial. Não se apoiavam os judeus por cordialidade, mas por interesses econômicos.

REPRESENTAÇÃO DE CORTE

italiano, com elenco composto por judeus, de 1566 a 1590 há registros de petições assinadas por ele e endereçadas às autoridades ducais, defendendo os interesses da comunidade judaica – banqueiros, rabinos, alfaiates, negociantes, artesãos etc.

Os Gonzaga, por sua vez, "garantiam a subserviência e a imensa contribuição dos hebreus, concedendo-lhes proteção nos confrontos com a Igreja e nas tribulações com os anti-semitas"[87], mas não deixavam de segregá-los. Em 1577 foi decretado que os judeus de Mântua costurassem nas roupas uma fita alaranjada para distingui-los dos cristãos; esse mesmo decreto reiterava seu direito de exercer atividades econômicas: "Que os referidos Hebreus estejam seguros e livres para fazer seus Negócios, e como artífices, na Cidade e nos Domínios Nossos, como os Cristãos, e como têm estado até o presente"[88].

Devido à colaboração exercida por Leone de' Sommi, as autoridades ducais o dispensaram de usar o estigma alaranjado, "de modo que, sem ele, [ficasse] separado do vulgo dos outros hebreus"[89]. Colaboração que se revelou intensa e de grande complexidade, considerando os seus conhecimentos em matéria de representação cênica.

Os *Diálogos* que Sommi escreveu sobre o assunto são protagonizados por um mestre bordador de luxuosas vestes e figurinos. Além de trabalhar em sua oficina e orientar os subordinados, este mestre escreve e "dirige"[90] peças teatrais apresentadas no palácio ducal, em uma sala guarnecida de "luminárias, na maior parte, feitas de vidros transparentes e veladas com várias cores, [de] espelhinhos que alguns afixam em locais apropriados nas perspectivas e nos lados distantes do palco, espelhos nos quais se refletem luminárias escondidas"; para dissipar a fumaça, são ladeadas por espiráculos, tendo-se ainda o cuidado de "abrir, sob o proscênio, muitas janelas, e perfurar o chão do palco, a fim de que o vento, entrando por baixo, impila a fumaça aos espiráculos superiores"[91].

Como se vê, o interesse de Sommi pela excelência em sua prática teatral e a busca de boas condições de produção, atuação e recepção só poderiam efetivar-se com o emprego de todas as artes afins à encenação, como a ótica, a arquitetura e a pintura. Com isso, Sommi estabelece princípios comuns para a arte do pintor e do ator, e assume

---

87. F. Marotti, Introduzione, op. cit., p. xxxiii.

88. Edito ducal de 28 de agosto de 1577, apud F. Marotti, Introduzione, em L. de' Sommi, op. cit., p. xxxix-xl.

89. Carta de Ferrante Gonzaga ao duque de Mântua, 7 de maio de 1580, em Antonino Bertolotti, apud F. Marotti, Introduzione, op. cit., p. xl.

90. *Guida* e *guidare* são as palavras usadas por Sommi para designar essa função.

91. L. de' Sommi, iv Diálogo, op. cit. p. 112-114; ed. it., p. 64-65.

30 A ARTE DO ATOR ENTRE OS SÉCULOS XVI E XVIII

posições concordantes com o *ut pictura poesis*[92] horaciano, estenden-do-o ao campo da representação.

Sobre o painel perspectivado que o bordador utiliza como cenário da peça que dirigiu, um dos interlocutores dos *Quatro Diálogos* diz:

[A] arte da pintura tem grande força, quando é bem realizada; porque, aqui onde estou, ela me engana tanto que, embora eu saiba que aquilo não passa de uma tela plana, me parece uma rua que corre por meia milha.

VERIDICO – Essa mesma força terá o comediante perfeito que, embora saibamos que nos recita uma ficção*, se for diligente ao representá-la, nos dará a impressão de se tratar de um acontecimento dos mais verazes[93].

Esta *commedia degli ebrei* era apresentada em várias ocasiões, dentre as quais festividades católicas, como informa um dos inter-locutores dos *Diálogos*, mencionando "a comédia que espera ver na terça-feira de carnaval"[94]. Os figurinos da temporada de carnaval não precisam ser confeccionados especialmente para a ocasião, podem ser emprestados pelo duque, que assim expõe aos pares e súditos seu suntuoso e variado vestuário, sem o qual um governante seria indigno do cargo e desonraria sua posição; porque

não há guarda-roupa de príncipe tão mal fornido que de seu interior não se possa tirar o que vestir tão comumente toda grande tragédia, se aquele que a dirige for cavalheiro bastante esperto para saber utilizar-se do que aí existe, e valer-se de alguns panos intei-ros e alguns paramentos e coisas similares para transformá-los em mantos, sobrevestes e estolas com cintos e nós, à imitação dos antigos, sem cortá-los, nem estragá-los em parte alguma[95].

Mas em festividades propriamente de corte, e ainda as de maior evi-dência, como o casamento do duque de Mântua e Eleonora da Áustria, ocorrido em 1561, "tanto maior [é] a magnificência do Senhor Duque Guglielmo, ao despender tantos milhares de ducados naquele estupen-do cenário [*aparato*] e depois desfazê-lo tão logo foi utilizado"[96]. O painel perspectivado reutilizável empregado durante os carnavais e o

---

92. Horácio, *Arte Poética*, vv. 361-365: "[*Vt pictura poesis*] Como a pintura é a poesia: coisas há que de perto mais te agradam e outras, se à distância estive-res. Esta quer ser vista na obscuridade e aquela à viva luz, por não recear o olhar penetrante dos seus críticos; esta, só uma vez agradou, aquela, dez vezes vista, sempre agradará".

* No original, favola, conferindo à representação prerrogativas do mito, segundo Aristóteles.

93. IV Diálogo, op. cit., p. 109; ed. it., p. 59.

94. I Diálogo, op. cit., p. 61; ed. it., p. 9. Levo aqui em consideração o carnaval como evento religioso, enquanto período de fartura e desmedida que antecede a auste-ridade da Quaresma.

95. III Diálogo, op. cit., p. 102-103; ed. it., p. 51.

96. Idem, p. 111; ed. it., p. 62. O *aparato*, como se observou na obra de Ingegneri, abrange outros elementos além do cenário.

REPRESENTAÇÃO DE CORTE

figurino de empréstimo não são adequados às soberbas bodas ducais, ocasião propícia para desperdícios[97].

Não há, nesse sentido, exagero que configure quebra de decoro, e, sim, conformidade, adequação dos procedimentos teatrais à estrutura sociopolítica da cidade. Leone de' Sommi faz ver que ele e os judeus mantuanos respeitam a hierarquia e pretendem colaborar para mantê-la, merecendo assim o direito de residir em Mântua e de exercer ali suas atividades econômicas. Em última instância, a arte do ator, da qual depende o êxito de uma peça, torna-se a prova definitiva do pacto.

Nessa incumbência de grande responsabilidade, Leone de' Sommi considera que o comediante necessita de um intermediário ajuizado, um guia que assim descreve sua função:

> Primeiro tiro a limpo, com a maior correção, todos as partes, e daí, selecionados os atores mais aptos para as personagens [...], reúno-os todos juntos; e, consignando a cada um o papel que mais lhe convém, mando-os ler a comédia toda, de tal forma que até as crianças que devem tomar parte nela são instruídas sobre o seu enredo, ou ao menos sobre aquilo que lhes toca, imprimindo na mente de todos a qualidade da personagem que lhes incumbe imitar; feito isso, eu os dispenso, dou-lhes tempo para aprenderem suas partes[98].

As instruções do diretor auxiliam os comediantes a diferenciar-se de uma prática desqualificada: "as coisas cênicas (falo das que observam as regras) têm tanta autoridade que podem tornar-nos habilíssimos em nossos misteres"[99].

A presença de um guia também viria a ser requerida por Ingegneri, que alude ao corego responsável pela cena e encarregado da instrução dos atores[100]. O uso da palavra corego faz ver que Ingegneri estabeleceu as bases da arte do espetáculo sobre indicações de Aristóteles:

> O terror e a piedade podem surgir por efeito do espetáculo cênico, mas também podem derivar da íntima conexão dos atos, e este é o procedimento preferível e o mais digno do poeta. [...] Querer produzir essas emoções unicamente pelo espetáculo é processo alheio à arte e que mais depende da coregia[101].

---

97. Em 1502 Isabella Gonzaga viajou à casa paterna para as bodas de seu irmão e Lucrécia Bórgia; em carta ao esposo, mantuano, descreveu a festa de casamento, depreciando as comédias de Plauto ali encenadas, que em sua opinião só haviam servido de pretexto para o duque de Ferrara ostentar os faustosos figurinos: depois do baile, "o senhor meu pai mostrou todas as vestimentas usadas nas cinco comédias, dando a conhecer que as vestimentas foram feitas por encomenda, e que as de uma comédia não serviriam para outra". M. Scherillo, La Commedia dell'Arte, *La Vita italiana nel Seicento*, p. 303.

98. L. de' Sommi, III Diálogo, op. cit., p. 93; ed. it., p. 39.

99. Aos Leitores, *Quatro Diálogos em Matéria de Representação Cênica*, p. 58; ed. it., p. 7.

100. Cf. A. Ingegneri, op. cit., p. 18 e 25.

101. Aristóteles, *Poética*, 1453b 1-7.

32 A ARTE DO ATOR ENTRE OS SÉCULOS XVI E XVIII

Os gregos consideravam a coregia um dispendioso e honroso dever cívico; na obra de Ingegneri o termo conserva o sentido de alta prerrogativa concedida por governantes, e fator de distinção entre os cidadãos, mas entende-se a coregia também como uma arte, a de montar espetáculos e dirigir atores.

O "diretor" tem todo o cuidado com a pronúncia das palavras e o tom de voz empregado em cena, pois o aspecto do recitante deve ser adequado à qualidade das personagens e ao estado em que se encontram, de maneira que "ele se empenhe sempre em variar os atos segundo a variedade de ocasiões, e que imite não somente a personagem que representa, mas igualmente o estado em que ela mostra estar naquela hora"[102].

A variedade contribui para o sucesso da peça, enquanto a uniformidade entedia, mas para que se possa "retirar utilidade e prazer juntos, obtendo tanto proveito do exemplo de outrem, [é preciso] revelar as virtudes que se tem de imitar e os vícios aos quais cumpre fugir e verberar, tornando-se cada um, com tais exemplos, sabedor do modo com que deve governar-se nas suas ações"[103].

Donzelas devem ser belas e falar suavemente, mas às nascidas de sangue real permite-se que conversem mais livremente, pois dirigir-se a inferiores não as ofende. Por fornecer exemplos de comportamento adequado, "a comédia [...] não é outra coisa senão uma imitação ou um exemplo da vida civil, sendo o seu fim a instrução humana". E se a imitação está incumbida de instruir os homens a esse respeito, seria um mau exemplo deixar alguém proferir palavras e ter atitudes contrárias à sua qualidade. Para Sommi, não desconvém "introduzir alguém como seria, por exemplo, um servo malicioso e astuto, uma criada audaciosa e esperta, um parasita adulador e mentiroso, um velho desconfiado e avarento, constituiria porém vício intolerável aplicar tais defeitos a um gentil-homem, a um estudante nobre, a uma donzela honrada ou a um idoso e avisado pai de família"[104].

Para que o comediante represente de acordo com a posição das personagens, "é preciso ter-se disposição da natureza, do contrário não se pode realizar coisa perfeita; mas, de outro lado, quem entenda bem a sua parte e possua engenho, encontra também movimentos e gestos bastante apropriados para fazer o seu papel parecer como coisa verdadeira". Para lograr tal verossimilhança ao atuar, Leone de' Sommi aconselha aos comediantes que sigam as indicações do "próprio autor do enredo [*favola*], o qual possui a virtude, geralmente, de ensinar melhor alguns conceitos seus ignorados"[105]. O poeta fornece aos

102. III Diálogo, op. cit., p. 95; ed. it., p. 41.
103. Aos Leitores, op. cit., p. 58; ed. it., p. 7.
104. II Diálogo, op. cit., p. 83 e I Diálogo, op. cit., p. 71; ed. it., p. 29 e 18.
105. III Diálogo, op. cit., p. 97-98; ed. it., p. 46.

REPRESENTAÇÃO DE CORTE

comediantes informações sobre a posição ocupada por cada uma das personagens na vida civil, e sobre a situação em que elas se encontram no desenrolar da fábula, isso com a finalidade de instruir a audiência sobre o lugar que lhe cabe, os perigos que aguardam os infratores e os prêmios recebidos pelos cordatos.

No entanto, alguns dos estados emocionais das personagens não podem ser explicitados pelo poeta nem pelo diretor, porque são momentos fugazes, em que o comediante atrai a atenção do público por meio de gestos e tons de voz que "dificilmente podem ser ensinados, sendo de todo impossível aprendê-los, se não se aprendem da natureza"[106]. O padrão cortês é confirmado mesmo quando se manifestam esses casos excepcionais; em um banquete mencionado por Sommi, antes do qual se encenou uma pastoral, os próprios comediantes serviram os pratos do banquete, enquanto entretinham os comensais com tiradas picantes:

[todos] foram suntuosamente servidos só por pastores e ninfas, sem confusão e sem a menor desordem do mundo [...]. Mas nada movia tanto ao riso prazeroso quanto certas coisas viciosas ou luxuriosas ou vis apresentadas, na maioria das vezes, por duas criaturas facetas (para não dizer dois bufões), um velho e um jovem que eram chamados à mesa especialmente para isso e que faziam, para provocar o riso, mil discursos divertidos a respeito de tudo o que estava ali presente[107].

Nessa magnífica festa, digna de louvor, as vilezas e a luxúria foram introduzidas por bufões, personagens ridículas mas não malevolentes, porque fazem rir dos defeitos – coisas viciosas ou luxuriosas ou vis, atraentes porque picantes. A facécia, que diversifica e torna o espetáculo agradável, não é fortuita: vinculando o desvio ao vício merecedor do riso, cumpre-se a função exemplar que Sommi designa à comédia, quando a define como "uma imitação ou retrato exemplar da vida humana, na qual cumpre culpar os vícios para evitá-los e aprovar a virtude para imitá-la"[108].

O exemplo não terá efeito, contudo, se ficar restrito a figuras e conceitos escritos pelo poeta, os quais necessitam ser lidos, exigindo do público mais aplicação e tempo do que se dispõe no teatro. O discurso poético, eficaz quando lido, pode não funcionar no palco por incompatibilidade de suporte, gênero e estilo. Daí a necessidade de burilar uma preceptiva do espetáculo e do comediante:

o poeta cômico conseguiria pouco reconhecimento nas suas composições se não dispusesse de intérpretes capazes de representá-las; dos preceitos destes, como partes importantíssimas, quero ainda falar aqui, se a Deus aprouver, e, da mesma maneira, desejo ainda que conversemos sobre os cenários, pois, como se costuma dizer, o palco

106. III Diálogo, p. 96; ed. it., p. 42
107. IV Diálogo, p. 122-123; ed. it., p. 73-74.
108. I Diálogo, p. 64; ed. it., p. 12.

34 A ARTE DO ATOR ENTRE OS SÉCULOS XVI E XVIII

é a prova da comédia, e muitas coisas que são belas à leitura, quando é preciso representá-las, se mostram insípidas[109].

Então, para atingir o público de teatro e instruí-lo sobre boas e más ações, não é recomendável lançar mão de extrema minúcia nem exatidão, sendo necessário introduzir uma parcela de descuido e de erro. Não basta que o ator compreenda os elementos verdadeiros de seu papel, é preciso nuançá-los engenhosamente com elementos falsos. Uma vez que não admite elementos falsos em seus raciocínios, o entendimento de um comediante não lhe permite representar certos estados afetivos das personagens. Para fazê-lo de modo verossímil – semelhante à verdade, mas não igual a ela – o bom comediante distingue-se pelo uso de outra faculdade, o engenho, o que seria impossível sem a prévia compreensão dos elementos verdadeiros da representação, a partir dos quais se deduzem os elementos falsos.

A eloqüência corporal é eficaz para equilibrar esses ingredientes, "consistindo na dignidade dos movimentos da cabeça, do semblante, dos olhos e das mãos, e de todo o corpo". Para aparentar a dignidade própria das pessoas de extração superior, se não a possui naturalmente, o declamador nem bem deve endurecer seus membros, nem bem mexê-los demais:

> Deve firmar os pés de maneira apropriada quando fala, e movê-los com graça quando for preciso, menear a cabeça com um certo giro natural, para não dar a impressão de tê-la cravada no pescoço com pregos; e os braços e as mãos (quando não houver necessidade de gesticular com eles) devem ficar à vontade, indo para onde a natureza os inclina, e não cabe proceder como muitos que, querendo gesticular fora de propósito, parece que não sabem o que fazer com eles[110].

Personagens superiores representam-se hieraticamente, com maior gravidade, mas nunca mediante postura única e rígida, pois um meneio além da conta, um movimento inesperado surpreende, encanta o espectador; por outro lado, gesticular sem parar não é apropriado a personagens inferiores, pois também estas devem demonstrar no teatro um pouco de sisudez mentirosa. Nessa comédia dos erros todos os papéis têm sua graça, variação, para expressar as diferentes circunstâncias que compõem a intriga e para romper a regularidade cansativa da verdade.

> E assim também se procederá com o som das palavras, que serão ora arrogantes e ora plácidas, ora proferidas com timidez e ora com ardor, pondo-se os pontos em seus devidos lugares, sempre imitando-se e observando-se o natural daquela qualidade de pessoas que são representadas; e, acima de tudo, é preciso fugir, como se fosse da má sorte, de um certo modo de interpretar [*recitare*] que direi pedantesco, por não saber achar para ele nome mais próprio, semelhante ao que as crianças executam na escola,

109. Idem, p. 75; ed. it., p. 22.
110. III Diálogo, p. 99; ed. it., p. 47.

REPRESENTAÇÃO DE CORTE

ao repetir diante do professor as lições da semana; é preciso fugir, digo, daquele som do recitar que parece uma cantilena decorada[111].

Mas a própria variação dos códigos de dicção e gesticulação dos comediantes segue uma normativa cortesã, segundo a qual até os excessos são regulados: as coisas viciosas ou luxuriosas ou vis puderam ser apresentadas durante o banquete citado por Sommi, porque os comensais pertenciam à corte e os bufões não ultrapassaram os limites da facécia.

Por sua vez, a comédia pastoral que antecedeu esse banquete supõe obscuridades, tanto poéticas quanto cênicas, demandando ao espectador tempo e espaço para um

exame meticuloso e atento feito de perto, levando-se em conta que o público preferencial de tais gêneros é efetuado como cortesão, agudo e discreto, diferenciando-se pela mesma agudeza do vulgo, apto talvez para entender tais composições, mas que se codifica como preferindo outras, de estilo familiar, baixo ou sórdido. A mesma obscuridade torna-se inadequada em gêneros populares, como a oratória sacra, na qual se prescreve a visão a distância, que apreende o todo da peça e relega como secundária a minúcia ornamental[112].

Nos *Quatro Diálogos* Leone de' Sommi demonstra ter pleno domínio, em conformidade com a especificidade do público, de um espectro de gêneros que vai desde comédias representadas no teatro ducal, para um público mais amplo, por exemplo durante o carnaval, até a pastoral que antecedeu o lauto banquete oferecido por um grande senhor – por isso mesmo de alcance mais restrito, e dirigida preferencialmente à corte.

É preciso salientar que não se encontra em Sommi nenhuma menção à *commedia all'improvviso*; em suas peças ele também não admitia o uso de máscaras: "não me serviria em caso algum de máscaras, nem de barbas postiças, porque estorvam demais a interpretação [*il recitare*]"[113].

DO MECENATO DE MARIA DE MÉDICI À COMÉDIE ITALIENNE

Sob os auspícios dos mantuanos, a *Commedia dell'Arte* foi introduzida na França mediante o envio de companhias vinculadas à corte dos Gonzaga. Os primeiros atores a escrever sobre o próprio ofício foram integrantes dessas companhias; dentre outros escopos, suas publicações lhes serviam como salvo-conduto em turnês pela

111. Ibidem; ed. it., p. 47-48.
112. J. A. Hansen, op. cit., p. 250.
113. II Diálogo, p. 94; ed. it., p. 40. Apesar dessa recusa, em 1584 atores judeus liderados por Sommi dividiram com trupes de *Commedia dell'Arte* a agenda das celebrações pelas bodas de Eleonora de Médici e o príncipe herdeiro de Mântua, Vincenzo Gonzaga. Cf. F. Angelini, *Il Teatro Barocco*, p. 110.

36 A ARTE DO ATOR ENTRE OS SÉCULOS XVI E XVIII

Itália e pelo exterior. Seus mecenas contavam ainda com o fator encomiástico da contratação de comediantes e da publicação de seus escritos.

Como se disse anteriormente, praticavam a *Commedia dell'Arte* músicos e literatos incorporados às cortes, secretários de potentados e membros representativos de setores da sociedade italiana do século xvi, bem como Zanni unidos contratualmente por temporadas para recitar comédias a pagamento, que nem por isso deixavam de exercer outras atividades. Eram também charlatães que apregoavam miraculosos remédios e poções, saltimbancos, músicos, atores, acrobatas, jograis, prestidigitadores e malabaristas que circulavam pela Itália e por toda a Europa, atuando em praças, em festividades religiosas, comemorações cívicas e efemérides palacianas[114].

Em meados do século xvi, alguns desses comediantes-saltimbancos ajustaram-se ao esquema de academias, as quais haviam proliferado a expensas de príncipes italianos. Desse modo, a *Commedia dell'Arte* se define, tão logo aparecem os primeiros testemunhos de sua existência, como um dos ramos da arte áulica, sem abrir mão de seus aspectos caricaturescos. Pois na *Commedia dell'Arte* a improvisação e as falas em dialeto, determinantes para a diferenciação das máscaras, são adequadas para atrair uma grande quantidade de pessoas às salas de espetáculo que vinham proliferando. O dialeto, linguagem com a qual a audiência está familiarizada, e a improvisação, que estimula sua curiosidade – na medida em que não se conhece a peça de antemão –, são atrativos para o vulgo; a máscara, por sua vez, aumenta o impacto da representação.

A improvisação também

permitia à companhia variar continuamente seu repertório, e representar em um mesmo local durante uma temporada muito maior do que se estivesse apresentando textos escritos e publicados. [...] O sistema permitia ainda adaptar cada espetáculo ao público presente, quer fosse o papa ou o público pagante de uma sala de espetáculos, a cada vez calibrando-se a fábula, o texto, o ritmo e o tempo das cenas. [...] A máscara acentua o jogo mímico dos olhos e inevitavelmente dilata também o uso do corpo e do gesto[115].

As companhias de *Commedia dell'Arte* estavam assim em condições de entrar em contato com o vulgo inacessível aos literatos, com a vantagem de defender os interesses de seus patronos quando entrassem em atrito com certas determinações da Igreja e quando enfrentassem

---

114. Cf. R. Tessari, op. cit. E ainda Ferdinando Taviani; Mirella Schino, *Il Segreto della Commedia dell'Arte*, p. 143 e s., em que se relata toda uma gama de atividades realizadas por comediantes; havia até mesmo saltimbancos que se fingiam de hidrófobos para ganhar esmolas, prendiam-se com correntes conduzidas pelos colegas e sua boca espumava.

115. F. Marotti, Premessa, em F. Marotti; G. Romei, op. cit., p. xli e xlii.

REPRESENTAÇÃO DE CORTE

facções no interior da corte ou adversários externos; se quisessem firmar alianças ou intensificar a cooperação com tais instâncias de poder, seriam igualmente de grande utilidade[116].

O elenco da *Commedia dell'Arte* improvisada consistia basicamente em um casal de Enamorados (um dos quais poderia ser o Capitão), dois velhos (Doutor e Pantaleão) e dois criados. As companhias de *Commedia dell'Arte* que seguiram o padrão acadêmico escolheram nomes que indicassem esta filiação: Gelosi, Confidenti, Accesi, Fedeli, Uniti etc. Embora na Itália houvesse academias de ciências, de filosofia e inúmeros outros assuntos, em todas prevaleceu o modelo das belas-letras[117]. Os comediantes *dell'Arte* "nem sempre representavam de improviso, mas também textos publicados, como a [pastoral] *Amintas*, de Tasso; e nem sempre o ator desempenhava a mesma personagem, embora quase sempre o fizesse por exigência de mercado (devido ao sucesso obtido em um papel)"[118]. Os temas mais apreciados para improvisação abrangiam o gênero cômico, pastoral ou tragicômico, mas há evidências de que, sem máscaras, se improvisassem também tragédias (às vezes transformadas em comédias), ocorrendo até mesmo uma alternância entre apresentações de peças premeditadas e peças improvisadas[119].

Os comediantes que em 1545 se uniram por contrato a Maffio Zannino eram de Veneza e cercanias; quando se apresentavam em locais fechados, com venda de ingressos, alugavam espaços suficientemente amplos para garantir uma boa bilheteria. Em direção a Roma, outro pólo mercantil, turnês de trupes como a de Maffio Zannino partiam da próspera república veneziana; não longe ficava Vicenza, onde mais tarde se edificou o Teatro Olímpico celebrado por Ingegneri, e um pouco

---

116. Cf. L. Zorzi, Intorno alla *Commedia dell'Arte*, *L'Attore, la commedia, il drammaturgo*, p. 150: "o poder político não tarda a perceber a importância do novo 'gênero' e a utilidade em apropriar-se dele. Os comediantes haviam formado a primeira indústria autêntica de divertimentos. Desta ágil e satisfatória indústria os senhores não tardam a tomar posse, construindo locais apropriados e dando mostras da 'proteção' que cediam a atores, atrizes e companhias. Alguns, como os Gonzaga de Mântua, tornam-se de fato empresários, patrocinando a formação de grupos, supervisionando suas atividades e quase sempre obtendo lucros nada desprezíveis". Cf. ainda G. Benzoni, Per non smarrire l'identità: l'Accademia, *Gli Affanni della cultura*, p. 145: "As massas são analfabetas, não há necessidade de homens doutrinados e doutrinantes para propagar os motivos de obediência mesclados à celebração do existente, para inculcar reverência à hierarquia, obséquio aos vértices, respeitosa aceitação da sorte fixada pelo nascimento. Para isso bastava a habilidade persuasiva dos predicadores". Dando continuidade à idéia de Benzoni, os comediantes também cumpriam, conquanto fossem leigos, a função de pregar aos analfabetos a mensagem de obediência, uma vez que tinham livre trânsito onde não coubesse a mensagem religiosa.

117. Cf. G. Benzoni, op. cit., p. 170-171.

118. F. Marotti, Premessa, op. cit., p. XLI.

119. Cf. V. Pandolfi (org.), *La Commedia dell'Arte*, v. 3, p. 13 e v. 4, p. 11. Cf. também R. Tessari, op. cit., p. 102.

38 A ARTE DO ATOR ENTRE OS SÉCULOS XVI E XVIII

adiante estava Mântua, cidade de Leone de' Sommi, que veio a ser a maior agenciadora das viagens de companhias *dell'Arte* à França. A correspondência entre os duques de Mântua e Catarina de Médici já em 1571 testemunhava a ida dos Gelosi a Paris. Em 1577, os huguenotes raptaram esta trupe, libertando-a após o rei francês pagar um alto resgate[120]; durante a década seguinte as turnês italianas evitaram a capital francesa devido ao recrudescimento das Guerras de Religião (1562-1598), entre católicos e calvinistas franceses. Quando Henrique IV abjura o protestantismo e reconcilia-se com o papa, protestantes radicais acirram-se; católicos não se convencem da conversão nem se satisfazem com o quinhão de poder que lhes coube após a promulgação do Edito de Nantes (1598), segundo o qual se concedia aos huguenotes, entre outros direitos, autonomia na administração de numerosas cidades[121].

120. De 1547 a 1589 Catarina de Médici foi respectivamente rainha, regente e rainha-mãe da França. Em 1571, Luigi Gonzaga, irmão do duque de Mântua, casa-se com uma nobre francesa, tornando-se duque de Nevers e favorecendo o acesso à França às companhias de *Commedia dell'Arte* mantidas pelos mantuanos. Cf. A. Baschet, *Les Comédiens italiens à la Cour de France*, p. 14; S. d'Amico, *La Commedia dell'Arte*, R. Alonge; G.D. Bonind, op. cit., p. 186; B. Faivre, La "profession de comédie", em J. Jomaron, op. cit., p. 131-132; e M. Scherillo, op. cit., p. 320: Henrique III, empossado em 1574, havia visto os Accesi em Veneza quando, após renunciar ao título de rei da Polônia, encaminhava-se à França para assumir o poder; convidou-os para temporadas em Paris, as quais o parlamento, então em conflito com a realeza, tentou impedir em nome da decência e da religião. Vale ainda citar o relato de Dario Fo sobre o incidente, no *Manual Mínimo do Ator*, p. 26-27: "O rei da França, Henrique III, ao regressar da Polônia e passando por Veneza, teve a oportunidade de assistir a uma representação dessa companhia, ficando entusiasmado. Já em Paris, pede diretamente ao doge, por intermédio de seu embaixador em Veneza, a dádiva de ter na sua corte, durante certo tempo, a companhia dos Gelosi. A República de Veneza organiza então a viagem, e prepara uma caravana composta por um número significativo de carros e carroças que, subindo pelo vale do Susa, atravessa os Alpes e alcança Lyon. A partir daí, a caravana prossegue em direção a Paris. Porém, um fato imprevisto ocorre no meio do caminho. Um bando de huguenotes (os protestantes da França) captura toda a companhia de cômicos. [...] E por meio de uma carta enviada a Henrique III faz suas exigências: 'Se quiser os seus cômicos de volta, liberte todos os nossos irmãos mantidos prisioneiros nos cárceres da França, e além disso, pague-nos dez mil florins de ouro e cinqüenta mil de prata, ou só receberá uma parte deles: as cabeças'. Depois de uma negociação de quinze dias, todos os huguenotes prisioneiros são libertados, o dinheiro é pago e os atores, finalmente, podem prosseguir até Paris. Um cronista da época comenta: 'Se o caso envolvesse negociar a vida do primeiro-ministro, de quatro cônsules e de três marechais, Henrique III teria deixado tranqüilamente que os matassem, preocupando-se somente em mandar celebrar uma bela missa em honra das vítimas'. Entretanto, o caso envolvia atores vindos à França sob a égide da Sereníssima; além disso, o rei já havia convidado as personalidades mais importantes do reino e ilustres hóspedes estrangeiros para o espetáculo mais prestigioso do século. Certamente, não seria conveniente apresentar as cabeças dos atores dentro de bolsinhas de sal; portanto precisou ceder".

121. Cf. G. Parker, *La Europa en crisis*, p. 135 e s. A palavra huguenote, que denomina os calvinistas franceses, deriva do alemão *Eidgenossen*, "confederados", genebrinos partidários da Confederação contra o duque de Sabóia.

REPRESENTAÇÃO DE CORTE   39

Com a ascensão de Henrique IV a *Commedia dell'Arte* é retomada na França e, por ocasião de seu casamento com Maria de Médici, ilustres companhias profissionais aparecem cada vez mais no país. No binômio bodas-espetáculo que caracterizou a dinastia florentina estava previsto um complexo organismo autocelebrativo que incluía a "minuciosa descrição dos eventos, feita por cronistas de fé medicéia. Com encomiástica amplificação, mas rigorosa atenção"[122]. Em alguns desses eventos atuavam comediantes *dell'Arte* como Isabella Andreini, que em 1589 havia apresentado *A Loucura de Isabella* nas bodas do grão-duque Ferdinando de Médici[123], negociador das tratativas matrimoniais entre a sobrinha Maria e o rei francês.

O casamento de Henrique IV e Maria de Médici aconteceu em dezembro de 1600; as festividades, iniciadas meses antes, obedeceram a um vasto programa que a casa Médici seguia havia sete décadas. Assim, além de terem sido inteiramente descritas por cronistas oficiais, foram documentadas por gravuras e pinturas –, que registraram inclusive as estruturas cênicas montadas durante as comemorações –, bem como pela publicação de partituras e libretos de espetáculos apresentados no trajeto do cortejo nupcial, saído de Florença em direção à França. Em Lyon, o descontentamento com o rei Bourbon expressou-se pela recepção menos calorosa à comitiva, mas isso não impediu que a rainha florentina demarcasse seu território: dias depois foi lançado nesta cidade um pacote de publicações, em italiano, de autoria de comediantes *dell'Arte* que acompanhavam Maria: um *Tratado sobre a Arte Cômica, Extraído da Obra de Santo Tomás, Acrescido do Modo de Bem Recitar*, escrito por Pier Maria Cecchini; uma comédia de Flamínio Scala; as *Composições de Retórica*, de Tristano Martinelli – o Arlequim mais famoso de então[124].

A publicação de tratados sobre representação teatral, de roteiros de *Commedia dell'Arte*, de temas para prólogos de peças, de repertórios de falas apropriadas às personagens Pantaleão, Doutor, Capitão, dos Enamorados, dos Zanni e Arlequins serviam a outros fins além do elogio aos patrocinadores das edições. Opúsculos eram vendidos durante espetáculos; edições serviriam de salvo-conduto a trupes itinerantes; apropriando-se de um manuscrito com livre circulação entre comediantes, o suposto autor ganhava dinheiro; a publicação garantia ainda que uma obra não se descaracterizasse por modificações e acréscimos. Não obstante esses e outros motivos, a publicação de tratados sobre a arte do ator teve grande difusão no meio cortês (a exemplo da campanha em prol de Maria de Médici), cumprindo ao mesmo tempo exigências

122. S. Mamone, *Firenze e Parigi*, p. 26.
123. Cf. S. Ferrone (org.), *Commedie dell'Arte*, v. 1, p. 10.
124. Cf. S. Mamone, op. cit., p. 135-137. Essas publicações também se justificavam pelo fato de Lyon ser um importante centro editorial, com uma feira comparável à de Frankfurt.

40   A ARTE DO ATOR ENTRE OS SÉCULOS XVI E XVIII

nobilitantes de que à "prática consuetudinária [dos comediantes] se seguisse uma normativa mais especializada"[125]. No caso das publicações dos comediantes *dell'Arte* que adentraram Lyon junto ao séquito real, fica evidente que concorriam para reforçar uma política cultural *all'italiana*. O conseqüente fortalecimento desse partido em um reino conturbado como a França das Guerras de Religião, governada por um protestante convertido, traria consigo os frutos das boas relações mantidas entre Ferdinando de Médici, grão-duque florentino, e o conterrâneo papa Clemente VIII.

Desde 1599, Tristano Martinelli era o encarregado de supervisionar as atividades dos comediantes de Mântua, inclusivamente charlatães e saltimbancos que por ali passassem, com direito a encarcerá-los em nome do duque[126]. Saber que esse célebre Arlequim atuava também como autoridade policial e censor ajuda a compreender o porquê da intensa correspondência entre Maria de Médici e Martinelli, negociando a ida a Paris de companhias sob controle dos mantuanos[127]. Se, por questões diplomáticas, os parentes que governavam Mântua dificultavam a viagem de trupes a Paris, Maria solicitava turnês diretamente a Tristano Martinelli; em uma dessas ocasiões, chegou a se oferecer para batizar um dos filhos desse Arlequim, a fim de convencê-lo a levar sua companhia à França; mesmo assim, a negociação durou dois anos até chegar ao sim. Antes de ir, o prestigiado Martinelli escreveu ao duque de Mântua fazendo alusão a Maria de Médici como "comadre Galina, regina di Galli oltramontani" (comadre Galinha, rainha dos Galos [gauleses] ultramontanos)[128].

Para representar na França, comediantes nativos ou estrangeiros tinham de negociar autorizações vendidas por confrarias e instituições de benemerência detentoras do monopólio dos espetáculos públicos – permitidos pelas autoridades mas, como a prostituição, passíveis de indenização imposta pela Igreja, em forma de doações para obras assistenciais[129].

Para implementar na França o teatro italiano, com ou sem máscara, a rainha teve ainda de se ver às voltas com poderosos segmentos internos. A Confraria da Paixão, como já foi dito, era detentora do privilégio da representação de peças em Paris, dificultando com suas imposições fiscais a vida dos próprios atores franceses. Os comediantes italianos

---

125. S. Ferrone, *Attori Mercanti Corsari*, p. 68. Cf. ainda V. Pandolfi, op. cit., p. 9, sobre a venda de opúsculos, que muitas vezes continham as canções do espetáculo.

126. Cf. S. Mamone, op. cit., p. 12. Nos territórios sob sua jurisdição, o duque e seus mandatários poderiam fazer o mesmo com qualquer artesão.

127. Cf. E. Faccioli, Cronache e personaggi della vita teatrale, *Mantova – Le Lettere*, op. cit., p. 579; S. Mamone, op. cit., p. 137-140.

128. Carta de Tristano Martinelli a Ferdinando Gonzaga: Florença, 12 de outubro de 1612, apud S. Mamone, op. cit., p. 254.

129. Cf. S. Ferrone, *Attori Mercanti Corsari*, p. 71.

REPRESENTAÇÃO DE CORTE 41

não conseguiam romper essa barreira, ainda que fossem ilustríssimos como Isabella Andreini, que em 1604 morreu a caminho da Itália após uma turnê em teatros reais franceses mas não em salas de espetáculos abertas ao público pagante. Em 1608, sob intensa pressão do partido italiano, os Comediantes do Duque de Mântua assinaram pela primeira vez um contrato com a Confraria da Paixão, arrendando o Hôtel de Bourgogne. Para isso, a companhia dirigida por Pier Maria Cecchini teve de enfrentar a animosidade dos atores franceses, que viram assim seu território invadido – pois até então um acordo tácito restringia a atuação dos italianos aos palácios reais.

No fulcro do tempestuoso reinado de Henrique IV, a facção huguenote vituperava a *Commedia dell'Arte* e tratava de nutrir a xenofobia intensificada desde a Noite de São Bartolomeu[130]; no flanco oposto, Isabella Andreini teve direito a uma espécie de beatificação *post mortem* como mártir pela causa dos comediantes italianos. Honras excepcionais foram tributadas a ela em Lyon, onde havia falecido, e a publicação póstuma de poemas, cartas e fragmentos foi providenciada pelo marido, Francesco, que incluiu nesta série de publicações suas *Bravuras do Capitão Spavento*. Nobilitavam-se os comediantes italianos e simultaneamente engrandeciam-se seus mecenas[131].

Dez anos após seu casamento com Maria de Médici, Henrique IV finalmente decidiu coroá-la. Dois dias depois da coroação, ele foi assassinado e as suspeitas evidentemente recaíram sobre a recém-empossada herdeira da coroa. Desse modo a catolicização da França se expandia; Maria de Médici tratou de assegurá-la e, casando Luís XIII com Ana de Espanha, aliou-se a reinos ultracatólicos inimigos do finado rei e dos huguenotes.

Um ciclo fúnebre foi produzido na França e em Florença, com imagens de batalhas decisivas para a ascensão de Henrique IV ao trono e os principais eventos de sua monarquia, figurando-o como um Hércules ou um Aquiles, sem que houvesse conflito entre os motivos pagãos e a ortodoxia católica.

Nos desfiles, carrosséis e torneios temáticos, feitos a céu aberto para que toda a população pudesse assistir à celebração da aliança com a Espanha, a comparação entre a casa reinante francesa e os deuses da Antigüidade foi mantida. Enquanto nas pinturas o elemento mítico poderia ser detectado por cortesãos agudos, a maravilhosa montagem de um espetáculo em praça pública mostrava-se adequada aos grandiosos feitos do falecido monarca, dignos de deuses ou semideuses, impressionando o povo ali reunido. De perto e de longe são represen-

---

130. Ocorrido em 24 de agosto de 1572 em toda a França, algumas versões desse massacre de protestantes computam seis mil vítimas, outras, vinte mil.

131. Cf. S. Mamone, op. cit., p. 151-162. As *Bravuras*, de Andreini, foram publicadas em Veneza em 1607, dedicadas ao duque de Sabóia por ocasião das bodas de Margarida de Sabóia e Francesco Gonzaga, príncipe herdeiro de Mântua.

42 A ARTE DO ATOR ENTRE OS SÉCULOS XVI E XVIII

tados alegoricamente os trabalhos de Henrique IV e o advento de uma dinastia que traria de volta a idade do ouro.

Em 1617 Luís XIII desfez a perigosa *entourage* italiana e em 1630 a rainha-mãe Maria de Médici foi definitivamente exilada. Com a crise sucessória em Mântua, ocorrida nessa época, modenenses e parmesãos tomaram o lugar dos mantuanos na exportação da *Commedia dell'Arte* para a França[132]. Em 1648 a Fronda expulsou de Paris o menino Luís XIV e o primeiro-ministro, cardeal Mazarino. Cinco anos depois, a revolta fora vencida, e a *Commedia dell'Arte*, restaurada:

Mazarino instala os italianos na sala do [palácio] Petit-Bourbon. Eles a dividirão com Molière em sua chegada a Paris, antes que as duas companhias ocupem, em 1661, o teatro do Palais Royal. Os Comediantes Italianos são favorecidos por Luís XIV, que lhes concede uma subvenção de quinze mil libras por ano, bem superior à das outras companhias[133].

Essa foi a gênese da Antiga Companhia da Comédia Italiana, assim denominada posteriormente, para diferenciar-se do grupo contratado em 1716 por Felipe de Orléans.

A Antiga Companhia sediou-se sem ônus no melhor teatro público de Paris – pois o Palais Royal foi o primeiro teatro em semicírculo construído na cidade, enquanto os demais eram retangulares; ali se permitia a cobrança de ingressos sem haver necessidade de pagar aluguel à Confraria da Paixão –, com direito a dividir a bilheteria entre seus integrantes, que, além disso, recebiam altos subsídios. Mas em 1673 a Comédia Italiana e a viúva de Molière, falecido naquele ano, perderam a concessão do teatro e a pensão real.

Em 1680, nova reviravolta: o rei ordena a fusão de seus atores trágicos com o que restou da companhia de Molière, assegurando o monopólio do teatro falado em francês a um único grupo, a Comédie Française:

Doravante é proibido "a todos os outros comediantes franceses estabelecer-se na cidade e nos subúrbios de Paris sem ordem expressa de Sua Majestade". A companhia dos Italianos ocupa o Hôtel de Bourgogne, que havia ficado vago, até o dia em que,

---

132. Cf. S. Carandini, *Teatro e spettacolo nel Seicento*, p. 44: "Módena, onde um ramo colateral da dinastia estense, depois que Ferrara em 1598 se tornou Estado da Igreja, reconstituiu a corte e retomou uma antiga e evoluidíssima tradição espetacular". Cf. ainda R. Tessari, *La Commedia dell'Arte nel Seicento*, p. 55; na transferência para Módena, a *Commedia dell'Arte* ficou "estreitamente vinculada a uma verdadeira indústria artesanal (Módena, capital do novo teatro, era também um centro produtor de máscaras para atores)".

133. J. de Jomaron, La Raison d'État, *Le Théâtre en France*, p. 173. Cf. ainda P. Renucci, La Cultura, *Storia d'Italia*, v. 2, p. 2182: no Palais Royal encontra-se o primeiro teatro em hemiciclo de Paris, construído pelo cardeal Mazarino, enquanto as demais salas de espetáculo da cidade ainda eram retangulares.

REPRESENTAÇÃO DE CORTE

devido a uma peça satírica intitulada *A Falsa Puritana*, na qual madame de Maintenon se reconhece, eles serão expulsos da França[134].

*

O prestígio da Comédia Italiana junto ao rei entra em declínio justamente na época em que Luís XIV invoca seus direitos de soberano ungido no combate aos inimigos internos e externos, fazendo uso de argumentos anti-heréticos para sancionar suas ambições territoriais, tanto nas tentativas de anexação em solo estrangeiro quanto na retomada de cidades francesas administradas por huguenotes[135]. A catolização do país, que havia instalado a *Commedia dell'Arte* na França, em uma surpreendente peripécia acabou por expulsá-la.

A revogação do Edito de Nantes, deliberada em 1685 por Luís XIV sob aconselhamento de Bossuet e outros bispos, visava prioritariamente a atingir os huguenotes, calvinistas franceses que então se exilaram ou foram obrigados a converter-se ao catolicismo.

Em 1683, alguns meses depois do falecimento da rainha, Luís XIV e sua amante, marquesa de Maintenon, casaram-se secretamente; antes, porém, ela havia abjurado o calvinismo, tornando-se uma notória e fervorosa católica[136]. Cogita-se que sua extrema devoção tenha feito parte da estratégia para afiançar essas núpcias, pois a murmuração em torno da morganática esposa de Luís XIV poderia provocar uma conspiração.

Para avaliar a extensão das querelas teatrais havidas nessa fase do reinado, é importante lembrar que cultuar o Rei-Sol não implicava renunciar ao gênero cômico nem ao gênero satírico, contanto que estes fossem regularmente utilizados para a difusão do estilo autorizado por Versalhes. Para exaltar a norma da corte versalhesa e identificá-la com a virtude, o retrato satírico efetuado contra os faltosos os rebaixa a lugares-comuns reservados à falsa nobreza, simultaneamente figurada como herética. A marquesa de Maintenon poderia ser alvo de facécias sem maiores conseqüências, se estas circulassem entre poucos. Em outros tempos, comparar Maria de Médici a uma galinha não teve conseqüências nefastas para o Arlequim Martinelli porque o *bon mot* não constituiu ofensa, uma vez que foi feito por carta; mesmo que outras pessoas lessem a correspondência ou a comentassem, a circulação se limitaria ao ambiente de corte.

---

134. J. de Jomaron, La Raison d'État, op. cit., p. 178. Françoise d'Aubigné, marquesa de Maintenon, era neta de Agrippa d'Aubigné, um calvinista ardoroso que lutou por Henrique IV quando este ainda não se convertera.

135. Cf. J. Meyer, op. cit., p. 209; A. Prandi, *L'Europa centro del mondo*, v. 2, p. 13-55.

136. Cf. P. Burke, *A Fabricação do Rei*, p. 97; cf. ainda G. Treasure, op. cit., p. 115; e J. Meyer, op. cit., p. 23.

44 A ARTE DO ATOR ENTRE OS SÉCULOS XVI E XVIII

A Antiga Companhia de Comédia Italiana também obedecia a esse decoro, não havendo incompatibilidade entre o humorismo e a relação de dependência que desde sua origem as trupes de *Commedia dell'Arte* mantiveram com duques, príncipes e reis. Se Maria de Médici pôde ser chamada de *galina* e madame de Maintenon não resistiu à comparação com uma "falsa puritana", foi porque os comediantes de 1697 avaliaram mal a qualidade da personagem representada e em que situação se encontrava. Os comediantes italianos, ao fazer uma caricatura da esposa de Luís xiv, amplificaram os rumores de que madame de Maintenon não fosse muito católica nem de origem principesca, tornando pública uma murmuração que se restringia à corte, sob risco de que a inconfidência indignasse e ameaçasse todo o reino.

Acusar publicamente Françoise de Maintenon de devoção hipócrita constituía atentado contra o próprio soberano, daí a reação imediata deste, comunicada por um ministro ao comissário de polícia: "O rei despediu seus comediantes italianos e Sua Majestade ordena que eu vos escreva para amanhã mandar fechar seu teatro para sempre. 13 de maio de 1697"[137].

A Antiga Companhia alegou que a peça *A Falsa Puritana* não tinha sido encenada, e que tudo não passara de uma intriga de seus rivais, os integrantes da Comédie Française: "*A Falsa Puritana*, dirão alguns, nem foi levada, foi somente anunciada. Outros dirão que esta peça inocente não visava absolutamente à respeitável dama, e sim a atrair o público com o título de uma cruel sátira publicada na Holanda"[138]. No entanto, no *Dicionário dos Teatros* publicado de 1734 a 1767 pelos irmãos Parfait, não constava nenhum registro de *Falsa Puritana*, peça que, por ter sido proibida na França e levada na Holanda, teria atiçado a curiosidade dos parisienses e motivado a escolha desse tema para o malfadado improviso dos italianos.

Expulsar os comediantes fez-se necessário, assim como eliminar todos os vestígios da afronta contra madame de Maintenon, para não ultrajar duplamente o poder real, pondo a público seus conflitos internos:

> Trata-se, no caso, de evitar a todo custo a murmuração do vulgo. Em outros termos, trata-se de manter a reputação e a honra dos cargos, bem como a reverência que lhes é devida, intactas. [...] A honra está constituída, desta maneira, *na* opinião alheia, para que esta seja temida e, dependendo as ações da censura e do juízo de outros, para que se procure satisfazer a todos agindo bem. Funcional, a honra é uma relação que implica sempre o ver e o dizer, um testemunho e uma opinião sedimentados em juízo. Quando ultrapassa os limites, portanto, a murmuração transforma-se em sedição, e é um crime de traição[139].

---

137. Apud P.-L. Duchartre, *La Commedia dell'Arte et ses enfants*, Paris, p. 92.
138. X. de Courville, *Un Apôtre de l'art du théatre au xvıııᵉ Siècle* , t. 2, p. 7.
139. J. A. Hansen, op. cit., p. 97.

REPRESENTAÇÃO DE CORTE 45

Errar em matéria poética, equivocar-se quanto à escolha do gênero para encenar determinado assunto constituiu naquele momento um crime de lesa-majestade, quando mais não fosse apostasia, uma vez que a aparência de total devoção salvaguardava a potência francesa, donde o puritanismo da amante desposada por Luís XIV não poderia de modo algum ser contestado publicamente.

O vitupério satírico mediante o qual se censuravam os adversários dos protetores das companhias de *Commedia dell'Arte*, no caso da *Falsa Puritana* voltou-se contra a esposa do rei, que no espaço público deveria ser merecedora de veneração, respeito e obediência. Quanto aos herdeiros da coroa, eles não se furtavam a insultá-la, como se lê em uma carta da delfina em que Mme de Maintenon é tachada de "velha marafona"[140].

A divulgação, pela *Commedia dell'Arte*, de problemas internos à corte acontecia após 54 anos de reinado de Luís XIV, quando era grande a tensão entre o monarca e os componentes da linha de sucessão, encabeçada pelo delfim e concluída por Felipe de Orléans, sobrinho de Luís XIV. Entre 1711 e 1714, os quatro primeiros herdeiros deste rei morreram. Sendo Orléans um químico diletante, houve suspeitas de que as mortes fossem de sua autoria[141]. Entre Felipe de Orléans e a coroa restou o bisneto de Luís XIV, criado às escondidas, até ressurgir em 1715, aos cinco anos de idade, como Luís XV.

A suposta inépcia dos comediantes italianos no episódio de sua expulsão, por terem satirizado madame de Maintenon, evidencia uma tomada de partido inesperada, visto que seria de esperar que eles reverenciassem a escolhida de seu protetor. Os motivos da insurreição remontariam ao despejo do Palais Royal, à suspensão dos subsídios reais e à possível oferta de proteção feita por algum dos aristocratas em disputa pela sucessão, que, aviltando seus rivais, demonstrava ser o único merecedor da coroa. Um deles, Felipe de Orléans, promoveu o retorno da Comédia Italiana tão logo assumiu a regência.

A inesperada sátira que causou a exoneração dos italianos os expôs a punições que Luís XIV e o alto clero francês vinham aplicando com base nas disposições do Concílio de Trento, que estabelecera em sua última sessão, para a pintura de imagens sacras, que "nenhuma imagem extraordinária ou de forma muito imprevisível [poderia] ser exposta na igreja"[142]. Com sua piada cáustica, os comediantes italianos abusaram da confiança do rei, acusando-o publicamente de ter contraído um matrimônio ímpio e desvantajoso. Porque seria de esperar que esses comediantes não investissem contra seu soberano, em âmbito secular

---

140. *Lettre de Madame, recueil Brunet*, II, p. 295, apud X. de Courville, op. cit., p. 8.

141. Cf. G. Treasure, op. cit., p. 83 e 299.

142. J. A. Hansen, op. cit., p. 446, nota 147.

46 A ARTE DO ATOR ENTRE OS SÉCULOS XVI E XVIII

eles incorreram em um delito semelhante à exposição de imagens sacras imprevisíveis, interditas no espaço das igrejas. Apesar de ter-se assim denunciado a pretensa inversão da ordem natural[143] – inversão que possibilitou a alguém de origem espúria e ímpia como a marquesa de Maintenon elevar-se a uma condição ilustre e sacrossanta –, o fato poderia colocar em risco o reinado de Luís xiv.

Por razões como essas, a prática dos comediantes italianos conquistou a reputação de incontrolável, regida por afetos volúveis e não por uma fidelidade ajuizada; seu desempenho, posto que apenas orientado por um roteiro e não uma elocução rigidamente metrificada, reputou-se como sujeito a reações incalculáveis que impediriam aos atores seguir à risca a etiqueta de corte. A improvisação característica da *Commedia dell'Arte* configura-se então como contrária à estrutura teológico-política do absolutismo francês, embora desde sua origem essa comédia tenha sido utilizada para reforçar a mesma estrutura. O que demonstra haver no interior da corte mecanismos de controle às próprias medidas reais, quando excessivas ou contrárias à conduta que a nobreza instituiu e o catolicismo legitimou.

---

143. Na França, a *Commedia dell'Arte* também havia sido ameaçada durante o reinado de Henrique iii (1574-1589). Naquela ocasião, a *Commedia dell'Arte* atraía "tamanha multidão que a reunião dos quatro melhores predicadores de Paris não poderia igualar", desabafava em seu diário um dos membros do parlamento de Paris, alegando motivos religiosos para expulsar os comediantes. Com o veto do rei ao decreto parlamentar de expulsão, o autor do diário constatou que o reinado estava de ponta-cabeça: "a corrupção destes tempos é tal que só farsantes, bufões e favoritos têm crédito junto ao rei". Apud M. Scherillo, op. cit., p. 323.

2. A Commedia dell'Arte e a Elaboração da Arte do Ator

PADRE GARZONI E SÃO CARLOS:
SETORES DA IGREJA FAVORÁVEIS
E SETORES DESFAVORÁVEIS AO TEATRO

Foram comediantes *dell'Arte* os primeiros a escrever especificamente sobre o ator, inseridos na vasta campanha de autopromoção de potentados como Maria de Médici. Sem se desviar desse escopo, publicar foi uma maneira de perorar em favor do ofício de entreter – entendido como serviço de utilidade cívica que justamente por se situar nesse campo, estava em conformidade com a Contra-Reforma.

O Concílio de Trento foi iniciado no mesmo ano em que aparece o primeiro registro da existência de uma companhia de comediantes profissionais (1545); entretanto, nenhuma de suas sessões se dedicou a discutir o teatro. Escultura e pintura foram regulamentadas durante o Concílio, ao passo que o teatro foi tacitamente catalogado em meio às diversas ocasiões de festa e divertimento. Mas, como diz Ferdinando Taviani, a presença nas cidades de atores mercenários, que cobravam para atuar, crescia em importância à medida que se abriam salas de espetáculos públicas, não necessariamente localizadas em palácios de nobres, tendo assim acesso ao teatro um número cada vez maior de pessoas.

A Igreja teve então, segundo Taviani, de adaptar as disposições conciliares relativas à poesia, às artes figurativas e à liturgia para precaver os fiéis contra as tentações de um teatro declaradamente voltado para o deleite, como a pastoral e os diversos modos de tragicomédia em

48 A ARTE DO ATOR ENTRE OS SÉCULOS XVI E XVIII

voga na Itália de então. Antes de se iniciar o Concílio, editos eclesiásticos já proibiam clérigos de representar e assistir a danças e espetáculos; depois dele, tenta-se "estender a toda a Cidade normas que precedentemente eram somente destinadas aos homens de Igreja"[1], e impedir apresentações de espetáculos durante a quaresma e o carnaval. Naquele momento, o paganismo tematizado em diversos gêneros teatrais passa a ser visto como heresia por alguns setores da Igreja.

Em 1579, o arcebispo Carlos Borromeu admoestava os milaneses recém-curados da peste: "de onde procedem tanta ruína, tantas calamidades públicas, guerras, carestia, terremotos, pestes, dilúvios, incêndios, perdas de reinos, matança de povos e rebeliões?". Em grande parte, segundo São Carlos, do mau exemplo de costumes pagãos apresentados a cristãos durante o carnaval, reavivando "profanas memórias às quais tínhamos renunciado expressamente no sagrado batismo". Em vez de brincar o carnaval, de dançar e disfarçar-se com máscaras, de assistir a espetáculos teatrais, devem-se combater as tentações do demônio, que encanta até pessoas consideradas sábias, as quais entretanto não

têm vergonha de fazer pública profissão de insânia [*pazzia*] carnavalesca. Que sejam doravante banidas as máscaras, com que os homens parecem cuidar não somente de transformar-se, mas cancelar de certo modo a figura que Deus lhes deu, [a ponto de alguns chegarem a] representar antigas metamorfoses e transformar-se em bestas[2].

Mais do que fingir e usar máscaras, pecado por excelência é "aquilo que viola a ordem estabelecida e as leis da natureza: que o homem se transforme em mulher, e a mulher em homem, e ambos em bestas, isso é o que não se pode admitir"[3].

Não terá sido fruto da Contra-Reforma a tendência a vincular o teatro a manifestações primitivas do ser humano, a seu aspecto animalesco? A rituais satânicos, bestiais? A *Commedia dell'Arte* safou-se dessa acusação transferindo-a para saltimbancos e bufões, e instituindo uma categoria degenerada de atores incontroláveis, da qual se excluíam aqueles que atuassem com arte.

Ao entrar na França em 1600 no séquito de Maria de Médici, o Arlequim Tristano Martinelli havia feito a galhofa de publicar um livro praticamente em branco, abrindo espaço para todas as possibilidades contidas na *Commedia dell'Arte*[4]. O silêncio significativo de Martinelli, expresso nessas páginas em branco, foi rompido por autores que

1. F. Taviani (org.), *La Commedia dell'Arte e la Società Barocca*, v. 1, p. XXXIII.

2. C. Borromeo, *Memoriale di Monsignor Illustrissimo e Reverendissimo Cardinale di Santa Prassede Arcivescovo*, em F. Taviani, op. cit., p. 28-29.

3. C. Molinari, *La Commedia dell'Arte*, p. 18.

4. Cf. T. Heck, *Commedia dell'Arte*, p. 213, onde as *Composições de Retórica* constam como tendo seis páginas com ilustrações de personagens da *Commedia*

A *COMMEDIA DELL'ARTE* E A ELABORAÇÃO DA ARTE DO ATOR 49

tentaram articular respostas às cada vez mais categóricas argüições de ativistas tridentinos como São Carlos Borromeu.

A enunciação da arte do ator articula-se, pois, em conformidade com um civismo laico subordinado à sociedade de corte e seus fundamentos teológicos. Porém, casos como o de Leone de' Sommi indicam, no interior dessa sociedade, a coexistência de diferentes discursos sobre a representação teatral. A sociedade de corte implicava tensões, e mesmo seu braço inquisitorial não foi unânime; assim, a *Commedia dell'Arte* e os textos que a erigiram não expressavam rebeldia nem revolta, mas emulação entre os diversos membros dessa sociedade[5].

O padre Tommaso Garzoni não se apresentou como clérigo na edição de sua *Praça Universal de todas as Profissões do Mundo, tanto Nobres quanto Ignóbeis*, porque, além de corroborar assim o pressuposto de que tais assuntos não fossem sagrados, dizia estar escrevendo apenas para apontar "os defeitos desta ou daquela profissão"[6], o que não comportava um estilo elevado de escrita. Embora não tivesse escrito a *Praça* em latim nem discorresse sobre teologia, nesse elenco exemplar de profissões Garzoni expunha a conduta cristã em relação a cada uma delas.

O capítulo em que Garzoni disserta "Sobre Cômicos e Trágicos, tanto Autores como Recitadores ou Histriões" apresenta alternativas canônicas, em resposta à proibição imposta por Carlos Borromeu aos fiéis e bispos sob sua jurisdição; nas palavras de São Carlos,

de que serviram os decretos do Concílio Tridentino mediante os quais diligentemente se tomaram providências contra livros obscenos, ordenando que fossem queimados, extirpados da memória dos homens [...]? Muito mais fundo penetra na alma aquilo que os olhos vêem do que o que se pode ler em livros do gênero! [...] Se o intelecto e o lume da alma são o que enche vossos olhos de alegria, eu vos peço que vos afasteis da cena e fujais, como do demônio, desse gênero de espetáculos. [...] O mímico e o histrião, com cartazes afixados em paredes, convidam-vos para uma reunião diabólica a que chamam comédia. Comédia a chamam, mas acreditai em mim: para vós é sempre tragédia. Entrastes vivos e saudáveis para de lá sairdes mortos de paixão, feridos pela libidinagem[7].

Dois anos depois (1585), o padre Garzoni – que pregava em uma região produtora de *Commedia dell'Arte* (Veneza, Mântua e Ferrara) –

---

dell'Arte, tais como Arlequim e o Capitão; em outras cinco páginas, a dedicatória e alguns versos; as demais 59 foram deixadas em branco.

    5. Cf. Marc Fumaroli, Introduction, em R. Mousnier; J. Mesnard (orgs.), *L'Âge d'Or du mécénat*, p. 7-8. Cf. ainda, do mesmo autor, *Héros et orateurs*.

    6. T. Garzoni, *Piazza universale di tutte le professioni del mondo, e nobili ed ignobili*, em F. Marotti; G. Romei (orgs.), *La Commedia dell'Arte e la società barocca*, v. 2, p. 8.

    7. C. Borromeo, *Dalle Omelie recitate il 17 luglio 1583*, em F. Taviani, op. cit., p. 33-34. A propósito, em 1564 o Santo Ofício começou a elaborar o *Index librorum prohibitorum*.

50   A ARTE DO ATOR ENTRE OS SÉCULOS XVI E XVIII

elogiava uma célebre comediante que fazia "metamorfoses de si mesma em cena"; igualmente dignos lhe pareciam comediantes *dell'Arte* que representavam personagens mascaradas (Pantaleão, Doutor, Capitão, Zanni etc.) em trupes como os Gelosi e os Confidenti, "toda aquela alegre brigada [...] que, a despeito das acusações, caminha pelas praças de todo o universo sem obstáculo algum, recebida com honras"[8].

Aspectos que para o arcebispo Carlos Borromeu justificavam a interdição de espetáculos eram prezados pelo padre Tommaso Garzoni. Mas nem todos os comediantes merecem de Garzoni tal consideração, somente aqueles cuja "pessoa e suas comédias estejam repletas de motes argutos e belíssimas facécias"; comediantes que representam os Enamorados têm "gestos proporcionais, movimentos harmônicos e afinados, atitude firme e agradável, palavras afáveis e doces, suspiros furtivos e ligeiros, risos deliciosos e suaves, postura altiva e generosa, e em toda a sua pessoa, um perfeito decoro". Algumas personagens sem máscaras encaixam-se em um dos ramos de decoro cortês (os enamorados galantes); as demais, bem como as mascaradas, em outro (os facetos). Indignos são somente, segundo Garzoni, "os comediantes profanos, que pervertem a arte antiga introduzindo nas comédias só desonestidade e coisas escandalosas, [...] trazendo infâmia para si mesmos e para a arte, com a imundície que a cada palavra escapa de sua boca"[9]. Fora de cena não têm modos, causando escândalos e promovendo desordens por onde passam. Quando improvisam, não têm graça e não satisfazem o povo, tudo o que apresentam é malfeito. Esses comediantes, ao mesmo tempo artisticamente ineptos e, do ponto de vista moral, arruaceiros, são para Garzoni os antípodas dos comediantes *dell'Arte*.

Tais discursos sobre os hábitos dos atores dentro e fora dos palcos não constituem um documento histórico; o saltimbanco miserável, esfarrapado e desordeiro pode ter sido concebido como um contra-exemplo – eficaz, porque perdurou. Este lugar-comum contra-reformista teve como conseqüência a posterior descrição em chave grotesca de todo ator, e a estigmatização da categoria, uma vez que a profissão se inaugura com a *Commedia dell'Arte*.

A *Commedia dell'Arte*, no entanto, toma um sentido diametralmente oposto à caracterização do charlatão maltrapilho e diabólico; em grande parte para contestar essa imagem, e não para afirmá-la, é que aparecem os primeiros tratados sobre a arte do ator, os quais carregam nas tintas da estigmatização do bufão, para engrandecer por contraste os próprios comediantes *dell'Arte*.

---

8. T. Garzoni, De' Comici e tragedi così auttori come recitatori, cioè de gli istrioni, *Piazza universale...*, em F. Marotti; G. Romei, op. cit., p. 13.

9. Ibidem.

A *COMMEDIA DELL'ARTE* E A ELABORAÇÃO DA ARTE DO ATOR

Como se vê, a apologia de comediantes fiéis foi uma iniciativa de setores da própria Igreja. Uma vez que não poderia deixar de associar o teatro à sedução dos sentidos, o padre Garzoni estabelece uma distinção entre comediantes infames e outros, "gentis-homens", cuja nobreza consiste em, "não recitando, mas escrevendo, terem seus escritos repletos de moral e bons costumes, e colocando diante dos olhos a finalidade louvável de ensinar a arte de viver sapientemente"[10].

Estava posta a necessidade de redigir um conjunto de regras, de estabelecer os princípios da arte do ator e sobretudo de publicá-los em livro.

OS ANDREINIS, PIER MARIA CECCHINI, FLAMÍNIO SCALA, BASÍLIO LOCATELLI: A APOLOGIA DO TEATRO FEITA POR COMEDIANTES *DELL'ARTE*

Desde o pacote de publicações que marcou a entrada de Maria de Médici na França, durante o século XVII os comediantes *dell'Arte* continuaram a publicar por toda a Europa, baseando a defesa da improvisação sobre a distinção entre comediantes honestos e infames. Alguns, como Pier Maria Cecchini, salientaram a necessidade de impor a censura, da qual se encarregaria "um perito [*pratico*], que veja e aprove quem deve recitar"[11]. Mântua, cujos duques agenciavam a companhia encabeçada por Cecchini, dispunha de um superintendente de espetáculos com poder de polícia, escolhido entre os próprios comediantes, o mais notável foi o já citado Arlequim Tristano Martinelli.

Além de terem de ser publicados em livro os princípios de atuação do comediante virtuoso, como havia dito Garzoni, a prática da representação, segundo Cecchini, deveria ser acompanhada de perto por um censor espiritual: "a estrada de Roma, pois, é aquela que não se pode errar, uma vez que todo príncipe cristão obedeceria a qualquer ordem que saísse daquele irrevogável juízo [...]; assim, por razões políticas as comédias continuariam, mas recairia sobre elas uma reforma que banisse deste exercício todos os dissolutos e viciosos". Executar o controle constitui um "santo, bendito e necessário ofício" já de certa forma em vigor na França, onde, "em nome de Sua Majestade, há pessoas para ver se são representadas coisas contra a Coroa; por que em todo lugar não poderia havê-las, para saber se não há nada contra os bons costumes?"[12]

Avaliado por esse interventor durante o ato de representar, na preparação do papel é o próprio comediante que tem de se desincumbir

10. Idem, p. 14

11. *Discorso sopra l'arte comica con il modo di ben recitare* (1608), em F. Marotti; G. Romei, op. cit., p. 70.

12. Brevi discorsi intorno alle comedie, comedianti, spettatori (1616), em F. Marotti; G. Romei, op. cit., p. 549 e 550.

52 A ARTE DO ATOR ENTRE OS SÉCULOS XVI E XVIII

de sua instrução. Dedicar-se ao "estudo resgata e distingue o exercício de um bom comediante e o desempenho do 'comediante mau'"[13], pois a infâmia só pode ser atribuída a comediantes que não dominam sua arte ou que ignoram os bons costumes. Os adjetivos que referem uma atitude moral, política e religiosa também qualificam o artista.

As indicações de Cecchini sobre o *Modo de Bem Recitar* ressaltam a função didática de um desempenho que vise a deleitar; para obter um efeito agradável, "podem-se, sem afetação e na medida certa, proferir palavras inadequadas à personagem que se representa [...]. Mas tenha-se cuidado com a qualidade das palavras, adaptando-as à qualidade da personagem". De modo a efetivar-se a instrução, esses elementos descritivos devem ser evidenciados, representados como se estivessem acontecendo, motivo pelo qual Cecchini aconselha: enquanto estiver atuando, "guardar-se de falar com o público, recordando que não se presume nesse lugar senão aquele com quem se fala em cena", sendo importante que até mesmo os olhos do comediante se voltem, conforme o assunto em questão, "ora ao céu, ora à terra, aqui e ali, e não fazer como os que escolhem no auditório um ou dois amigos, e para eles vão dizendo"[14].

Esse procedimento denota a prioridade dada pelo bom comediante ao mito, definido por Aristóteles como imitação de ações. Portanto, o ator não está narrando algo diretamente para o auditório; elementos épicos ou líricos como o monólogo podem, no máximo, ser representados como se o comediante estivesse totalmente sozinho, de maneira a aparentar um diálogo interior[15]).

Embora o bom comediante dissimule o intuito de instruir, fingindo ignorar o espectador para que ouça de boa vontade o que lhe dizem na peça, jamais o comediante deve perder de vista a receptividade de seu desempenho: "este cômico exercício consiste tanto em entender quanto em se fazer entender. Entender é a parte nobre do intelecto, e se fazer entender é excelência da língua, da voz e do gesto"[16].

Tal confluência de atributos morais, religiosos e artísticos teve na comediante Isabella Andreini seu maior exemplo. Esposa dedicada, mãe de sete filhos, poeta, acadêmica, grande intérprete de personagens amorosas da *Commedia dell'Arte*, atriz requisitada pelas mais poderosas cortes da Europa, sacrificou-se por sua profissão, vindo a falecer durante o retorno de uma turnê. Isabella Andreini foi uma das principais responsáveis pela

complexa elaboração de uma imagem elevada, se não mítica, do ator e sua profissão: para a formação dessa imagem, a atriz concorre em planos múltiplos. Acima de tudo,

---

13. F. Marotti; G. Romei, op. cit., p. 341.

14. *Discorso sopra l'arte comica con il modo di ben recitare*, op. cit., p. 72 e 75, respectivamente.

15. Cf. idem, p. 75: "se por acaso falar sozinho, consigo mesmo deve discorrer".

16. Idem, p. 70.

A *COMMEDIA DELL'ARTE* E A ELABORAÇÃO DA ARTE DO ATOR 53

no plano privado, propondo uma integérrima figura de mulher e de mãe, em tudo alheia aos já costumeiros clichês de atores desajustados. Logo após, no plano da "publicidade" cênica, sua atividade como acadêmica e literata diletante[17].

Em cena, Isabella empenha-se em igualar parâmetros acadêmicos, principalmente nas modalidades madrigalescas do repertório elegante dos Enamorados.

Por outro lado, personagens como o Capitão Spavento, interpretado por Francesco Andreini, renegam quaisquer parentescos com a lírica. Isabella havia escrito versos, mas seu marido decidiu escrever em "prosa, tratando daquilo que ainda não tinha sido tratado por nenhum autor"[18].

Ferdinando Taviani considera que esse rebaixamento de tom expõe a relação diametral entre o universo acadêmico, do qual Isabella se aproxima, e a literatura bizarra e picaresca, à qual se filiam Francesco e sua personagem, relação essa que em cena se concretiza no par Enamorada-Capitão, demonstrando que tais posturas diametralmente opostas coexistem na *Commedia dell'Arte,* sem que se anulem. Enquanto Isabella Andreini insiste em expor o modelo – acadêmico – que utiliza para construir o papel de Enamorada, a personagem de Francesco, para que seja verossímil, clama por uma originalidade que não é veraz (uma vez que deriva do repertório da literatura picaresca).

O discurso sobre a personagem amorosa declara abertamente sua filiação acadêmica, propositalmente a expensas da invenção; em compensação, o livro de Tristano Martinelli é publicado em branco como uma befa arlequinesca, uma invenção apropriada à personagem. O Capitão Francesco Andreini também precisa "espaventar-nos" com novidades; suas *Bravuras*, de 1607, foram escritas "mais por deleite do que para ganhar coroas de louros, de hera e de mirto", servindo "para passar as horas ociosas do dia, para subtrair-vos às vezes de incômodas preocupações"[19]. Louros são prêmios de que os poetas líricos são merecedores, mas não se ofertam a personagens como o Capitão, que dissimula sua arte para passar como impulsivo, irrefletido. O perfil aventureiro da personagem estendeu-se ao esquema biográfico de Francesco Andreini, constando que ele tenha sido corsário antes de ingressar no teatro.

A recusa do comediante em identificar-se com o poeta convém à personagem do aventureiro Capitão, razão pela qual Francesco Andreini prefere simplesmente entreter o leitor; isso o faz escolher a prosa e escrever sobre um assunto que, por parecer inédito, desperta curiosidade.

17. F. Marotti; G. Romei, op. cit., p. 166.
18. F. Andreini, *Le Bravure del Capitano Spavento*, em F. Marotti; G. Romei, op. cit., p. 219.
19. Idem, p. 214.

54 A ARTE DO ATOR ENTRE OS SÉCULOS XVI E XVIII

Nesse sentido explica-se o polêmico prólogo do *Finto Marido*, comédia em cinco atos (e não um roteiro para improvisação) escrita em 1618 por Flamínio Scala. Este comediante *dell'arte* que havia sido colega dos Andreinis alegou não ter seguido nenhum preceito poético ao escrever sua peça: "a experiência faz a arte, porque muitos atos reiterados fazem a regra e, se os preceitos se extraem desta, então dessas ações se tira a verdadeira norma, portanto o comediante pode ditar regras aos que compõem comédias, não estes, àqueles"[20].

Em seguida, porém, Scala define a comédia como uma imitação de ações, que deleita o espectador sendo-lhe ao mesmo tempo útil; nesta proposição, combinam-se a poética aristotélica e a horaciana, a qual, nos seguintes termos, postula para a obra poética a dupla finalidade de agradar e instruir: "Recebe sempre os votos, o que soube misturar o útil ao agradável, pois deleita e ao mesmo tempo ensina o leitor"[21].

Mais do que aversão a preceptivas ou pura adesão à empiria, Flamínio Scala demonstra concordância com as poéticas antigas, que não teriam dado conta do gênero cômico: "o vosso Aristóteles deu preceitos somente para a tragédia, jamais se debruçou sobre as particularidades do estilo cômico, e de Horácio não se tira nada de substancial sobre o assunto". Se tivessem tratado especificamente da comédia, não haveria por que deixar de consultá-los. Dar continuidade à obra dos antigos havia justificado o aparecimento da tratadística da poesia cênica, que se pautou pelas preferências do espectador de estilos menos elevados. É esta a referência de Flamínio Scala, ao dizer que "na comédia basta que haja uma boa imitação e o verossímil, e que a elocução não seja escabrosa ou bárbara; antes a familiar e sem tanta arte é a mais apropriada, porque a comédia representa ações comuns, e não de homens de alta qualidade, donde o rebuscamento não lhe seja apropriado"[22]. Na comédia, a expectativa por referenciais familiares ao público demanda do poeta e do ator que seu artifício passe despercebido.

Não foi por negligência que os antigos deixaram de prescrever regras para a comédia, continua Scala; foi porque na comédia é preciso "sentir o efeito de coisas sensíveis [...]. Que seja verdade que os afetos se movem mais facilmente por gestos do que por palavras, qualquer um que tenha intelecto e mesmo as bestas sempre farão caso, mobilizando-se mais por alguém ter levantado o bastão do que por ter levantado a voz". Embora os afetos avivados pela comédia sejam diferentes de emoções como o terror e a piedade, sobre as quais incide, segundo a *Poética* de Aristóteles, o efeito catártico da tragédia, Flamínio Scala

---

20. F. Scala, Prologo della comedia del *Finto Marito*, em F. Marotti; G. Romei, op. cit., p. 59-60.
21. Horácio, *Arte Poética*, vv. 343-344.
22. F. Scala, op. cit., p. 60 e 59.

A *COMMEDIA DELL'ARTE* E A ELABORAÇÃO DA ARTE DO ATOR

também deriva do mito (tal como consta da *Poética*) – ou da imitação de ações tomada em um sentido estrito – a efetividade da comédia:

em virtude das pedras um valentão desceu da figueira, e não das palavras; com efeito, às ações mais se assemelham ações do que narrações, e as comédias nas ações consistem propriamente (nelas está sua substância) e, em narrações, por acidente. Quem quiser pois ações imitar, com ações se aproximará mais delas do que com palavras, no gênero cômico[23].

A representação cênica e sua preceptiva definem-se em concordância com o conceito de mito – enquanto representação de ações – prescrito na poética aristotélica. Aristóteles, no entanto, vinculou o mito apenas à tragédia; a transposição desse conceito para a comédia faz-se com base na especificidade de seu alcance: a comédia tem como prioridade a afecção dos sentidos do público, enquanto outros gêneros demandam da audiência ou do leitor o emprego da razão – a exemplo do gênero lírico, abertamente declarado como o paradigma de Isabella Andreini e de todos os comediantes que representam Enamorados. A ação cênica ainda demarca os limites entre épica e drama, consolidando-se a comédia como apanágio do gênero dramático (em separado do gênero épico, apropriado para assimilar narrações), mais do que a tragédia, protagonizada por "homens de alta qualidade" que tratam de assuntos incomuns em linguagem mais complexa. Nesse sentido, a épica e a tragédia tornam-se ambas antípodas do gênero dramático em sua acepção preferencialmente cômica.

Portanto, Scala recomenda ao comediante que, além de ser proficiente no gênero que o nomeia, utilize recursos de todo gênero, com vistas a produzir estímulos sensoriais e assim exercer uma irresistível sedução sobre o espectador, "ainda que [sua] razão o tivesse persuadido do contrário"[24].

Alguns estudiosos acreditam que haja no prólogo ao *Finto Marido*, de Scala, vestígios de empirismo galileano, mas é muito mais provável que a proposta de Flamínio Scala de estabelecer regras de atuação em função da experiência refira, não um procedimento indutivo, mas a arte retórica, que arrola os diferentes efeitos a serem obtidos sobre diferentes tipos de platéia, por diferentes oradores, conforme empreguem diferentes estilos e gêneros[25].

Essa equação, mais do que fundar a autonomia da arte do ator ou expor a originalidade do comediante *dell'Arte*, a conecta diretamente com a poética, a pintura, a escultura e a música, e todas juntas com a retórica. O tratado *Da Pintura*, escrito em 1433 por Alberti, havia difundido a interligação entre pintura e poesia ancorada na *Arte Poética*,

23. Idem, p. 61.
24. Idem, p. 62.
25. Sobre a hipótese de um vínculo entre as teorias de Scala e o empirismo galileano, cf. F. Marotti; G. Romei, op. cit., p. 57.

56 A ARTE DO ATOR ENTRE OS SÉCULOS XVI E XVIII

de Horácio. A *Poética*, de Aristóteles, reproposta na Itália a partir de 1498, acrescentou dados a esse conjunto, mas não suprimiu o aparato conceitual já existente. "Todas as poéticas que a partir de então se redigem tecem paralelos e fazem referência à pintura, à escultura e à música, do mesmo modo que, em contrapartida, os tratados de pintura assimilam os princípios da *Poética*"[26]. Ou seja, do século XV em diante, o *ut pictura poesis* está presente em todos esses tratados.

Além do recurso à erudição nobilitante, um importante argumento em defesa da atividade do comediante continuava sendo a distinção entre comediantes (virtuosos) e saltimbancos (ímpios); entretanto, os efeitos da Contra-Reforma deram ensejo a outra triagem: praticantes acadêmicos de *Commedia dell'Arte* começaram a dizer que faziam teatro por diletantismo, pois a iniquidade da comédia estava em fazê-la por dinheiro.

Em manuscritos de 1618 e 1622 Basílio Locatelli, comediante amador e membro da Academia dos Humoristas de Roma, diz que mercenários precisam se apresentar em todo tempo e lugar, portanto não se controlam, não podem se submeter a leis nem respeitar conveniências. "Não que a arte de representar comédias seja proibida nem sórdida, pois em si mesma é virtuosa e nobre, nem os que a exercem são infames, a não ser os histriões que cobram um preço para exercê-la, apostando a própria vida em troca de um ganho qualquer"[27].

O humorista romano efetua assim a apologia do desinteressado comediante: "por si mesmas as facécias parturejam jucundidade, aliviam cuidados e deixam os ânimos alegres e tranquilos". Para defensores do diletantismo como Locatelli, o fazer teatral deveria ser movido apenas pelo prazer emanado da virtude; a virtude, por sua vez, está em dar às personagens (cômicas ou trágicas) um comportamento adequado à sua posição hierárquica na vida civil (alta ou baixa), e não satirizar a torto e a direito, de acordo com os interesses de quem pagar mais.

Locatelli aconselha ainda que

nas facécias se deve fugir do excesso e da falta de meio-termo, e não sobreabundar o ridículo, para não adquirir antes o nome de bufão do que de faceto; do mesmo modo, nas referidas facécias devem-se considerar o lugar, o tempo e as pessoas: porque não

---

26. A. Muhana, Poesia, e Pintura, ou Pintura, e Poesia, *Boletim*, n. 1, p. 45.

27. B. Locatelli, *Della Scena de' soggetti comici e tragici*, em F. Marotti; G. Romei, op. cit., p. 706. Dentre os comediantes considerados diletantes, alguns eram secretários que exerciam nas cortes as mais diversas atividades, dentre as quais organizar e atuar em espetáculos (como no caso de Ângelo Ingegneri); outros eram propriamente "homens de Estado" – nobres de altas prerrogativas, que integravam a base mais estreita das cortes e se distinguiam ao subir ao palco. Quanto aos comediantes diletantes que atuavam em academias, Gino Benzoni ressalta que essas eram em geral compostas de plebeus que ansiavam pela proteção de um príncipe. Cf. Per non smarrire l'identità: l'Accademia, *Gli Affanni della Cultura*, p. 155-157.

A *COMMEDIA DELL'ARTE* E A ELABORAÇÃO DA ARTE DO ATOR   57

em qualquer lugar, nem em qualquer tempo, tampouco com toda sorte de pessoas devem ser usadas as referidas facécias[28].

Visto que os comediantes mercenários estão à mercê de quem der mais, somente os grupos amadores têm condições de se manter no meio-termo, de não deixar que a facécia se transforme em bufonaria, diz Locatelli.

A *Commedia dell'Arte*, ao trazer à cena os Enamorados – personagens de condição elevada, porte galante e elocução plena de recursos líricos –, não corria risco de passar dos limites; entretanto, porque caracterizadas em registro baixo, personagens sem máscara como as criadas, ou com máscara como Pantaleão, Arlequim, o Doutor e o Capitão, estariam, para Locatelli, mais propensas à profanação.

Para o padre Garzoni, não há na *Commedia dell'Arte* uma discriminação entre personagens que possa de antemão afirmar sua virtude ou sua devassidão, pois não corre risco de infâmia uma "brigada alegre" composta por pessoas que saibam "motes argutos e belíssimas facécias"[29], para deles fazer uso em virtuosas comédias.

Para Locatelli, entretanto, os comediantes profissionais são por demais propensos a "sobreabundar o ridículo" e vituperar em troca de dinheiro; "o comediante jamais poderá vituperar como um bufão, por ser ele o fundamento da comédia, que não é senão uma imagem da vida humana: espelho dos costumes e imitação de algum acontecimento festivo, que faz rir de coisas civis ou domésticas ou privadas"[30].

Enquanto Leone de' Sommi considera um bom exemplo sobre a vida civil representar em linguagem elevada personagens deste nível, Locatelli defende um meio-termo, que se incline para situações de comédia: o bom comediante, para o acadêmico Locatelli, é aquele que não extrapola esses limites, de modo que as personagens possam conversar com elegância, decoro e urbanidade[31]. A facécia erige-se como fronteira para que as personagens cômicas não degenerem em sordidez, mantendo um estilo familiar de conversação.

A arte do ator permanece assim no âmbito do estilo médio, destinado a agradar; para Locatelli, a instrução fornecida pelo comediante restringe-se aos costumes e às relações domésticas, sem cair excessivamente no ridículo, mas também sem se imiscuir em assuntos públicos, de alto escalão –, pois do contrário incorreria em vitupério, e não no agrado.

Comediantes de profissão não precisaram abdicar de seus proventos para chegar a conclusões semelhantes às de Locatelli. Em 1612, o comediante *dell'Arte* Giovan Battista Andreini, filho de Francesco e

---

28. B. Locatelli, op. cit., p. 699 e 701, respectivamente.

29. T. Garzoni, De' Comici e tragedi così auttori come recitatori, *Piazza universale...*, em F. Marotti; G. Romei, op. cit., p. 13.

30. B. Locatelli, op. cit., p. 702.

31. Quanto à "civil conversação", cf. idem, p. 701.

58 A ARTE DO ATOR ENTRE OS SÉCULOS XVI E XVIII

da finada Isabella, manifestava uma posição diferente, dizendo que os comediantes "não devem ser tachados por ganhar prêmios com que [...] possam honradamente sustentar suas famílias"[32]. O dinheiro não corrompe os comediantes que se submetem à moderação cristã, isto é, a um constante escrutínio em foro interno e externo.

"Detrações ao próximo, derrisão de fatos cristãos, fazer encantamentos e atos afrontosos" tornaram-se assim coisas do passado, em se tratando de comediantes honestos, virtuosos e sábios. Para Giovan Battista Andreini o bom comediante é, pois, aquele que demonstra ter juízo em seu desempenho; muito embora "o riso que seja moderado e não supérfluo nem abundante possa ainda encontrar-se na boca de um sábio, seria coisa de louco, ou de alguém menos prudente, passar dos limites da mediocridade". O comediante pode até representar atos menos virtuosos para agradar ao auditório, mas é prudente fazer os outros rirem com moderação. O ofício de fazer rir já é digno de louvor, por "medicar e consolar os ânimos cansados, revigorando a natureza e as propriedades do homem"; entretanto, deleitar não é "o fim último e nobilíssimo [da comédia], mas purgar os afetos do espírito e comovê-los para o bem, instruir para que se fuja do vício e se abrace a virtude"[33].

Para lograr esse intento, o objeto da comédia não deve ser, segundo o segundo Andreini, escolhido entre pessoas totalmente abjetas e vis; em chave de comédia convém que sejam representadas pessoas sem "maiores vícios e pecados, ou piores ações". Personagens cômicas devem ser inferiores às trágicas, "que são príncipes e reis; mas de *per si* as pessoas da comédia podem ser gentis-homens e cidadãos privados, honrados, virtuosos e de bem, embora não sejam de estirpe régia e de sangue ilustre"[34].

Giovan Battista Andreini escolhe personagens medianas para protagonizar suas comédias e deixa como coadjuvantes as mais humildes, uma vez que as convenções de representação do vulgo o confinam na sordidez. Por tratar-se de uma comédia, a relevância de uma personagem está, na concepção de Andreini, associada ao elenco de virtudes cristãs, à prática do bem, e não a critérios genealógicos de nobreza. Para provocar o riso, é preciso ridicularizar aquilo que é feio, mas se a feiúra representada for um pecado capital, será contrária à virtude e causará danos à alma do espectador.

Por efetuar esse escrutínio e assim atuar com juízo, os comediantes *dell'Arte* distinguem-se da categoria dos histriões: "sob o nome de histriões compreendem-se aqueles que, sem falar [*ragionare*], atuam

---

32. G. B. Andreini, *Prologo in dialogo fra Momo e la Verità*, em F. Marotti; G. Romei, op. cit., p. 483.

33. Idem, p. 473, 476 e 477, respectivamente.

34. Idem, p. 480.

A *COMMEDIA DELL'ARTE* E A ELABORAÇÃO DA ARTE DO ATOR   59

somente com gestos e movimentos próprios dos mímicos [...], e são objeto do olhar somente, ao passo que aqueles que falam e discorrem, e falam com palavras apropriadas, são objeto da audição e do espírito [*animo*]"[35].

Por este trecho sabe-se que houve bifurcações na trajetória do *ut pictura poesis*, lema horaciano a partir do qual Alberti e seus êmulos estipularam uma analogia entre a arte da pintura e a da poesia[36]. Para Andreini, o sentido da visão não tem acesso ao espírito como tem a audição. A utilização do termo "recitante" para referir o comediante é, pois, um dado significativo sobre essa diferenciação epistemológica.

"Recitantes de comédias e outras fábulas"[37], conclui Giovan Battista Andreini, raciocinam sobre atos e palavras a serem representados, investigando dentre as ações médias e baixas – que põem em cena defeitos de personagens que não sejam ilustres – quais seriam pecados mortais para, no caso, proscrevê-las de cena; o mesmo efetuam com relação a grandes feitos a serem representados em chave trágica.

Assim, não são todos os gestos e palavras pecaminosos que precisam ser proscritos da comédia, somente os "que por natureza sejam pecados mortais"[38]. Retirar mais do que isso seria obra de "ineptos, tolos e carentes de juízo, afeitos a estóicos e severos costumes", que desse modo privam a comédia de sua maior virtude, "expor nossas

---

35. Idem, p. 482.

36. Cf. A. Muhana, Poesia, e Pintura, ou Pintura, e Poesia, op. cit., p. 45: "A partir de Alberti a comparação ganha estatuto de similitude e se difunde num processo veloz de alegorizações, ao sabor dos letrados barrocos, maneiristas e renascentistas: diz-se que as duas artes são irmãs, e irmãs gêmeas; em sua *Iconologia*, Cesare Ripa sustenta que uma é loura, a outra, morena. Etc. Quase imediatamente, o *ut pictura poesis* é interceptado por outro dístico provindo igualmente da Antigüidade (atribuído por Plutarco a Simônides de Cós): *muta poesis, eloquens pictura*: pintura é poesia muda, poesia é pintura eloqüente. E tudo confirma essa convergência, apesar de certas dissonâncias, como a de Da Vinci, desejoso de fazer sobressair a excelência das artes pictóricas, mas no mesmo âmbito de pressuposições. Advogando uma autonomia da pintura, Leonardo ironiza sua identificação com a poesia: 'se chamas à pintura poesia muda, o pintor pode qualificar a arte do poeta de pintura cega. E qual será pior, ser mudo, ou ser cego?' Leonardo recusa o que vê como subordinação da pintura à poesia, negando algumas das censuras que a Antigüidade platônica e estóica fizera à arte dos pintores: ser um trabalho mecânico e não conceitual; servir apenas ao adorno e à recreação, não ter caráter inventivo nem didático. Leonardo, por sua vez, alega que para ser pintor é preciso conhecer várias ciências, ao passo que os poetas são ladrões de conhecimentos alheios, pois sem terem objeto próprio, falam o que falam os astrólogos, os filósofos, os generais etc. E quanto à utilidade e ao ensino, ao contrário da poesia, que só serve aos doutos, diz ele que a pintura atinge a todos, sábios ou rústicos, estrangeiros e plebeus. Finalmente, o órgão da visão é superior a todos os outros sentidos, conforme Aristóteles e São Tomás, pois de uma só vez e por inteiro mostra aquilo que as palavras apenas conseguem dizer por partes e sucessivamente".

37. Prologo in Dialogo fra Momo e la Verità, op. cit., p. 482.

38. G. B. Andreini, Trattato sopra l'arte comica, em V. Pandolfi, *La Commedia dell'Arte*, v. 3, p. 337.

60   A ARTE DO ATOR ENTRE OS SÉCULOS XVI E XVIII

ações, como sábio e douto volume que ensina remédios para adversidades"[39]. Este trecho faz parte de um discurso publicado por Andreini em Paris, em 1625, salientando a importância de Luís XIII fomentar a comédia e o entretenimento, contra as investidas de estóicos interventores eclesiásticos e de intrigantes cortesãos que combatiam tudo o que a rainha-mãe Maria de Médici e o partido italiano prezassem. Para Giovan Battista Andreini, o estoicismo expõe um excesso de rigidez que, no interior do catolicismo, denotaria tendências protestantes.

Aos detratores que condenavam a comédia por incentivar o vício e a libidinagem, Andreini contesta: mesmo que a comédia "mostrasse o mal ou talvez licenciosamente se adornasse com algum ato lascivo ou palavra amorosa", isso era feito para que "se aprendesse a fugir" do mal. É preciso pôr em cena os defeitos das personagens, pois a comédia trata de "incidentes temporais" e não de coisas sagradas. Incluir esses defeitos na descrição das personagens é determinante para que se diferenciem "idade, condição e posição" dos homens que praticam as ações encenadas. Somente nessa medida a comédia pode ser definida "verdadeira representação da vida humana"[40].

A posição e a faixa etária das personagens conectam-se a assuntos graves, ligados à tragédia, os quais se aligeiram conforme decaem de condição seus protagonistas. Desse modo, enquanto a tragédia mostra um espelho a reis, príncipes, conselheiros, ministros, cortesãos e magistrados, para Andreini a comédia é um "espelho das humanas ações"; dá exemplo a súditos, até mesmo àqueles que sejam de condições tão diferentes quanto gentis-homens e pastores. Ambos – o gênero trágico e o cômico – configuram assim "o teatro universal das ações graves e privadas"[41]. Aqui se restringe o alcance da tragédia a dirigentes de principados e reinos. Como o público de teatro é muito maior do que essa pequena faixa, a arte do ator, que então está se engendrando, tende a se pensar em chave média ou baixa (tragicômica ou cômica), muito mais do que trágica.

ARGUMENTOS DE NICOLÒ BARBIERI CONTRA A CENSURA

Em 1636, é publicada em Veneza, por Nicolò Barbieri – comediante *dell'Arte* que representava o serviçal Beltrame –, uma extensa apologia de seu ofício denominada *Súplica, [ou] um Discurso Familiar*, dedicada ao rei da França, Luís XIII. Afinando-se com autores como Leone de' Sommi, Barbieri reitera que em chave de comédia só se trata de coisas insignificantes, não sendo um procedimento piedoso ridicularizar assuntos excelsos; portanto, se em matéria de comédia

39. La Ferza, em F. Marotti; G. Romei, op. cit., p. 490.
40. Idem, p. 493 e 491, respectivamente.
41. Idem, p. 490 e 494, respectivamente.

A *COMMEDIA DELL'ARTE* E A ELABORAÇÃO DA ARTE DO ATOR 61

nada há de celestial, os comediantes não devem satisfações a religiosos, mas a príncipes.

Uma vez que "todo elemento está bem colocado em sua esfera [e] os teatros são lugares de entretenimento" para habitantes da cidade, a regulamentação de ofícios é responsabilidade de governantes e não de teólogos. O poder de decisão sobre questões políticas, dentre as quais a concessão de licença para apresentar comédias, pertence exclusivamente aos príncipes.

A distinção operada por Barbieri não denota uma ruptura entre teatro, política e religião, visto que a recreação e o ócio proporcionados pelos comediantes tornam o espírito "mais apto à contemplação"[42] da divindade; e, ao dizer que o teatro não é coisa sagrada, e sim assunto temporal, Barbieri apóia a autoridade civil, contestando a intervenção papal em assuntos seculares, bem como a atribuição de plenos poderes ao clero imposta pelo Santo Ofício, reiterando, porém, a tese contra-reformista que distinguia o poder temporal do poder espiritual.

Pier Maria Cecchini manifestava outro ponto de vista; justamente porque "as boas comédias, ou seja, as feitas de matéria honesta e representadas por pessoas honestas, têm tanta conseqüência nas populosas cidades que quase se poderiam denominar alma da política", um interventor "santo e bendito" tem de acompanhá-las de perto. "Retirem-se, pois, das comédias a matéria desonesta, palavras obscenas e atos asquerosos"[43], dizia Cecchini, atribuindo a função a intendentes versados em matéria sacra, como ele mesmo se havia mostrado, apelando em seus livros para autores cristãos.

Nicolò Barbieri, contrapondo-se a colegas como Cecchini, diz que a comédia se define pela representação de assuntos de pouca monta, risíveis, que não constam do direito canônico; até mesmo autores de tratados e apologias da comédia devem empregar um estilo despretensioso, abstendo-se, como aconselha Barbieri, de citar legistas e teólogos: "em favor da modesta comédia, [...] darei razões que outros não disseram ainda, humilhando meu discurso com o nome de súplica". Todas as artes relacionadas ao teatro têm, pois, de ser enunciadas sem tantos conceitos, argumentos, histórias, sentenças, sem apelar para leis nem autores sacros: "não estamos entre os que foram nomeados pelos Sagrados Cânones e Legisladores, [...] não realizando ações que se assemelhem às suas"[44].

Na *Súplica*, não se faz a apologia da "comédia, por mais honesta que seja, como coisa espiritual, mas como honrado e virtuoso entrete-

---

42. N. Barbieri, *La Supplica, Discorso Familiare*, em F. Marotti; G. Romei, op. cit., p. 626 e 627, respectivamente.

43. P. M. Cecchini, *Frutti delle moderne comedie ed avisi a chi le recita*, em F. Marotti; G. Romei, op. cit., p. 77 e 80.

44. N. Barbieri, op. cit., p. 587 e 584, respectivamente.

62 A ARTE DO ATOR ENTRE OS SÉCULOS XVI E XVIII

nimento", pois o intento de deleitar alastrou-se do gênero cômico para todos os demais, como escreve Barbieri:

sob a evocação de comédia quero sempre inferir a arte em geral de representar tanto comédias quanto tragédias, pastorais, tragicomédias, piscatórias e outras peças mistas, contanto que representemos histórias e fábulas enredando coisas sérias com jocosas [...]; se não fosse assim, o povo não estaria a gosto e, sem fazer gosto, qualquer minúsculo teatro seria suficiente para o auditório e em qualquer minúscula bolsa caberia nosso ganho, pois na humanidade os sentidos têm maior séquito do que a razão[45].

Nesse ponto Barbieri discorda também de Giovan Battista Andreini, para quem o prazer proporcionado pela comédia é subsidiário à sua finalidade última, de "instruir para que se fuja do vício e se abrace a virtude". Barbieri coloca o prazer em primeiríssimo lugar, pois a profissão do comediante é entreter as pessoas que freqüentam o teatro, e disso depende seu sustento: "embora a intenção das peças dramáticas se dirija mais para a utilidade do que para o deleitamento, o maior capital da comédia é o deleite, donde nela convém expor o útil mascarado de jucundidade". Desse modo, enquanto o comediante provê honestamente seu sustento, o povo que assiste ao teatro encontra ali um estímulo para estudar, guerrear, trabalhar, alimentar-se, procriar e até mesmo dedicar-se à espiritualidade, "pois ter gosto é via e condimento de todas as humanas ações". Comediantes zelosos de seu ganha-pão estão atentos às mudanças de gosto que ocorrem, pois "em tempos idos talvez não houvesse deleite senão em coisas obscenas; as coisas vergonhosas ora causam desdém, não deleitam. Outros tempos, outros ritos; outros modos de operar, outros méritos". Visto que os escritores de comédia também acataram ordens superiores e obedeceram às deliberações da religião e dos soberanos, Barbieri indaga se

a razão, que milita por outros, não haveria de ser a mesma para os comediantes? Não há homem tão estúpido que não se aperceba da reforma que no curso dos anos está sendo feita, em parte devido ao crescente zelo da religião, em parte por ordem de superiores que revisam tudo, em parte pelo cumprimento do dever civil que os gentis-homens abraçam; e a comédia a todas essas reformas subjaz[46].

Por uma questão de adequação ao gênero, o comediante submete-se a essas reformas, uma vez que, segundo a cláusula aristotélica sobre o objeto da imitação poética, só podem ser representadas comicamente ações executadas por personagens inferiores, que, nos tempos de Barbieri, são pessoas sobre as quais incide o efeito dessas reformas – e não as que as elaboraram, isentas, devido a essa mesma superioridade, de serem representadas comicamente. A ridicularização teatral de defeitos não é anódina se aplicada a pessoas insignes, mas não causa dor se as pessoas representadas forem insignificantes.

45. Idem, p. 630 e 578, respectivamente.
46. Idem, p. 578 e 583, respectivamente.

A *COMMEDIA DELL'ARTE* E A ELABORAÇÃO DA ARTE DO ATOR 63

Tendo conhecimento de causa, o comediante não precisa ser vigiado nem repreendido, mas elogiado e recompensado, pois, segundo Barbieri, "a arte cômica tem sempre o mesmo nome, mas nem sempre o mesmo mérito; e a diversidade de mérito não deriva da comédia, mas daqueles que professam tal exercício"[47]. O comediante que faz uso de sua razão conclui que nada ganharia em propagar maus costumes, pois o próprio gosto da audiência também está submetido àquelas autoridades; a representação de rituais idólatras, a prática do vitupério contra poderosos, a encenação lasciva e a propagação do vício, que a *Súplica* registra como coisas de mau gosto – ou de um gosto ultrapassado –, não agradavam a mais ninguém.

Se o comediante que faz jus a esse nome se distingue pelo bom gosto e por atuar em conformidade com a razão, no teatro não há necessidade de vistoria religiosa, acrescenta Barbieri. Que mal poderia fazer um ator nos tempos que corriam, "sob o olhar atento da justiça espiritual e temporal, recitando para cristãos e não para o gentio [...]? O comediante não pesca tão fundo. [...] A rede do comediante não é fabricada para tal afazer, é rede de pescar somente três ou quatro peixinhos para poder viver"[48].

Da definição de Barbieri sobre as preferências dos freqüentadores de teatro depreende-se que sua noção de gosto não é um não-sei-quê, nem indeterminada; a submissão do gosto a decretos políticos e cânones religiosos explicita-se quando Barbieri refere a obediência dos comediantes a reformas promovidas pela Igreja e pelos príncipes, e ao cumprimento do direito civil (e não canônico) firmado pela fidalguia. O próprio gosto pende para o que foi sancionado por autoridades civis e religiosas, dispensando outros órgãos de controle: "querer aquilo que não pode ser é vontade de loucos. Muitas coisas são refutadas mais pelo gosto do que pela razão"[49]. A disseminação da diversão e do prazer como finalidade última de todo teatro é conseqüência, de acordo com Barbieri, de reformas teológico-políticas contra-reformistas.

Enquanto a profissão de comediante for "exercida com modéstia", coincide com o gosto da audiência, mas perdendo a moderação torna-se uma tendência incontrolável e desagradável; por isso mesmo o comediante deixa de ser conduzido pela razão, bem como demonstra falta de

---

47. Idem, p. 577.

48. Idem, p. 663. A rede de pesca usada apenas para alimentar uma modesta família pode referir comediantes não comprometidos com a propagação da fé, mas com o exercício de uma profissão indispensável ao bom andamento da vida civil. Outros atores conferiam maior peso ao fator apostólico do teatro, como Andrea Perrucci, que em 1699 escreveu *Dell'Arte rappresentativa premeditata ed all'improvviso*, e que foi membro da congregação *La Scialica* (rede de pesca), cuja tarefa era o proselitismo. Cf. A. G. Bragaglia, Introduzione, em A. Perrucci, *Dell'Arte rappresentativa premeditata ed all'improvviso*, p. 33.

49. N. Barbieri, op. cit., p. 659-660.

64   A ARTE DO ATOR ENTRE OS SÉCULOS XVI E XVIII

gosto. Para Barbieri, não há desencontro entre o gosto do comediante e sua razão, entre sua vontade e seu juízo, e aqui ele acrescenta um item na diferenciação entre o comediante e outros derrisores: "que estulto não sabe a diferença entre ser e fingir? O bufão é realmente bufão, mas o comediante que representa papéis ridículos se finge de bufão, e para isso coloca uma máscara no rosto, ou barba postiça, ou pinta a face, para mostrar que é outra pessoa [...]. A comédia é toda ficção, [nela] tudo são burlas"[50].

O bufão não consegue se conter, está sempre pronto para a desfaçatez, em casa, na rua, em cena, o tempo todo, durante toda a sua vida. No pólo oposto ao bufão, até mesmo o comediante que representa personagens baixas é naturalmente propenso à fidalguia, pois aprecia a conversação, tem graça, alegria e vivacidade de espírito, além de possuir "um belo intelecto que não poupa os dons com que o Céu e a natureza o enriqueceram. Como tal são os comediantes virtuosos, que sabem se valer da ocasião e de sua arte". Os comediantes têm, segundo Barbieri, as mesmas características que então se requeriam de gentis-homens, dentre as quais a discrição, o discernimento, que também se espera dos súditos. Até certo ponto, mas não quando se trata da realeza, essas virtudes independem do nascimento, dependem do que a religião, os príncipes e as leis designam como boas ações e bons costumes. Portanto, também é necessário que os comediantes estudem, mas não a ponto de se tornarem inconvenientes, inadequados ao gênero que professam.

Cada um dos recitantes estuda conforme a necessidade de sua personagem: os que representam amantes e mulheres estudam histórias, fábulas, rimas, prosa e as propriedades da língua; nos papéis que visam ao faceto, alambicam o cérebro para encontrar coisas novas [...]; no entanto, basta que os comediantes sejam cristãos e estudem algumas horas, não o dia inteiro, para gozar e viver[51].

Assim como o espectador de comédia vai com freqüência ao teatro para encontrar um meio-termo entre fadiga e ócio, o comediante tem de ter descanso e prazeres, que, em seu caso, se encontram fora do palco. Para Barbieri, a profissão de comediante é honrosa por ser tão cansativa como qualquer ofício mediante o qual se consiga pagar dívidas e sustentar comodamente uma família – se bastar para tanto, e se for acompanhada de uma dose de ócio, a fadiga é nobilitante.

Na comédia, ambos os elementos têm igual importância, tanto as nobres aventuras de personagens elevadas quanto as facécias dos humildes, pois "a variedade de grave e ridículo, de astuto e despropositado, faz o entretenimento [...]; tantas personagens, tantas vozes diferenciadas, tantos gestos variados e tantas frases dessemelhantes

50. Idem, p. 689 e 599, respectivamente.
51. Idem, p. 600 e 666, respectivamente.

A *COMMEDIA DELL'ARTE* E A ELABORAÇÃO DA ARTE DO ATOR   65

não deixam que o gosto se sacie facilmente". No contrabalançar de partes graves e ridículas, o cálculo operado pela razão do comediante, e a moderação que faz ver seu bom gosto, distraem o ouvinte, que assim não atenta para o artifício; no entanto o gosto pela variedade e por novidades tem limites, conhecidos e apreciados pelo comediante, mas não pelo bufão. Essa diversidade, segundo Barbieri, incrementa-se com a presença de mulheres em cena, o que não induz à concupiscência, pois "todos sabem que os discursos amorosos das comediantes são fintos, e não de má-fé, e o intelecto goza a excelência da arte"[52].

O prazer proporcionado por comediantes e o fingimento que caracteriza seu ofício têm utilidade: para que dêem exemplo de virtude aos espectadores, é preciso que atores e atrizes sejam atraentes e convincentes até mesmo na lascívia ou na maldade que mostram em cena. Assim os comediantes conseguem, segundo Barbieri, atrair pessoas que

não queiram ouvir admoestações, e outros [que] não saibam ou não queiram ler; mas a representação que tenha aspecto alegre convida o auditório e, depois que a ânsia pelo deleite atrai a atenção, inesperadamente o homem vê seu defeito, que posteriormente é censurado e ridicularizado no andamento da fábula. A comédia é uma crônica popular, uma escrita falante, um caso representado ao vivo; e como se podem escrever ou representar crônicas sem dizer a verdade? Quem só dissesse o bem daquilo que trata faria encômio, não trataria de vida e costumes. Contam-se em crônicas a tirania de príncipes, bons e tristes governos, magnanimidade, avareza, derrotas e vitórias, em suma, o mal e o bem; essa é a crônica, e assim se representam casos na comédia. E a arte de descrever as coisas ensina a mostrar seu contrário, para explicá-las melhor. Com semelhante arte os dizedores instruídos pelo bem fazem seus discursos, neles nomeando furtos, adultérios, rixas e outros vícios semelhantes[53].

Nesse trecho Barbieri atribui à imitação, enquanto princípio de composição e representação do gênero dramático, a propriedade de persuadir, mediante o recurso retórico de composição visual de lugar[54]: a distribuição das personagens da comédia (bem como gestos e elocução correlatos) é propugnada de modo a configurar o que a oratória francesa denominou *tableau*, também elencado como descrição, hipotipose, écfrase ou evidência, para pôr diante dos olhos, colocar em evidência o objeto da imitação. Em retórica, formar um *tableau* é fazer a descrição de lugares, de circunstâncias de tempo, de qualidades físicas, do aspecto e movimentos das pessoas, de suas qualidades morais, seus vícios e virtudes, e seu comportamento, colocando em paralelo ou confronto

52. Idem, p. 658, 657 e 643, respectivamente.
53. Idem, p. 608-609. É importante manter nesta tradução a palavra "dizedor" (que em nosso idioma, como no texto de Barbieri, se usa para referir declamador, recitador), preservando a aproximação entre a atuação do comediante e a ação do orador, ou sua *pronuntiatio*.
54. Também recomendada em âmbito religioso, por Inácio de Loyola, para a oratória jesuítica. Cf. I. de Loyola, *Exercícios Espirituais*; e ainda B. M. Garavelli, *Manuale di retorica*, p. 328, nota 91.

66 A ARTE DO ATOR ENTRE OS SÉCULOS XVI E XVIII

duas descrições consecutivas ou mescladas, expondo semelhanças e diferenças das pessoas descritas[55].

Aqui a tópica da evidência conjuga-se com a do exemplo, como ilustração de princípios gerais. Assim como a oratória sacra propagava a imitação de Cristo e as parábolas para catequese, o modelo da crônica, aplicado à comédia, constitui-se como didática cristã para o comportamento leigo, desdobrando em fábulas os casos não previstos canonicamente. O que Barbieri denomina "crônica popular" é a utilização exemplar de padrões de composição da crônica – um gênero apropriado para assuntos de grande importância (acontecimentos históricos) – para representar o povo, normatizado como protagonista somente de casos corriqueiros. "Dizer a verdade", no que concerne à crônica, é pois seguir esses padrões, encaixando as personagens em um elenco prévio de qualidades.

Barbieri insiste sobre a importância de parecer verdadeiro em vez de sê-lo, para que a audiência acredite no comediante, uma vez que o provável é mais crível que o verdadeiro. Em cena o comediante desvia-se do caminho virtuoso, mas ao descer do palco é preciso que retome uma conduta honrada e a mantenha como base de comparação para seus concidadãos.

Uma vez que comediantes e espectadores tenham o mesmo credo e obedeçam às mesmas leis, ainda será imprescindível que o comediante leve uma vida modesta, e no tablado represente aquilo que não é: vis ou trágicas, personagens abaixo ou acima de sua condição. Ainda que contrarie provisoriamente a moral e os bons costumes, Barbieri demonstra que o comediante não fere a ética cortesã, nem, conseqüentemente, as determinações religiosas.

Barbieri justifica assim atos repreensíveis realizados por comediantes, enquanto estiverem desempenhando seu papel; no palco, é lícito que a caracterização da personagem e sua conduta contrariem os bons costumes, para formar uma edificante equação de emoções a serem provocadas no espectador. "Por isso os comediantes são outras pessoas fora de cena, chamam-se com outros nomes, mudam de roupa e professam outros costumes". Na representação de grandes personagens (reis, príncipes e imperadores), ou de "uma personagem bufonesca"[56], a reputação dos comediantes não vai tão alto nem tão baixo, e sua honestidade segue intacta.

Não é a contragosto que o comediante opera esta cisão; ele aprecia fingir, e fingir-se até mesmo de mau, sem incompatibilidade com a virtude cristã. Não há na *Súplica* a propositura de uma moralidade diferenciada para os promotores das reformas, e outra para os que a elas se submetem, mas, sim, a utilização de um veículo apropriado para a difusão de uma noção de

55. Cf. B. M. Garavelli, op. cit., p. 238.
56. N. Barbieri, op. cit., p. 599.

A *COMMEDIA DELL'ARTE* E A ELABORAÇÃO DA ARTE DO ATOR   67

virtude também praticada pela minoria que a inspira: é tarefa da comédia propagar virtudes que todos devem cultivar.

Fingindo, o comediante persuade o espectador a seguir uma conduta cristã e cívica, e indica o caminho do bem no incerto nível da opinião, da doxa, incapaz de ser estabelecida por decreto. Não por acaso, a arte do comediante, que começou a ser enunciada por especialistas no improviso, fundamenta-se sobre a técnica retórica do paradoxo: "enquanto os antimodelos filosóficos ou literários são em número limitado, as opiniões correntes são inúmeras".

Para representar bem, além de estudar o comediante precisa de tempo para conversar, e seu ofício tem de ser reconhecido e remunerado, de modo que consiga levar uma honesta vida em família. Tal inclusão lhe fornece dados sobre o auditório; estando inteirado dos costumes vigentes, procura

o "surpreendente", o *admirável* típico da idéia que vai contra a corrente: é essa consciência que o guia, tanto na escolha da opinião a ser subvertida como na criação da contra-opinião. [...] A teoria de invenção do paradoxo é, pois, uma técnica que faz com que um argumento novo decorra da luta contra o hábito, por vezes contra a própria coerência. Essa luta leva-nos a topar com *admirabilia*, conceitos ou teses surpreendentes[57].

Como se pode notar na *Súplica*, na *Commedia dell'Arte* a invenção de paradoxos não ocorre gratuitamente. Para Barbieri, desse modo os comediantes trocam em miúdos a palavra de ordem teológica e política: aqueles que se desviam da virtude são desfavorecidos pela fortuna e arruínam-se. A *Súplica* expõe a necessidade da representação cênica do contra-exemplo para a realização de uma reforma de costumes proporcional à reorganização pós-tridentina da Igreja Católica, em separado do poder temporal.

Reiterar o mandato dessas autoridades naquele momento implicava inventar paradoxos, ou contra-opiniões que modificassem hábitos considerados ilícitos após a revisão ou mesmo a instauração dessa estrutura teológico-política. Uma necessária reforma de costumes, que não se faria mediante leis nem dogmas (apesar de ser sua conseqüência direta), poderia ser realizada por comediantes. A invenção de paradoxos e o estranhamento que causam se tornam assim o fundamento da arte do comediante.

A CRISTÃ MODERAÇÃO DO TEATRO: A CENSURA ECLESIÁSTICA PROPOSTA PELO PADRE OTTONELLI

Para alguns religiosos, entretanto, parecia difícil que leigos professassem virtude, muito menos comediantes, que fazem estimar a carnalidade e tirar prazer do espetáculo. A solução dada pela Igreja foi,

---

57. A. Plebe; P. Emanuele, *Manual de Retórica*, p. 44 e 45, respectivamente.

68 A ARTE DO ATOR ENTRE OS SÉCULOS XVI E XVIII

ao invés de proibir, tomar o partido de zelar por esse importante veículo de catequese, como bem sabia o jesuíta Giovan Domenico Ottonelli, que publicou de 1646 a 1652 cinco livros *Sobre a Cristã Moderação do Teatro*.

Ao passo que o padre Garzoni havia incluído a profissão de comediante em uma vasta casuística de ofícios, todos os cinco volumes escritos por Ottonelli consagraram-se somente ao teatro. O grande alcance obtido pelos espetáculos públicos – com venda de ingressos ou subvencionados por nobres – não poderia ser menosprezado por missionários nem pela Inquisição.

Ottonelli não escreveu em latim *Sobre a Cristã Moderação do Teatro*, embora a questão teológica permeie todos os assuntos tratados no livro. Ao publicar um guia detalhado sobre o modo cristão de exercer a profissão teatral, a Igreja Católica estabelece regras que não podem ser infringidas sem que se incorra nas punições previstas pelo Santo Ofício. Ottonelli toma o testemunho dos próprios comediantes para justificar ingerências religiosas no ramo do entretenimento: Giovan Battista Andreini "diz em seu *Teatro Celeste*, visto por mim em manuscrito de 1640, que a comédia lida – sem moção de sentimentos – faz com que estes passem à alma, mas a que é representada com eficacíssima moção dos sentidos externos e internos passa à mente, que é o olho da alma". Os cinco livros *Sobre a Cristã Moderação do Teatro* ainda refutam a maior parte das teses de Barbieri, pois, segundo Ottonelli, a sedutora representação de pecados de modo algum educa, nem pode reverter em virtude. Sob a alegação de zelar pela salvação das almas, Ottonelli não concorda que a regulamentação do ofício de comediante seja da alçada do poder temporal, exercido por príncipes e referido ao direito civil. Portanto, do mesmo modo que a Igreja recomenda a censura de livros, "cada detalhe das representações deve constar por escrito, para que estas sejam revisadas antes de aprovadas para récita: pois, se [os livros] são danosos, a vivacidade e a energia de quem representa influi dano às almas mais eficazmente do que a morta e lânguida letra que seja danosa"[58].

O padre Ottonelli não tem dúvida de que a profissão de comediante coloca a alma do espectador em perigo, por deleitar mediante apelos carnais. "De ordinário, o assunto das modernas e mercenárias comédias costuma ser, se não inteiramente pelo menos em grande parte, de matéria amorosa e lasciva; e por aí corre o mundo com maior gosto e com maior deleite"[59], diz o padre. O gosto por coisas lascivas não tem fim. Nem leis, nem a razão de um comediante ou de quaisquer leigos conseguem

---

58. G. D. Ottonelli, *Della Cristiana moderazione del teatro*, em F. Taviani (org.), *La Commedia dell'Arte e la società barocca*, v. 1, p. 519.

59. Idem, p. 412.

A *COMMEDIA DELL'ARTE* E A ELABORAÇÃO DA ARTE DO ATOR 69

contê-lo. Na concepção de Ottonelli, o gosto, refém dos sentidos, é por si só desmedido, então não condiz com a moderação, a virtude e a razão.

Também nesse ponto Ottonelli discorda de Nicolò Barbieri, para quem o gosto e a razão de uma pessoa sã e cristã não ultrapassam os limites da moralidade sancionada pelo poder temporal e religioso, e personagens abjetas só podem causar repugnância. Ottonelli diz que a representação de ações más de modo algum conduz ao bem, sendo o contra-exemplo um elemento perigosíssimo, atraente ao invés de repugnante; portanto a matéria *obs-cena* precisa ser definitivamente tirada de cena (ainda que não fosse representada em ato, tampouco poderia comparecer como narrativa). Aqui Ottonelli condena até mesmo a filosofia neoplatônica que servia de base para justificar teologicamente o entretenimento: "os débeis ouvintes, ouvindo falar com termos pouco honestos sobre amor platônico, ficam inflamados por um amor plutônico, e recaem em mil pecados". Sob esse aspecto, o paganismo derivado da filosofia platônica é heresia. Segundo Ottonelli, os paradoxos produzidos pelos comediantes, em busca de novas atrações para a audiência, tão-só estimulam apetites; sem contar que a condição itinerante do ator elimina qualquer chance de promover bons costumes, uma vez que "as cômicas representações costumam-se fazer em grande parte por pessoas forasteiras e novas, que, por interesse de um lucro necessário, vagando se vão por várias províncias e reinos"[60].

Em primeiro lugar, a moderação cristã consiste em tirar de cena mulheres e mesmo garotos que representem personagens femininas, para evitar a tentação de vê-los e ouvi-los tão sedutores. Ottonelli determina que no palco só compareçam personagens masculinas, e que as personagens femininas, se muito, sejam mencionadas em narrativas de personagens atuantes, saindo da ação dramática para se tornarem elementos épicos. Esse tipo de risco deve ser evitado sobretudo em peças religiosas; vide o caso de

um religioso, pessoa de muita doutrina e homem de consumada e experiente virtude, [que] foi convidado, bem como seu superior, a ver um drama sacro intitulado *A Invenção da Santa Cruz*, em que Santa Helena foi representada por um jovenzinho pomposamente vestido: o grave sacerdote, servo de Deus, religioso [ao extremo], não sentiu incômodo nenhum durante a peça; mas depois, por muito tempo, durante anos, ficou incomodadíssimo por sentir grandíssima pena e sofrida tentação, quando se recordava da Santa Helena representada[61].

Para obedecer a este e outros quesitos, o título, as rubricas e as falas de um espetáculo têm de ser manuscritos ou publicados; quanto às peças improvisadas, que um roteiro escrito passe pela "diligente censura de doutos e virtuosos revisores [...], depois os comediantes devem jurar que na récita verbal não excederão de modo algum os

60. Idem, p. 402 e 410, respectivamente.
61. Idem, p. 394-395.

70 A ARTE DO ATOR ENTRE OS SÉCULOS XVI E XVIII

limites do honesto; que sejam seriamente aconselhados a não excedê-los, e excedendo, sejam castigados". Se Barbieri comparava o ofício de comediante a uma rede de pesca usada para alimentar uma modesta família, o padre Ottonelli adverte que, com a melhor das intenções, a comédia pode-se transformar em armadilha do diabo:

o comediante e o charlatão, tendo como comparsa uma mulher vaidosa e lascivamente ornada para agradar, cometem um grave erro; porque, embora não pretendam ou talvez nem pensem ou queiram pensar nisso, colocam efetivamente diante de inúmeras almas uma grande rede diabólica e infernal, cujas malhas as enlaçam miseravelmente e as conduzem ao penoso fogo da eterna danação[62].

Nenhum fim, por melhor que seja a intenção, justifica o convite à concupiscência e à prática de pecados mortais. A objeção do jesuíta não se aplica ao fingimento intrínseco ao ofício de comediante, à simulação, mas à representação cênica como estímulo ao olhar e aos demais sentidos de quem vai ao teatro.

Considerando a moderação cristã incompatível com o prazer carnal inspirado por comediantes, para Ottonelli o virtuoso recitar só ocorre por graça divina. Nem mesmo a dedicação aos estudos e as fadigas implicadas na profissão de ator – requisitos de honestidade, no parecer de Barbieri – garantem que a moderação cristã seja observada, pois a contra-opinião que mostram em cena é potencialmente prejudicial aos costumes, uma vez que seus efeitos não podem ser previstos nem pelos mais sábios e experientes comediantes.

É, pois, com ceticismo que Ottonelli encara a arte do ator e sua dedicação a estudos teóricos e práticos para alcançar êxito e ao mesmo tempo mostrar-se virtuoso. Expõe-se nessas afirmações uma concepção do ser humano como incapaz de alcançar a virtude sem ser conduzido pela fé na revelação e na palavra dos ministros de Deus, ou pela providência divina.

Por colocar em risco a alma e a moral da audiência, o comediante de forma alguma está apto a decidir de improviso os rumos da cena; improvisar é "fazer mal uso da arte e um abuso da cena, bastante suspeito". O modesto e moderado comediante, sendo *per se* uma contradição em termos, leva Ottonelli a concluir que as "públicas ações, suspeitas de serem nocivas aos bons costumes, não devem ser representadas sem antes serem redigidas inteira e perfeitamente"[63].

A prescrição de Ottonelli explicita os desdobramentos morais e políticos da teologia contra-reformista como fatores fundamentais para a enunciação da arte do ator e para compreender a fortuna editorial sobre o assunto, a partir de meados do século XVI. Alguns dos autores que escreveram sobre essa arte, como Nicolò Barbieri, pretenderam

62. Idem, p. 523, 522 e 346, respectivamente.
63. Idem, p. 523.

A *COMMEDIA DELL'ARTE* E A ELABORAÇÃO DA ARTE DO ATOR   71

delegar à autoridade temporal o controle do ofício de comediante – ao invés de submetê-lo à censura de tribunais eclesiásticos –, manifestando um ponto de vista defendido por outros setores da Igreja.

Essa vertente da tratadística valia-se de argumentos teológicos segundo os quais "as repúblicas seculares devem ter sido em sua origem instituídas por seus cidadãos como um meio de realizar objetivos puramente mundanos"[64]. Reafirmando a ortodoxia, tais autores insurgiam-se contra a interferência da Igreja em assuntos de competência das autoridades seculares. Nesse sentido, a resistência ao papa não configurava impiedade, mesmo porque havia uma longa tradição de oposição ao poder papal dentro da própria Igreja Católica, impugnando excessos eclesiásticos e justificando a resistência de príncipes e reis.

Em 1636, na versão final da *Súplica* dedicada a Luís XIII, Barbieri louvava o soberano por fazer uso da *Commedia dell'Arte* no fortalecimento do poder temporal. Desse modo, o rei da França dava prosseguimento à política de seu pai, Henrique IV; este, ainda que tivesse tomado medidas – dentre as quais seu casamento com Maria de Médici – para o fortalecimento do catolicismo no reino, não se sujeitou às ingerências do clero e do papado. "A França não permitiu a publicação oficial dos decretos [do Concílio de Trento] e ainda em 1615, quando a assembléia do clero francês deliberou conformar-se às normas tridentinas, o rei de então, Luís XIII, não convalidou a decisão"[65]. Segundo Norbert Elias, a reação da monarquia francesa contra deliberações papais remonta ao reinado de Francisco I (1515-1547), que "garantira para si, por meio de concordata, o controle sobre grande parte dos lucros eclesiásticos na França"[66]. Para tanto, aboliu as eleições para bispados, abadias e priorados, conferiu a si mesmo o direito de nomeação, e concedeu à nobreza terras expropriadas da Igreja. Mais de cem anos depois, Luís XIV ainda subordinava às suas ordens "a Igreja galicana, que em 1682 reconheceu a supremacia do soberano e sua independência em relação ao papa nos assuntos temporais"[67].

---

64. Q. Skinner, *As Fundações do Pensamento Político Moderno*, p. 432.

65. A. Prandi, *L'Europa centro del mondo*, v. 1, p. 226.

66. N. Elias, *A Sociedade de Corte*, p. 177. Uma descrição satírica do clero, que posteriormente continuou em voga, serviu de justificativa para a expropriação: "[Francisco I] achava que era melhor recompensar os homens que o haviam servido proveitosamente, usando os bens expropriados da Igreja, do que deixar tal riqueza para esses monges preguiçosos, gente que, dizia ele, não servia para nada que não fosse beber, comer, esbaldar-se, jogar, e também para tecer cordas de tripa, construir ratoeiras ou capturar pardais". Fragmentos Biográficos de Pierre Bourdaille de Brantôme (1540-1614), apud N. Elias, op. cit., p. 178.

67. A. Prandi, op. cit., v. 2, p. 32. Cf. ainda, sobre a homologação dos decretos tridentinos, A. Michel, Concile de Trente, em *Dictionnaire de Théologie Catholique*, t. 15, p. 1487-1505.

72 A ARTE DO ATOR ENTRE OS SÉCULOS XVI E XVIII

LUIGI RICCOBONI: A TRAGÉDIA
DA *COMMEDIA DELL'ARTE VERSUS*
A TRAGÉDIA DA COMÉDIE FRANÇAISE

Após terem satirizado a marquesa de Maintenon, os comediantes italianos sediados na França até 1697 não conseguiriam se defender das acusações de inconfidência enquanto Luís XIV estivesse vivo.

Bem antes da expulsão da Antiga Companhia de Comédia Italiana, já se contestava a ascendência poética dos italianos sobre os franceses, que interpretaram a graça ultramontana como excesso ou falta de medida. Como se viu, cruzadas contra manifestações artísticas italianas – dentre as quais a *Commedia dell'Arte* – basearam-se em argumentos que na própria Itália haviam sido levantados contra o gênero pastoral.

Esse tipo de objeção não prejudicou a disseminação de gêneros intermediários, que tiveram grande prestígio também na França, sendo tais espetáculos promovidos por iniciativa real em concomitância com tendências rivais. Já ao ser implementada na França, a tragicomédia italiana deparou-se com a oposição de setores da corte francesa; a oposição, todavia, não conseguiu tirar de cena os italianos. Essa concomitância não é levada em conta pela crítica contemporânea, que detecta na doutrina clássica francesa um anti-italianismo intrínseco[68], do qual seriam emblemáticos os dizeres de Boileau-Despréaux em sua *Arte Poética* (1675):

> Os autores, na sua maioria, levados por um ímpeto insensato, vão procurar sempre o pensamento longe do bom senso. Acreditar-se-iam rebaixados, nos seus versos estranhos, se pensassem que outro poeta pode pensar como eles. Evitemos tais excessos: deixemos à Itália a deslumbrante loucura de todos esses falsos brilhantes. Tudo deve tender ao bom senso[69].

Pode-se, por outro lado, entender o anti-italianismo como emulação que denotava a presença de tendências rivais na corte francesa; desta emulação fez parte a Querela dos Antigos e Modernos[70], ocorrida na França durante os últimos decênios do reinado de Luís XIV. Visando entre outros alvos a franquear o acesso à poesia e ao drama antigos sem a intermediação dos italianos[71], o jesuíta Bouhours dissertou sobre *A Maneira de Bem Pensar nas Obras do Espírito* (1687) como se fosse um diálogo entre partidários das duas orientações. A invectiva de Eudóxio, personagem defensora dos antigos, censurava espanhóis

---

68. Cf. R. Bray, *La Formation de la doctrine classique en France*, p. 185.

69. N. Boileau-Déspreaux, *A Arte Poética*, I, 39-45, p. 16.

70. Cf. M. Carlson, *Teorias do Teatro*, p. 104: "considera-se tradicionalmente que a chamada 'Querela dos Antigos e Modernos' teve início em 1687, quando Charles Perrault chocou diversos membros da Academia Francesa com o *Século de Luís, o Grande*, poema que colocava alguns dos modernos escritores acima dos gregos e romanos".

71. Cf. R. Bray, op. cit., p. 184-185.

A *COMMEDIA DELL'ARTE* E A ELABORAÇÃO DA ARTE DO ATOR   73

e italianos, por ele acusados de "levar as coisas longe demais [...], o que torna a alegoria viciosa: ela não o seria, se fosse menos extensa e menos agradável". Um exemplo típico do desrespeito italiano pelas conveniências é, segundo Bouhours, o modo como Torquato Tasso expressa as paixões, repleto de palavras peregrinas e pensamentos engenhosos; entretanto, diz Bouhours, espirituosidade "não assenta com lágrimas, e não cabem finezas [*pointes*] quando se está tomado pela dor"[72].

"E por que não dizê-lo, replicou [o moderno] Filanto? Porque isso é engenhoso demais para um aflito, responde Eudóxio, e porque, segundo Dioniso de Halicarnasso, todas as gentilezas, em um assunto sério, são despropositadas, por mais razoáveis que sejam: mesmo porque elas impedem que se tenha piedade por aquele que chora". Para Bouhours, os italianos utilizam uma linguagem incompatível com o estado emocional e com a origem das personagens representadas. Não convém compor pastorais em estilo elevado porque "uma pastora não reflete tanto sobre seus enfeites" quanto as amantes de *Amintas*, de Torquato Tasso. Há em Bouhours uma recusa do traço característico do gênero pastoral, em que personagens de baixa extração atuam e falam em linguagem lírica, apropriada a personagens eminentes. Tomando como parâmetro a cláusula dos estados contida na *Poética* aristotélica, "esses belos pensamentos são plenos de afetação". Os poetas italianos "não conseguem ser naturais, eles sobrecarregam tudo"[73], é o veredito de Bouhours.

Tais medidas de combate ao italianismo e ao castelhanismo na França ocorreram simultaneamente a conquistas e anexações, levadas a cabo por Luís XIV inclusive na Península Itálica, de territórios que antes se achavam sob domínio da Espanha[74]. De 1702 a 1707 os duques d'Este, agenciadores de comediantes para a Antiga Companhia de Comédia Italiana em Paris, tiveram sua cidade (Módena) invadida pelo exército francês em conseqüência da Guerra de Sucessão da Espanha (1702-1714). Enquanto o duque d'Este esteve "no exílio, o padre Muratori produziu uma obra de suma importância para a defesa dos interesses estenses; quando os austríacos, aliados do duque, expulsaram os franceses, ele foi chamado para ocupar um alto posto na corte"[75].

---

72. D. Bouhours, *La Manière de bien penser dans les ouvrages del'esprit*, p. 290-291 e p. 296-297.

73. Idem, p. 299 e 233, respectivamente. Bouhours menciona aqui os escritos sobre retórica de Dionísio de Halicarnasso (grego radicado em Roma na época de Augusto, século I a.C.).

74. Cf. J. Meyer, *La France moderne*, p. 355-359 e p. 394-404.

75. G. Compagnino; G. Savoca, *Dalla Vecchia Italia alla cultura europea del Settecento*, p. 195.

74 A ARTE DO ATOR ENTRE OS SÉCULOS XVI E XVIII

Durante a ocupação de Módena pelos franceses, a cruzada de Muratori contra os invasores deu-se em termos poéticos, mediante publicações que rebateram as críticas do francês Bouhours contra os italianos. Como reação à invasão francesa, os italianos de Módena foram levados a protestar com maior vigor contra as medidas protecionistas da França em relação a determinados gêneros de poesia italiana; nutrindo a Querela dos Antigos e Modernos, reuniam forças contra as investidas do exército francês[76].

Da campanha modenense pela reabilitação poética e política fez parte uma exortação aos autores e comediantes da Itália a compor e representar tragédias em vernáculo, em contraposição às tragédias da Comédie Française. O modenense Luigi Riccoboni, líder da companhia teatral protegida pelo duque de Módena, empenhou-se em demonstrar que os comediantes *dell'Arte* também dominavam o repertório trágico.

O envolvimento de Riccoboni com a resistência italiana traduziu-se na defesa da representação trágica, reafirmando um compromisso que antecedia seu nascimento, visto que seu pai, o Pantaleão Antônio Riccoboni, já prestava serviços teatrais ao duque d'Este quando providenciou a iniciação de Luigi no ofício de ator.

Em 1698, Luigi Riccoboni chegou a *capocomico* da companhia, e para obter esse cargo concorreu sua admissão no círculo do marquês d'Orsi, de Bolonha, onde se destacava o padre Muratori. Mas a iniciativa de encenar tragédias italianas foi interrompida pouco depois de Riccoboni ter-se tornado ator principal de Módena. Em 1700, quando as tropas francesas se preparavam para invadir a cidade, a companhia ducal se desfez e Riccoboni empregou-se em uma trupe independente, a Compagnia della Diana[77]. Essa empresária e atriz entendeu que o nome artístico usado por Riccoboni até então (Frederico) não combinava com o tipo amoroso que ele iria interpretar no novo grupo; dentre as opções existentes para o mesmo papel em comédias, pastorais, tragicomédias e enredos improvisados, o nome de Frederico foi trocado por Lélio. Durante a invasão francesa, contratar um ator comprometido com o teatro ducal só pareceu viável a Diana se ele apagasse as trágicas marcas do passado.

Riccoboni, que assumiu definitivamente o pseudônimo Lélio, enquanto pertenceu à Companhia de Diana interpretou e reescreveu tragicomédias, melodramas e comédias galantes; mas a oportunidade de voltar ao gênero trágico para reiterar o apoio aos aristocratas nativos surgiu quando ele se casou com a comediante e acadêmica

---

76. Cf. idem, p. 196-201: com o propósito de legitimar a soberania do duque d'Este frente à ameaça francesa e aos interesses papais, posteriormente Muratori substituiu as investidas poéticas por estudos sobre a história da Itália e de Módena, redigindo a partir de então obras como os *Anais da Itália*.

77. Cf. X. de Courville, *Luigi Riccoboni dit Lélio* , p. 41-44.

A *COMMEDIA DELL'ARTE* E A ELABORAÇÃO DA ARTE DO ATOR 75

Elena Balletti[78]. Tanto na academia quanto no teatro, onde interpretava o papel da enamorada Flamínia, Elena Balletti havia sido introduzida por seus pais, atores de terceira geração, cientes das vantagens em associar o tablado às belas-letras.

A Companhia de Lélio e Flamínia iniciou suas atividades em 1707 e, contando com o apoio de poetas, eruditos e mecenas, apresentou em Bolonha duas tragédias. No mesmo ano o duque d'Este voltava do exílio; o grupo pôde então excursionar por Módena. Note-se que a voga por uma tragédia italianizante não coibia a encenação de tragédias francesas traduzidas, quando mais não fosse para provar que também nesse gênero os comediantes *dell'Arte* seriam capazes de representar muito melhor do que os franceses.

Em 1738, Riccoboni declararia que os franceses cometeram um

erro em relação aos atores italianos: afirmaram que esses atores, bons somente para a mímica, eram incapazes de atuar [*jouer*] em algo que fosse magnânimo e patético. Mas, como se não bastasse que por diversas vezes tenham representado boas tragédias e boas comédias, sabendo-as de cor, essa opinião foi oportunamente desfeita pela trupe italiana estabelecida em Paris em 1716 [...]. Nenhuma trupe italiana admite mais do que onze atores ou atrizes, dentre os quais cinco, incluindo Scaramouche, falam bolonhês, veneziano, lombardo ou napolitano. Entretanto, quando atuam em uma tragédia, que requer grande número de atores, empregam-se todos eles; até o Arlequim tira sua máscara, e todos declamam em verso, em boa língua romana.

Riccoboni constata ainda que em países como a França as companhias chegam a ter trinta atores, cada um especializado em um só papel, ao passo que os comediantes italianos, organizados em pequenas trupes, representam grande diversidade de caracteres, além de qualquer variação que possa ocorrer às personagens, e por isso são capazes de "expor as idéias mais sublimes dos poetas dramáticos e de imitar da natureza os mais extraordinários ridículos"[79].

Lélio e Flamínia continuaram a incluir em seu variado repertório tragédias italianas como *Sofonisba*, escrita por Trissino por volta de 1514; este e outros títulos foram sugeridos pelo círculo de eruditos ligados ao marquês d'Orsi, encarregado de justificar histórica e poeticamente os direitos da nobreza nativa a exercer o poder em Módena e nas cidades italianas sob ameaça de intervenção externa.

Em 1713 estréia com êxito a tragédia *Mérope*, escrita por Scipione Maffei especialmente para ser representada por Riccoboni. Mas o improviso e as máscaras da *Commedia dell'Arte* continuavam a ser a principal atração da companhia. Em fins de 1715, Riccoboni apresentou outra tragédia italiana, a *Escolástica*, escrita por Ariosto na

78. Cf. idem, p. 92-93. Como poetisa, Elena Balletti fazia parte da Academia dos Diffetosi, de Bolonha.

79. L. Riccoboni, *Réflexions historiques et critiques sur les differens théatres de l'Europe*, p. 28-29.

76 A ARTE DO ATOR ENTRE OS SÉCULOS XVI E XVIII

primeira metade do século XVI. O fito de provar que a Itália precedera a França na composição de tragédias não impediu o fracasso da peça, interrompida por vaias no quarto ato. A insistência em tirar a máscara e declamar em versos esdrúxulos foi tão mal-sucedida que o convite para instalar-se em Paris foi, para a companhia de Lélio e Flamínia, uma tábua de salvação[80].

*

Caídos em desgraça sob Luís XIV, a reabilitação dos comediantes italianos foi uma das medidas tomadas por Felipe de Orléans para acolher em sua corte os oponentes do finado rei. Na própria França, Riccoboni pôde então dar prosseguimento à polêmica sobre estilos de representação, apontando o erro cometido pelo teatro francês ao exilar o improviso, uma vez que essa atitude deveria estar na base até mesmo do regime político vigente, a monarquia.

A trupe italiana mantida em Paris pelo regente Felipe de Orléans era liderada pelo casal Lélio e Flamínia; o intérprete de Mário era irmão de Flamínia; Sílvia, prima de Flamínia e Mário, viria a casar-se com ele. Em cena os dois casais representavam os primeiros e segundos Enamorados. O papel de Doutor ficou para outro cunhado de Lélio; um Pantaleão, um Scapino, um Scaramouche, um Arlequim, casado na vida real com a intérprete da ama Violeta, e o casal Sticotti completavam o elenco da nova Comédia Italiana. Uma dúzia de atores unidos a Riccoboni por laços familiares constituía uma garantia para o envio do grupo italiano à França, de modo que não se repetisse a indiscrição cometida por conterrâneos em 1697. Após a morte de Luís XIV, Felipe de Orléans reatou relações pacíficas com os ducados italianos ameaçados pelo falecido monarca, os quais se comprometeram a apoiá-lo dentro e fora da Itália. Na condição de aliado, Riccoboni cumpria em Paris a tarefa de fortalecer o poder do regente francês, ao mesmo tempo em que investia contra os opositores deste patrono da Comédie Italienne.

Sua estréia em Paris deu-se em 18 de maio de 1716. Os italianos ocuparam em seguida o teatro do Hôtel de Bourgogne, cedido gratuitamente pelo regente[81]. Dividiam a bilheteria em partes iguais, pois um decreto real estabelecia tal divisão de receitas e a dedução de 25% sobre o bruto da bilheteria para obras assistenciais, "o quarto dos pobres"[82]. Riccoboni, além de atuar, responsabilizava-se pela escolha do

---

80. Cf. X. de Courville, op. cit., p. 171 e 261-274.

81. Cf. H. Lagrave, *Le Théatre et le public à Paris de 1715 à 1750*, p. 42.

82. Cf. X. de Courville, *Un Apôtre de l'art du théatre au XVIIIe. siècle*, t. 2, p. 32; os associados dividiam os rendimentos em partes iguais, mas aqueles que não eram admitidos como sócios não se incluíam nesse regime de pagamento e não recebiam a mesma cota. Cf. ainda S. Ferrone, *Attori Mercanti Corsari*, p. 71; na França, comediantes

A *COMMEDIA DELL'ARTE* E A ELABORAÇÃO DA ARTE DO ATOR 77

repertório e por sua realização (que incluía a concepção do cenário); Scapino e o Doutor cuidavam da administração e da tesouraria, auxiliados por um terceiro, eleito mensalmente. As mulheres da Comédia Italiana não tinham direito a voto nem a cumprir funções administrativas, mas Elena Balletti (Flamínia) se encarregava dos figurinos e da coreografia. Mandatários do rei supervisionavam o funcionamento da Comédia Italiana[83].

À trupe de Riccoboni foi concedido o privilégio de ocupar um teatro real em Paris e o monopólio do teatro falado em italiano (a rigor, em seus espetáculos nem sequer poderia haver música, uma vez que os direitos do teatro musicado pertenciam à Academia Real de Música); mas a remuneração dos comediantes provinha do público pagante, porque, como adverte Henri Lagrave, a subvenção estatal, mais do que um subsídio formal e constante que garantisse as despesas de produção e o salário dos artistas, era um prêmio esporádico entregue a alguns atores[84].

A Comédie Française, única companhia autorizada por lei a representar peças em francês na cidade de Paris, encontrava-se à beira da falência desde 1687, quando havia contraído uma enorme dívida para a construção de seu teatro[85]. Segundo Lagrave, as dificuldades financeiras de uma companhia oficial não paravam por aí; embora franceses e italianos necessitassem lotar o teatro para sobreviver, na condição de comediantes do regente e posteriormente comediantes do rei, a vontade do soberano evidentemente sobrepunha-se à preferência do público. Felipe de Orléans e sua mãe apreciavam o teatro e convocavam constantemente a Ópera e as duas Comédias para apresentações no Palais Royal de Paris, mas felizmente estas eram abertas ao público pagante. Para apresentações privativas nos palácios de Luís xv, a Comédia Italiana precisava cancelar seus espetáculos em Paris, uma vez que esta pequena companhia não podia se desmembrar durante turnês junto à corte.

nativos ou estrangeiros tinham de negociar autorizações para representar, vendidas por confrarias e instituições de benemerência detentoras do monopólio dos espetáculos públicos – permitidos pelas autoridades, mas, como a prostituição, passíveis de indenização imposta pela Igreja, em forma de doações para obras assistenciais.

83. Sobre a organização administrativa da Comédia Italiana, cf. H. Lagrave, op. cit., p. 24-29.

84. Cf. idem, p. 41: "as 'subvenções' reais são concedidas com muito mais freqüência aos comediantes, em caráter pessoal, do que ao próprio teatro. É assim com a pensão de doze mil libras depositada anualmente [para a Comédie Française]. É também o caso de algumas pensões particulares dadas a certos artistas de renome".

85. De 1687 a 1757, essa dívida cresceu mais de 100%. Para evitar a abertura de falência, Luís xv saldou então mais de metade do débito e os comediantes associados venderam cinqüenta cadeiras cativas para quitar o restante. Cf. idem, op. cit., p. 40-41.

78   A ARTE DO ATOR ENTRE OS SÉCULOS XVI E XVIII

Às companhias de teatro real restava solicitar ou aguardar grati-ficações e indenizações, mediante as quais seu protetor demonstrava generosidade e magnificência[86]. Como ambas as Comédias de Paris estavam em déficit permanente, o tráfico de influências para angariar favores era largamente utilizado pelos comediantes, que granjeavam as boas graças do rei e dos altos escalões dedicando a nobres a edição de obras e agradando aos parentes e amantes de possíveis patrocinadores. Outros favores abundantemente recompensados eram acatar sugestões de autores a serem encenados, ou admitir na companhia atores indica-dos por cortesãos ou cortesãs influentes.

Nos seis primeiros meses em Paris, para atrair o público Lélio e seus sócios apresentaram sessenta peças em língua italiana (uma média de dez peças por mês), improvisadas com base nas personagens da *Commedia dell'Arte*, a partir de roteiros prontos ou modificados em função do novo domicílio[87]. Saturadas essas opções, autores e come-diantes franceses foram incorporados à Comédia Italiana. O primeiro roteiro em francês (ainda interpretado em italiano) foi escrito em 1716 pelo jornalista Pierre Rémond de Sainte-Albine, que trinta anos depois viria a escrever *O Comediante*, obra refutada por Diderot em seu *Paradoxo sobre o Comediante*.

Em 1720, Pierre Marivaux, escritor de romances e colaborador do jornal editado por Sainte-Albine, começa a fornecer textos em francês para a Comédia Italiana. Três anos depois, com o êxito das peças nesse idioma, toda a companhia obtém cidadania francesa e a proteção do recém-consagrado Luís xv.

Para a temporada de primavera em Versalhes ou a de outono em Fontainebleau, Luís xv requisitou regularmente os italianos; no segundo semestre de 1724 a Comédia Italiana permaneceu 98 dias na corte, sem intervalo. Mas o prestígio dos italianos decaiu quando o cardeal de Fleury tomou a frente dos negócios públicos: em 1727 a companhia foi chamada apenas duas vezes a Versalhes; o iminente fracasso fez com que Luigi Riccoboni se apressasse a pedir seu afasta-

---

86. Lagrave fornece alguns dados sobre doações reais feitas à Comédie Fran-çaise: "*Gratificações*: em 1729, pelo nascimento do Delfim, dez mil libras; em 1745 e 1747, pelas duas bodas do Delfim, doze mil e nove mil libras; desde 1744, dez mil libras por ano. *Indenizações*: em 1743, pelas perdas causadas durante a guerra, 72 mil libras; desde 1751, para suprir o pagamento da Guarda Francesa, encarregada do poli-ciamento dos teatros, duas mil libras; em 1753, para a reforma feita na sala, vinte mil libras". Em 1740 as finanças da Comédia Italiana iam tão mal que o governo precisou intervir para conter as despesas. Em 1760 as dívidas tornaram-se insuportáveis; falida, a sociedade foi desfeita e os comediantes *dell'Arte* remanescentes uniram-se à Ópera Cômica. Idem, p. 41-42.

87. Cf. X. de Courville, *Un Apôtre de l'art du théatre*, p. 80. Em janeiro de 1717, Riccoboni chegou a arriscar, com péssima acolhida, a encenação da tragédia *Mérope*, de Maffei, que na Itália havia sido bem-sucedida, limitando-se porém a duas sessões parisienses a representação trágica dos italianos.

A *COMMEDIA DELL'ARTE* E A ELABORAÇÃO DA ARTE DO ATOR   79

mento do grupo – com direito à cota integral na divisão de bilheteria – e viajasse à Inglaterra.

O falecimento do patrono Felipe de Orléans e o desinteresse do público pagante pela *Commedia dell'Arte*[88] fizeram com que Lélio procurasse novos protetores em Londres, pois naquele momento voltar para Parma, Módena ou qualquer cidade italiana seria um grande risco para um comediante naturalizado francês. Praticamente toda a península estava então sob domínio da Áustria, efetivado em tratados que puseram fim à Guerra de Sucessão da Espanha, mediante os quais os territórios italianos ocupados pelos franceses retornaram ao Sacro Império Romano-Germânico liderado pelos austríacos[89].

A rivalidade com a Áustria levou França e Inglaterra a um acordo de cooperação firmado em 1725; no mesmo ano Riccoboni dedicou uma de suas traduções ao general Peterborough, um diplomata britânico atuante junto ao duque de Parma.

Em abril de 1727 Riccoboni parte para Londres; alguns meses depois retorna a Paris e no início de 1728 publica uma *História do Teatro Italiano* dedicada à rainha da Grã-Bretanha, que "aceitou a dedicatória, mas não colocou a serviço da Inglaterra o comediante do rei da França"[90]. Como bom discípulo do historiador Muratori, Riccoboni empregou o gênero histórico para ratificar a proficiência de seus comediantes no decoro cortês e advogar a presença da Comédia Italiana em qualquer cerimonial que se pretendesse magnífico.

Ainda em Londres, Riccoboni publicou suas considerações a respeito *Da Arte de Representar*[91]; insistindo em flertar com os ingleses, dedicou esse livro a lorde Chesterfield. Ao prestar tributo a esse gentilhomem inglês, que lhe havia demonstrado apreço, Lélio demonstrava sua aptidão em prestar serviços à nobreza: "eu, que estou incluído no grande número daqueles que nasceram para obedecer aos grandes, posso dizer que sou sumamente afortunado por ter tido a sorte de ser bem-visto e honrado por Vossa Excelência". Para Riccoboni, escrever versos *Da Arte de Representar* parecia um meio de "despertar a curiosidade"[92]. De fato, chama a atenção do leitor o paradoxal emprego de linguagem metrificada – a mesma usada por Dante na *Divina Comédia* – para tratar de um assunto de pouca monta como o desempenho dos comediantes, uma vez que estes, no dizer de Lélio, nasceram para obedecer aos grandes.

88. Cf. idem, p. 310. Em 1728, a falta de público levou a Comédia Italiana a cancelar por diversas vezes seus espetáculos.

89. Cf. F. Valsecchi, *L'Italia nel Settecento*, p. 331-337.

90. X. de Courville, *Un Apôtre de l'art du théâtre*, p. 292.

91. Riccoboni escolheu para sua obra o mesmo nome do importante tratado publicado em Nápoles por Andrea Perrucci, *Dell'Arte rappresentativa, premeditata ed all'improvviso*, em 1699.

92. L. Riccoboni; A Lettori, *Dell'Arte rappresentativa*, p. IV-V e XI.

80 A ARTE DO ATOR ENTRE OS SÉCULOS XVI E XVIII

Recorrer a versos para escrever *Da Arte de Representar* faz ver que a finalidade satírica desta obra constituiu uma das etapas da querela de desqualificação mútua em que franceses e italianos estavam engajados desde meados do século anterior. Coadunava ainda com outros objetivos, pedagógicos: "o terceto dantesco não havia sido adotado desde o século XVI, na sátira como na poesia didática – voga que durante o século XVIII não cessaria de aumentar?"[93].

Lélio, no entanto, adverte que sua veia poética é trivial, bastando para seu cantar uma musa rouquenha. A modéstia do autor e os versos jocosos que entoa são recursos adequados tanto para predispor a audiência quanto para falar sobre aqueles "que nasceram para obedecer aos grandes", convenientemente tratados em chave de comédia.

Após essas ressalvas, conquistada a benevolência do leitor e exposta a habilidade do autor em lidar com a linguagem apropriada ao assunto, o bom humor e a desafetação da obra também se mostram adequados ao receptor: "A jovens inexperientes, que devem fazer bom uso dos talentos da natureza eu me dirijo, avisa Lélio; a doutriná-los não me recuso, nem a me expor à censura dos velhos"[94].

A Lélio, parecia velho demais para retornar aos palcos o ator francês Baron – que tinha iniciado sua carreira com Molière, e em 1720, aos 67 anos, voltou triunfalmente à Comédie Française. Na época em que Riccoboni escreveu *Da Arte de Representar*, o êxito outonal do representante máximo do estilo francês vinha deixando de atrair o público, e Riccoboni aproveitou a deixa para tomá-lo como emblema da falta de aptidão do grupo rival. Dois meses depois da reestréia de Baron, que representava *El Cid*, de Corneille, "a platéia por pouco não gargalha por ver aos pés de Ximena um Rodrigo com a idade de Dom Diego, e que não consegue se levantar sem ajuda"[95]. Fatalmente, em 1729 a Comédie Française "teve de interromper uma sessão devido à hilariante reação suscitada por um Britannicus de 76 anos!"[96]. A título de esclarecimento, essa figura histórica, que Racine tomou dos *Anais*, de Tácito, foi assassinada aos quinze anos[97].

Riccoboni previu em *Da Arte de Representar* o malogro das convenções francesas de atuação encarnadas por Baron, ridicularizando-o:

vi em cena um rei reunir o conselho à sua volta para examinar um caso grave e difícil. Tratava-se do processo de seu filho e, de acordo com a lei, recomendavam que aplicasse a pena de morte. O rei, que estava sentado, apoiava os cotovelos nos joelhos e segurava

93. X. de Courville, *Lélio, premier historien de la Comédie Italienne et premier animateur du théâtre de Marivaux*, p. 198.
94. L. Riccoboni, *Dell'Arte rappresentativa*, p. 9.
95. X. de Courville, *Lélio, premier historien de la Comédie Italienne...*, p. 234.
96. J.-J. Roubine, *L'Exhibition et l'incarnation*, em J. de Jomaron, *Le Théâtre en France*, p. 470.
97. Cf. J. Racine, Seconde préface, *Britannicus*, em *Oeuvres complètes*, p. 144.

A *COMMEDIA DELL'ARTE* E A ELABORAÇÃO DA ARTE DO ATOR   81

as bochechas com as mãos. Parecia um daqueles budas que vêm da China, não de argila, mas de carne e osso[98].

Um panfleto publicado pouco depois explicitou a difamação, cujo alvo seria o "senhor Baron, que na célebre tragédia *Inês de Castro* fazia o papel de Alfonso e que, para exprimir a dor profunda que lhe causava a desobediência de seu filho, dom Pedro, e sua revolta, tomava uma atitude semelhante que o senhor Lélio censura"[99].

Representar vulgarmente uma personagem ilustre é desconhecer os preceitos da arte da representação e falta grave contra a etiqueta de corte, a que o ator de ofício deveria obedecer; não são modos de um rei sentar-se "à frente da nobreza, trajando um manto dourado, em toda a sua majestade e digno de respeito, e receber com as pernas cruzadas um embaixador que vem de Xantum, e ainda morder as pontas da luva enquanto o escuta". Após a representação dessa cena ouviu-se "o rumor da turba estulta gritando: 'É tal e qual a natureza!' 'Eu já fiz isso'. 'Eu também, e várias vezes'. Essa natureza é digna dos animalejos que sois", invectiva Lélio, demonstrando ter pleno conhecimento do decoro trágico, imune à pequenez própria do vulgo, às trivialidades de beira de estrada e aos assuntos domésticos, adequados à "gente baixa". Enquanto a comédia é flor que se cheire por qualquer um, "a tragédia é dama de resguardo; só a majestade a torna plena, e a invade"[100].

A atuação de Baron vinha sendo qualificada como natural e espontânea por periodistas e colegas de palco; seu porte venerável e sua atitude descontraída sugeriam a segurança e o orgulho próprios à nobreza da velha cepa. Lélio, no entanto, avisa que elogios proferidos por néscios "são aplausos de mentira; e nada sólida é a glória imputada pelo populacho"[101]; enquanto os conhecedores dos rituais monárquicos como Riccoboni dão risada dos gestos impróprios de Baron, ignorantes e plebeus os admiram e se identificam com o espetáculo.

As asserções de Riccoboni mostram que a comédia e o aprimoramento do gênero tragicômico ocorriam no âmbito da sociedade de corte, sem ruptura com as conveniências dramáticas: Riccoboni censura a postura cênica vulgar de Baron para a representação de tragédias, embora essa postura fosse apropriada, em se tratando da representação de gêneros inferiores.

Representar com arte, segundo Riccoboni, significa levar em conta tanto o ponto de vista dos senhores quanto o dos súditos, respeitando as atitudes mantenedoras dessa hierarquia. "Podes na comédia de-

---

98. L. Riccoboni, *Dell'Arte rappresentativa*, p. 23.

99. Desfontaines, (P.-F. Guyot), Lettre d'un comédien français, p. 42, apud X. de Courville, *Lélio, premier historien de la Comédie Italienne*, p. 244n. *Inês de Castro* é uma tragédia de La Motte, escrita em 1723.

100. L. Riccoboni, *Dell'Arte rappresentativa*, p. 24 e 25, respectivamente.

101. Idem, p. 25.

82   A ARTE DO ATOR ENTRE OS SÉCULOS XVI E XVIII

monstrar as mais citadinas e baixas formas, [...] mas que se vista o rei de maneira apropriada ao seu grau; e ainda que um rei se rebaixe, que se mostre belo, jamais disforme"[102]. A representação de um príncipe tampouco deve ser excessivamente grandiosa, a ponto de ele mesmo não se reconhecer.

Na figura de Baron e seus êmulos, toda a Comédie Française é colocada por Lélio entre os néscios, por isso mesmo plebeus que ignoram o mecanismo do poder ou não tiveram acesso a ele; indignos do convívio com a corte, é impossível para tais comediantes atuar segundo as convenções teatrais que representam a alta esfera. Riccoboni os caracteriza como plebeus carentes de instrução sobre os modos da camada superior, incapazes por isso mesmo de seguir as regras da arte de representar, se as conhecessem; portanto, sua falta de habilidade se expõe em um desempenho vacilante, que não convém à ordem monárquica, sob risco de promover a insubordinação.

Como os atores à francesa não conseguem ter domínio de cena e insistem em sua atuação viciosa, não há remédio senão substituí-los por melhores comediantes, categoria na qual se incluem Riccoboni, bem como seus seguidores; "que aos mais modestos e aos que zelam pela verdade o meu falar seja lenitivo; mas aos soberbos e arrogantes, que seja veneno. Conheço essa praga e, para aqueles que há tanto tempo detêm a posse do direito de agradar, minhas palavras serão pungentes. Mas não penso em converter aqueles cujo abuso é pertinaz, não tento em vão fazer com que se arrependam"[103].

Lélio alardeia assim a inépcia dos comediantes franceses em matéria de tragédia, uma vez que tentam imprimir um estilo vulgar a uma representação que deveria ser majestosa. Não se deve entregar a representação de assuntos graves como negócios públicos àqueles que desconhecem seu lugar; por não incorrer nos mesmos abusos, ele se prontifica ao papel: a dedicatória ao nobre inglês, em que Riccoboni esclarece ter nascido para obedecer aos grandes, qualifica-o para a função de comediante real.

Para efetuar a representação segundo o nascimento plebeu ou nobre das personagens, de modo que possam ser reconhecidas tanto pelo vulgo quanto por seus senhores, "diz um antigo provérbio que o melhor estado é o do meio", onde se localizam aqueles que não são tão baixos como a plebe nem de condição tão elevada quanto príncipes e reis. O meio-termo aconselhado por Lélio para servir como guia da representação trágica pende, porém, para um dos lados:

vai pela via do meio e, se a fantasia te conduz para fora do caminho reto, mantém a proa para o alto, e não para baixo. Se fosses assim tão grandioso que a custo a mente humana pudesse te imaginar, seria uma grande falha; mas tranqüiliza-te, pois seria falha

102. Idem, p. 25-26.
103. Idem, p. 9.

A *COMMEDIA DELL'ARTE* E A ELABORAÇÃO DA ARTE DO ATOR   83

maior se, para te aproximares vilmente da natureza, te inclinasses aos atos de usança de gente baixa[104].

Seguir esse conselho não é possível para comediantes que atuam segundo as convenções de declamação vigentes na França. Com voz semelhante à de um papagaio emitindo "um contínuo som de ásperos estridores", essas criaturas ridículas mereceriam ser banidas do cerimonial de corte ou precisariam aprender, com homens sagazes como Luigi Riccoboni, a falar como gente. Os ouvidos franceses suportam a declamação estridente porque estão corrompidos e acostumados aos "urros de espantar" de seus comediantes; para Lélio, todavia, escutar a Comédie Française causa profundo mal-estar, "dor de cabeça e falta de ar"[105].

Pretendendo imitar a grandiloqüência grega, os franceses empolaram de tal forma a fala trágica – para diferenciá-la de outros gêneros dramáticos e da linguagem extrateatral –, que escutá-la "tortura, enerva, é de matar; esse concerto de tons desconcertados provoca arrepios na espinha. Cristão [*battezato*] algum poderia suportar uma tragédia inteira, nem como penitência por um grave pecado. Quero crer que a França o tivesse em mente, ao inventar essa declamação"[106], conjectura o afrontoso Lélio.

Na gangorra da maledicência, atores franceses são descritos por Riccoboni como animalescos, estridentes e incômodos, e seus admiradores como ímpios pagando penitência; enquanto isso, a sagacidade e o mérito do comediante italiano entram em ascensão.

Em contraste com o modesto Lélio, o aparatoso ator francês é ainda descrito como sodomita, pueril e estulto, por não conseguir ocultar seus recursos artísticos:

calculas em números cada passo, e cuidadosamente estendes os braços em linha reta, para cima e para baixo. Alternas um suspiro e um olhar; compassadamente viras a cabeça e moves a mão ou o pé, como canta um *castrato* [*semi viro*]. Comedidamente o vemos soltar a voz; do mesmo modo, em ti todo membro se retrai, um vai, mas um fica e outro retorna. Parece que estou vendo menininhos amestrados na escola por algum pedante para subir ao palco; depois de decorada a cantilena que os inocentes vão recitar, eles fazem cinco ou seis gestos por palavra. É incrível, mas não deixas de fazer o mesmo, comediante tolo e pródigo em movimentos. Decerto antes de calçar o soco ou o coturno recorreste toda hora ao espelho para dar ao gesto um último retoque[107].

Em tom de sátira, Riccoboni imputa aos comediantes franceses viciosas práticas sexuais e crenças hereges, elaborando um discurso que não pode ser levado ao pé da letra, porque efetuado para rivalizar com o elogio das virtudes dos italianos, expostos como os mais aptos a receber proteção real. Recorrentes no gênero satírico em tempos de

104. Idem, p. 21 e 22-23, respectivamente.
105. Idem, p. 39, 43 e 44, respectivamente.
106. Idem, p. 42.
107. Idem, p. 13-14.

84 A ARTE DO ATOR ENTRE OS SÉCULOS XVI E XVIII

Contra-Reforma, os epítetos de pagão e bestial, associados ao de afeminado, não fornecem informações sobre as atitudes religiosas e sexuais dos destinatários, pois pertencem a uma tópica, de que Riccoboni lança mão para difamar suas vítimas. Em seu vilipêndio aos concorrentes franceses, Riccoboni segue o padrão de desafio, ameaça e triunfo que constitui o gênero do insulto e que, em nome da opinião pública, servia como instrumento de desforra individual[108].

Após a morte de Felipe de Orléans, a Comédia Italiana sofreu, como vimos, uma queda de audiência e a perda do apoio real, decisivas para o afastamento do qüinquagenário Riccoboni. Sorte diferente teve o ator Baron, que aos 67 anos chegou ao auge da fama na Comédie Française, ajudando essa companhia a manter o monopólio do teatro falado em francês.

Diante das circunstâncias, Lélio se propõe a jogar veneno na praga que o ameaça. Para um ator que seja prudente e batizado, não são temíveis as bravatas de um ídolo de cerâmica pagão, nem o cacarejar insignificante de néscios, ou marcações que qualquer criança pode decorar. Atores ineptos como esses só conseguem oferecer um torturante espetáculo para a platéia pagar seus pecados (Lélio calcula que a náusea insuportável causada pela declamação francesa seja proporcional à heresia ali vigente), ou uma obscena exibição de gestos sem vigor, semelhantes aos impotentes gemidos de um *castrato*. Se tão indolentes comediantes ainda não foram emasculados como aparentam, Lélio ameaça fazê-lo, já que "não demonstram sentir alegria nem dor. Neles estará de tal modo enfraquecida e aparvalhada a mãe natureza, que para animá-los não bastam olhos, mãos, orelhas e boca? Se eu pudesse, gostaria de castrá-los, para extinguir sua raça"[109].

Cortar pela raiz o mal propagado por esse tipo de ator, dando prestígio aos mais capazes, é a proposta de reforma de Riccoboni, que refere alguns atores e não os espetáculos em geral nem determinados gêneros dramáticos.

Para comprometer seus adversários, Riccoboni parece estabelecer um forte vínculo entre a atuação da Comédie Française e certas práticas heréticas que se intensificavam na época em que escreveu *Da Arte de Representar* (1728), principalmente as demonstrações de êxtase ocorridas em Saint-Médard. De 1727 a 1732 esse cemitério parisiense foi palco de uma série de curas e milagres à beira do túmulo de um jansenista morto em *odeur de sainteté*, tornando-se objeto de veneração[110]. "Imensas multidões de peregrinos provocaram crescentes desordens

108. Cf. P. Burke, L'Art de l'insulte en Italie aux xvie. et xviie. siècles, em J. Delumeau (org.), *Injures et blasphèmes*.

109. L. Riccoboni, *Dell'Arte rappresentativa*, p. 33.

110. Os jansenistas foram seguidores do holandês Cornelius Jansen, ou Jansenius (1585-1638), bispo católico que na obra póstuma *Augustinus* (1642) extrai dos escritos de Santo Agostinho a doutrina de que o homem não é livre e, caso não receba a graça,

A *COMMEDIA DELL'ARTE* E A ELABORAÇÃO DA ARTE DO ATOR   85

de fanatismo religioso e de histeria. Foi a época dos convulsionários. Desaprovando em bloco os jansenistas e seus milagres, o governo fechou o cemitério"[111].

Os devotos que entravam em transe místico no campo-santo arriscavam-se à excomunhão e ao expurgo político, pois o cardeal de Fleury, em nome da monarquia de Luís xv, não tolerava o teor parlamentarista da propaganda jansenista. Severas medidas políticas vinham sendo tomadas para extirpar do reino todo e qualquer dissenso religioso: as poucas comunidades huguenotes que haviam resistido à revogação do Edito de Nantes eram ameaçadas pelos intransigentes jesuítas da situação; "em 1724, pretendendo eliminar esses hereges, o alto clero obteve um decreto cruel, mesmo para os parâmetros da época. Impunha prisão perpétua a todos que assistissem a conciliábulos; tornou-se obrigatório o batismo pela fé católica apostólica romana nas 24 horas seguintes ao nascimento; declarou-se ilegal o matrimônio de huguenotes, e pastores protestantes foram condenados à forca"[112].

Ao publicar *Da Arte de Representar*, Riccoboni teve oportunidade de declarar seu compromisso com a ortodoxia e de levantar suspeitas sobre a orientação religiosa dos atores franceses (a julgar pelas punições em que poderiam incorrer, não foi pouca coisa Riccoboni delatar o transe desses atores, ou insinuar publicamente que a Comédie Française sediasse práticas hereges). Acresçam-se as denúncias especificamente políticas de Lélio contra os comediantes franceses, por terem rebaixado a aristocrática representação trágica ao nível citadino ou burguês. Burguês era ademais o termo utilizado então para caracterizar os opositores a Luís xv, tanto no âmbito cortês quanto fora dele – no caso, os parlamentos[113].

A grandeza discreta da tragédia proposta por Riccoboni entra ainda em confronto com a miscelânea, a inadequação e o exagero característicos da representação irregular de seus rivais, que desse modo se expunham como ímpios e infratores. Não se podem prever os efeitos de uma atuação instável, que não obedeça aos preceitos da arte do ator, o que constitui uma opção muito mais arriscada para os detentores do poder do que patrocinar a comédia improvisada. Ademais, um método de representação teatral tão rígido quanto aquele que se pauta pela etiqueta versalhesa – prevista nos mínimos detalhes – é facilmente decifrado pelo público, que perde o interesse pelo espetáculo, sentindo tédio e não prazer.

Como precaução contra esse elemento nocivo à persuasão, Riccoboni aconselha, em relação à postura e às atitudes do comediante:

estará sujeito tão-somente à concupiscência. Só os eleitos serão salvos, pois só por estes Jesus sacrificou-se. Cf. nota de Laurent Versini a D. Diderot, *Oeuvres*, t. 4, p. 1611.

111. A. Wilson, *Diderot*, p. 47.
112. D. Ogg, *La Europa del Antiguo Régimen*, p. 265.
113. Cf. J. Meyer, op. cit., p. 464-470.

86 A ARTE DO ATOR ENTRE OS SÉCULOS XVI E XVIII

[deves] seguir o instinto natural, [...] esquecer os quatro membros e talvez até mesmo o quinto, que é a cabeça; e procurar sentir tão bem aquilo que expões, que acreditem serem teus os interesses de outrem. Se já sentiste as esporas do amor, do desdém ou do ciúme [...], em cena também sentirás amor, desdém, ciúme e o diabo; teus braços e pernas movimentarás sem artifício. Sou capaz de apostar [...], não encontrarás em toda a cristandade ninguém que te censure, se medires teus movimentos pelas batidas do coração[114].

O comediante italiano, ao sentir aquilo que representa, de modo algum incide em uma atitude indiscriminada como a dos atores franceses, cuja declamação se compõe de urros bestiais, degenerados, em nada semelhantes ao comportamento humano. Mas um desempenho pautado por sentimentos não destoa dos ditames que mantêm a estrutura política, pois Riccoboni os remete à esfera dos assuntos humanos.

O tratado *Da Arte de Representar* orienta nesse sentido as modulações de voz, as variações fisionômicas, gestos e exercícios adequados à comédia e principalmente à tragédia, como também sugere ao ator imaginar na ribalta o que hoje conhecemos como quarta parede. "Na arte da representação a primeira regra é supor que estás só em meio à multidão; e o ator que discorre contigo é o único que te vê, e o único a quem todos os teus sentidos devem atentar"[115], aconselha Riccoboni, habituado que estava a lidar com as incômodas manifestações da platéia, razão pela qual "no Hôtel de Bourgogne, até 1726 uma grade de ferro isolava a platéia do palco"[116].

Prestar atenção ao antagonista e reagir de corpo inteiro às suas palavras e atos auxilia ainda o comediante a persuadir-nos de que "não é falso aquilo que é fingido". Lélio diz que isso não acontece na Comédie Française, onde o ator que não tem fala aguarda sua deixa sem concentração: "lá parado, quando não falas [em cena] pareces doido, virando os olhos à procura de algum objeto amoroso por quem furtivamente suspirar; vejo-te ainda a saudar e a zombar de um e outro, veladamente. Te esqueceste do dever que te impõem a razão, o bom senso, a boa educação, e qual a finalidade de te apresentares em um palco?". Lélio prefere escutar o interlocutor com cuidado, modificar suas feições conforme as emoções suscitadas ao contracenar, e na medida do possível manter o olhar atento àqueles que estão falando, sem fazer demasiado uso de pantomima para não atrapalhar a conversa. Facilitase assim a expressão das emoções, que é o "preceito geral"[117] da arte de representar. Porque os sentimentos têm sua cadência, às vezes suave, outras vigorosa, imprimindo ao olhar e ao rosto expressões impossíveis de serem prescritas, é preciso dar toda a atenção ao jogo cênico.

Por outro lado, durante a preparação do papel, o principal recurso do comediante para expressar as paixões é consultar seu coração, que

114. L. Riccoboni, *Dell'Arte rappresentativa*, p. 17-18.
115. Idem, p. 53.
116. J.-J. Roubine, op. cit., p. 463.
117. L. Riccoboni, *Dell'Arte rappresentativa*, p. 17, 52 e 60, respectivamente.

A *COMMEDIA DELL'ARTE* E A ELABORAÇÃO DA ARTE DO ATOR   87

lhe dirá em quais ocasiões sentiu medo, vergonha, amor, a quem deve respeito ou ódio, o que atrai e alegra, o que repugna ou entristece. Mas distribuir as emoções convenientemente, obedecendo à extração das personagens e estabelecendo um nexo entre as cenas, depende de outro critério, segundo feições, gestos, olhares e tons de voz que, para Lélio, não se observam entre plebeus, "mas na soberba e alta roda, em meio à qual um grandioso rei, tão enigmático como um colosso e rodeado por turbas de aduladores, com brandura ou ferocidade refreia a todos"[118]. Para comediantes como Riccoboni, o soberano é o modelo supremo de domínio de cena, e a corte oferece a mais completa gama de jogos de sedução que se possa representar, uma vez que ali se fingem todos os sentimentos e simula-se de tudo para obter favores, cargos, benefícios.

Assim, Riccoboni instaura a arte do ator sobre uma base levadiça contida por travas trágicas que o impedem de inclinar-se para o baixo cômico. Uma certificada aptidão para representar a inconstância dos sentimentos abona os comediantes italianos para a tragédia, confirmando sua superioridade sobre os franceses, aos quais Lélio atribui rigidez demais ou uma atuação desmedida que não surte efeito. Por ter completa noção do funcionamento de um reino, cuja base são fugazes caprichos e simulações em cadeia – e não procedimentos prescritos em seus mínimos detalhes –, Riccoboni promove a si mesmo e aos comediantes *dell'Arte* como os melhores.

Dados o mau exemplo francês e o bom exemplo italiano, somente o improviso tem o mérito de expressar as paixões que permeiam tanto as intrigas de corte quanto as dramáticas. Ao passo que em arte poética vige a distinção entre prosa e verso, enredos domésticos ou catástrofes públicas, o desempenho do ator baseia-se em princípios impossíveis de serem comunicados por escrito (nuanças imperceptíveis de tons, que giram em torno de circunstâncias imprevisíveis). Prescrever uma doutrina que fosse tão diversificada e minuciosa no tocante a movimentos vocais e gestuais não produziria nenhum efeito cênico.

Nem por isso está descartada a necessidade de aprendizado:

talvez se creia que não haja propriamente uma arte que ensine a representar, por ser reputada de todo inútil, visto não haver necessidade de método e doutrina para ensinar aos homens a ficar de pé, a virar e a caminhar [...]. O homem aprende com seu vizinho a transformar-se de tantos modos quantas são as paixões pelas quais a natureza saiba variar [...]; e que isto seja uma escola, um exemplar perfeito daquilo que se deve estudar, e que a arte copie o vivo, verdadeiro e natural objeto. Quanto engano![119]

É o que adverte Riccoboni, defendendo a instauração da arte de representar, sob as mesmas bases da oratória de magistrados e clérigos.

118. Idem, p. 36.
119. Idem, p. 5.

88 A ARTE DO ATOR ENTRE OS SÉCULOS XVI E XVIII

LUIGI RICCOBONI E CARLO GOZZI:
O ATOR COMO ORADOR MONÁRQUICO

A aproximação entre atores, magistrados e clérigos efetuada por Riccoboni não é gratuita; tanto em seus escritos quanto no cotidiano da trupe não se colocava em questão a religiosidade dos comediantes italianos:

quantas provas de piedade o diretor da Comédia Italiana não havia dado, abrindo o registro de receitas e despesas "em nome de Deus, da Virgem Maria, de São Francisco de Paula e das almas do purgatório"; enfeitando, para as procissões que passavam pelo Hôtel de Bourgogne, o mais belo repositório do bairro; atuando às sextas-feiras em benefício dos pobres da paróquia; e desembolsando anualmente mais de quinhentas libras em missas pela salvação da companhia?[120]

Em 1732, o teatro ocupado pelos italianos passou por reformas; o frontão que estampava dois anjos de pedra carregando uma cruz e os emblemas da Paixão só não foi derrubado porque Riccoboni altercou com pedreiros e arquitetos.

Apesar dessas demonstrações de fé, na França os comediantes não tinham direito a confessar, comungar, contrair matrimônio, prestar juramento ou receber sepultura em solo sagrado, a não ser que algum padre tolerante o fizesse clandestinamente ou que abjurassem sua profissão[121]. Sob protestos de Voltaire, em 1730 Adrienne Lecouvreur, estrela da Comédie Française citada no *Paradoxo sobre o Comediante* como exemplo de grande atriz, foi jogada em uma vala comum após ser-lhe recusado um enterro cristão[122].

120. X. de Courville, *Lélio, premier historien de la Comédie Italienne*, p. 114.

121. Teoricamente a reabilitação dos comediantes já ocorrera, pois em 16 de abril de 1641, cedendo a instâncias de Richelieu, Luís XIII havia livrado os atores da infâmia contra eles pronunciada pela lei romana em regra na França, declarando que, se "os referidos comediantes regulamentarem as atitudes teatrais de tal forma que elas sejam completamente isentas de impureza, Nós desejamos que o exercício de sua profissão, que pode inocentemente distrair nosso povo de diversas ocupações malignas, não seja imputado como infame nem prejudique sua reputação nos negócios públicos". Apud M. M. Moffat, *Rousseau et la Querelle du théâtre au XVIIIe. siècle*, p. 8n. Cf. ainda F. Taviani; M. Schino, *Il Segreto della Commedia dell'Arte*, p. 286; os comediantes italianos foram agraciados na França com um tratamento diferenciado: "enquanto o clero francês reservava todo o seu rigor para os artistas franceses, acolhia de braços abertos os italianos [...]. Ao invés de serem excluídos da comunhão entre os fiéis, estes recebiam os sacramentos, casavam-se na igreja, eram sepultados em terra consagrada [...]. Scaramouche foi enterrado, com grande concurso de pessoas, em Saint-Eustache, mesma paróquia que recusara sepultura a Molière".

No entanto, "em 1742 a igreja de Fontainebleau recusou sepultura a Romagnesi, que havia feito parte, com Lélio, da Companhia do Regente; donde o cadáver teve de ser transportado a Paris"; ver M. Scherillo, *La Commedia dell'Arte in Italia*, p. 138.

122. Cf. nota de Laurent Versini em D. Diderot, *Oeuvres*, t. 4, p. 1569; apesar do triste fim, o prestígio de Lecouvreur foi tamanho que décadas após sua morte seu desempenho ainda serviria de referência para autores como Diderot.

A *COMMEDIA DELL'ARTE* E A ELABORAÇÃO DA ARTE DO ATOR 89

Em contrapartida, nos *Pensamentos sobre a Declamação* que Riccoboni escreve em 1738, o ator é igualado aos grandes oradores de um povo, uma vez que a "eloqüência e a declamação foram necessárias e praticadas desde os mais remotos tempos, civilizaram os povos mais bárbaros, e os mais polidos sempre as tiveram em grande estima". Pregadores laicos, na versão de Riccoboni os comediantes professam a mesma arte de advogados, catedráticos, parlamentares e oradores sacros – a retórica. Desse modo, a prática teatral eleva-se à categoria de sermões religiosos e discursos políticos. Em consonância com autores italianos que o precederam na enunciação da arte da representação, Riccoboni justifica essa comparação pelo poder de persuasão dos atores em cena, que não pode ser negligenciado por cidadãos zelosos:

os mais fortes e verdadeiros argumentos, sendo apenas lidos no papel, jamais terão a mesma força que sentimos quando de viva voz se animam de modo justo por uma bela declamação[...].

Os diferentes empregos de que os homens se encarregam na vida civil são efeitos da Providência, que nos conduz; é um crime ignorar o mais ínfimo conhecimento sobre eles, ou negligenciar sua mais perfeita aquisição[123].

Histriões não foram objeto de especulação até que a ignorância sobre os princípios da arte de representar tornou-se indesculpável a comediantes que pretendessem ser bons súditos de príncipes católicos, adverte Riccoboni.

Sem incorrer no erro de autores que em suas composições preferem apelar para fórmulas a raciocinar por conta própria, para os atores não há regras que dêem conta da imensa variedade de inflexões de voz, segundo os assuntos abordados e as circunstâncias, diz Riccoboni, "persuadido de que tudo o que se escreva sobre isso não vai nunca suprir todas as carências nem esgotar o assunto. Se Quintiliano, a propósito da ação do orador, diz que este não deve se ater aos preceitos, mas seguir o que lhe for natural"[124], o ator, que também lida com imponderáveis, pode desrespeitar regras ineficazes.

À primeira vista, apelar para os escritos de Quintiliano não seria lícito ao comediante, por haver neles uma censura ao orador adepto do falar cantado praticado nos teatros:

Nada convém menos ao orador do que essas modulações teatrais, semelhantes à licenciosidade de ébrios e devassos. A bem da verdade, o que pode ser menos adequado para produzir afetos como rancor, ira, indignação e piedade, do que nos distanciarmos das emoções às quais devemos induzir o júri? [...] Cantar-se-á, nem chego a dizer em caso de homicídio, de sacrilégio, parricídio, mas quando se trata de cálculos e de contas, em uma palavra, cantar-se-á em litígios?[125]

---

123. L. Riccoboni, *Pensées sur la déclamation*, em *Réflexions historiques et critiques sur les differens théatres de l'Europe*, p. 246 e 243, respectivamente.

124. Idem, p. 249.

125. Quintiliano, *Institution Oratoire*, livro XI, cap. 3, § 57, t.4.

90 A ARTE DO ATOR ENTRE OS SÉCULOS XVI E XVIII

Na retórica, o gênero judiciário, que induz a sentenças, e o gênero deliberativo, apropriado para emitir conselhos sobre medidas políticas, dependem do julgamento de quem ouve o discurso, o que obriga o orador a estruturá-lo de modo convincente, mas também a tomar uma atitude análoga àquela que pretende incutir nos juízes. Tal proposição, explicitada na arte retórica aristotélica[126], não restringe a credibilidade do orador a uma retórica demonstrativa, mas postula, como diz Armando Plebe,

uma retórica emocional, que vise a tornar digno de fé o orador não só por sua atitude, como por seus argumentos. Para Aristóteles esta credibilidade emocional é obtida sobretudo com base em três elementos [...]. São eles: sabedoria, virtude e benevolência. Estes três elementos constituem o "caráter" do orador, o seu *éthos*. Contudo, para Aristóteles, ao lado do *éthos*, o orador deve possuir a capacidade de suscitar paixões no ouvinte. Não basta que o orador se mostre numa dada atitude; é necessário que ele procure também tornar favorável à sua a postura emotiva do ouvinte[127].

Nesse sentido se entende a frase que abre o livro XII da *Instituição Oratória*, "não se pode ser orador sem ser homem de bem"[128]. Segundo Quintiliano, um homem de bem é inteligente, pois exerce seu poder de decisão escolhendo a boa alternativa; é prudente, porque prevê as conseqüências de seus atos e evita as penalidades e a consciência pesada. O honesto e o torpe não convivem no mesmo coração; cogitações piores e melhores não se dão na mesma alma. Um homem não pode ser bom e mau, porque nada constrange a mente una, livre dos cuidados e diligências que assediam os malvados: os interesses pessoais perturbam suas mentes, diraceradas por uma diversidade de afetos, e os impedem de aplicar-se aos estudos retóricos ou às questões civis.

Mas acima de tudo o homem de bem se distingue por ter conquistado a confiança do auditório, não somente no momento em que está discursando, mas por sua atuação em uma série de fatos anteriores, em que demonstrou probidade tanto ao pleitear causas menores – a punição à desonestidade e a defesa de inocentes – quanto em deliberações no senado e discursos ao povo, ou exortando soldados à guerra; de fato,

como extinguir o temor da fadiga, das dores, e até o medo da morte, senão colocando em seu lugar a imagem do dever, da força e da honestidade? Persuadirá melhor os outros quem persuadiu a si mesmo. Pois, quando alguém dissimula, acaba por se trair, e por mais eloqüente que seja, é impossível que não titubeie nem hesite quando as palavras discordam dos pensamentos. O malvado fala o contrário do que sente. Ao homem de bem não faltam palavras honestas[129].

126. Cf. Aristóteles, *Retórica*, II, 1, 1377b.
127. A. Plebe, *Breve História da Retórica Antiga*, p. 42.
128. Quintiliano, op. cit., XII, 1, 3.
129. Idem, XII, 1, 28.

A *COMMEDIA DELL'ARTE* E A ELABORAÇÃO DA ARTE DO ATOR 91

O homem de bem utiliza elementos da retórica emocional para granjear os votos da audiência e para ter credibilidade, mas *éthos* e *páthos* discursivos (o caráter permanente do orador e os sentimentos que ele expressa) somente funcionam se regulados por assuntos públicos, em que o orador por diversas vezes se engajou, merecendo a boa reputação que tem diante de seus concidadãos. Os elogios que o orador recebe são determinantes para caracterizá-lo como homem de bem.

A arte oratória também o ensina a sustentar a falsidade, caso seja necessário e útil a ele mesmo, a outros homens de bem ou à cidade. A presença do elemento de falsidade não chega a igualar a arte oratória à imitação; não apenas pelo alcance menor característico do gênero judiciário, mas, mesmo em deliberações que situam o orador em meio à multidão, sua atuação difere das apresentações teatrais porque provém de uma ação política e conduz a ela.

O orador que seja homem de bem necessita aperfeiçoar seus dotes naturais, disciplinando-os, e para isso é preciso que conheça os preceitos morais. Considerações sobre eqüidade, justiça, sobre a verdade e o bem não são prerrogativa de filósofos, diz Quintiliano, preferindo mesmo poupá-los de discutir tais questões. Seu livro, apesar de tratar desses assuntos, não visa absolutamente a

> fazer do orador um filósofo, pois não há gênero de vida que se ocupe menos em prestar serviços aos concidadãos [...]. Quem dentre os filósofos freqüenta o tribunal ou brilha nas assembléias? Qual deles tomou parte na administração pública, embora seja este o principal de seus preceitos? Instruo o orador para que seja sábio e romano, não para encetar disputas secretas, mas por sua experiência civil e por suas obras, mostrando-se verdadeiramente a seus concidadãos[130].

Afeitos a disputas estéreis mantidas entre quatro paredes, de acordo com Quintiliano os filósofos subtraem-se aos olhares e fogem da opinião alheia, atitude propícia a examinar as intrincadas e indiscerníveis minúcias que paralisam a ação daquele que se dedica a decifrá-las. A inteligência é uma faculdade imprescindível à oratória, mas não a ponto de encobrir a virtude pública.

Por outro lado, para manter o vínculo com o bem, Quintiliano recomenda ao orador que recorra sempre a imagens ou "*phantasíai*; tudo o que for dito sobre pessoas, questões, esperanças, medos, tenha-se diante dos olhos para que nos afete"[131]. No entanto, as imagens que o orador concebe para comover a si mesmo e ao auditório diferem da grande receptividade alcançada pelos fantásticos espetáculos teatrais, porque referem eventos cívicos dos quais o orador verdadeiramente participa.

130. Idem, xii, 2, 6-7.
131. Idem, x, 7, 15.

92 A ARTE DO ATOR ENTRE OS SÉCULOS XVI E XVIII

"Por ser o índice da alma [*mentis*], e modificar-se tanto quanto"[132], a voz é um meio excelente para comunicar aos juízes aquilo que tange o orador. Para Quintiliano, excedem a medida os oradores que fazem uso de "pausas de hesitação, inflexões de voz, diversidade de gestos e entonações variadas [que] concernem ao ator. Na oratória o gosto é outro, sem tantos condimentos, pois consiste na ação, não na imitação"[133]. Ao sentir a coisa de que fala, dela concebendo imagens, o orador permanece no âmbito da ação, que, apesar de disciplinada e conveniente, Quintiliano não denomina imitação.

Os sons verdadeiros brotam inadvertidamente, carecendo de arte e disciplina; os sons falsos são produto de imitação, mas lhes falta naturalidade. Entre a obra de arte e o talento natural agita-se o orador, cujo corpo tem seus movimentos minuciosamente descritos por Quintiliano, desde o preponderante olhar, passando por todas as partes da fisionomia, por inflexões vocais, gestos de mão, dos dedos, dos braços, pés e pernas, até o vestuário que o encobre, em função das diferentes etapas do discurso, daqueles que o julgam, do tipo de público, do assunto, do resultado esperado e das tendências e dons naturais daqueles que discursam.

A improvisação mostra-se mais adequada à recepção de discursos dirigidos ao grande público, pois "escrever pede silêncio e receia olhares; mas, quando se improvisa, a palavra é excitada pelo grande número de ouvintes, como o soldado o é pelo hasteamento da bandeira"[134].

Para Luigi Riccoboni, a distinção estabelecida por Quintiliano entre oratória e imitação teatral não se aplica aos comediantes italianos. Estes praticam a ação oratória, enquanto os atores franceses tendem mais ao que em Quintiliano corresponde à imitação; Riccoboni considera, pois, um grande equívoco

imaginar que declamação teatral é o que se vê na França. O ponto alto da cena é iludir os espectadores, e se possível persuadi-los de que a tragédia não é ficção, mas são os próprios heróis que falam e atuam, e não comediantes que os representam. A declamação trágica opera o contrário disso; ao ouvir as primeiras palavras, sente-se que evidentemente tudo é ficção, os atores falam em tons tão extraordinários e distantes da verdade que é impossível que alguém se engane[135].

Os espectadores franceses estão acostumados a esse estilo de representação da tragédia, mas Riccoboni se prontifica a afastá-los da "ilusão habitual", não para livrá-los, mas para que mergulhem na mais completa ilusão. Para Riccoboni, o delito dos franceses não consiste em iludir a platéia, mas em não iludi-la completamente.

132. Idem, xi, 3, 62.
133. Idem, xi, 3, 182.
134. Idem, x, 7, 16.
135. L. Riccoboni, Pensées sur la déclamation, op. cit., p. 266.

A *COMMEDIA DELL'ARTE* E A ELABORAÇÃO DA ARTE DO ATOR   93

O sucesso dos atores trágicos da França deve-se, pois, ao hábito do público, afeito ao "bizarro da declamação", cujo efeito por isso mesmo só tende a enfraquecer com o tempo. Nos espectadores foram incutidos preconceitos sobre a excelência da bombástica declamação teatral francesa, tornando-os incapazes de discernir. A solução para recuperar seu interesse é emocioná-los, a fim de que "se defrontem com a natureza e a verdade como efetivamente são". Assim, as casas de espetáculo francesas atrairiam também estrangeiros que não suportam os excessos da declamação teatral praticada em Paris, bem como franceses de bom gosto, que "ficam indignados ao ver a natureza e a verdade tão desfiguradas", e por isso "nunca vão à tragédia"[136].

Nesse sentido se lê a objeção de Riccoboni à tragédia de Racine e Corneille, que só se consegue "enxergar com um microscópio", de tão aviltada por ter-se "conformado aos nossos costumes". Atualizar os heróis antigos, aproximando-os de padrões contemporâneos, pareceu-lhe uma grave falta de decoro poético e político, uma humilhação às veneráveis personagens que em cena cumpriam o mesmo papel e estavam em condição tão elevada quanto o rei da França. Só minúsculos insetos tramando em segredo falam sobre filosofia, lamenta Riccoboni – remetendo-se à crítica feita por Quintiliano a seus rivais filósofos –, ao comentar a introdução de temas que desvirtuam a tragédia:

é verossímil que um herói transtornado pela mais violenta emoção proclame sentenças da mais refinada metafísica? Pretendendo embelezá-lo, produziu-se um efeito totalmente contrário à intenção do poema trágico. No momento em que a deplorável situação de um herói vos comove, sai da boca deste herói furioso, desesperado, uma máxima moral ou uma sentença tão estranha e tão inesperada, que ela despista o coração e atrai toda a atenção do espírito[137].

Afastar os heróis no tempo e no espaço é um recurso para cunhar a grandiosidade própria da tragédia; do mesmo modo, "Zêuxis pintava os membros do corpo maiores do que são, para tornar suas figuras mais nobres e mais augustas"[138], como consta da *Instituição Oratória* lida por Riccoboni. Mas os franceses apequenam seus heróis, introduzindo questões atuais e complexas, que demandam atenção demais para serem captadas, mobilizando para isso apenas o espírito e perdendo a adesão sentimental da platéia.

Para elevar o desempenho do ator ao nível de uma tragédia bem escrita, é preciso acrescentar algo à natureza, enganar. Ao entusiasmar-se, o comediante consegue expressar-se com graça, "aumentando os objetos mostrados no teatro, ainda que se passe um pouco dos limites

---

136. Idem, p. 267 e 268-269, respectivamente.

137. *Histoire du théâtre italien*, t. II e I, p. 560, 27 e 308, respectivamente; apud X. de Courville, *Un Artisan de la rénovation théâtrale*, p. 305.

138. Quintiliano, *Institution Oratoire*, XII, 10, 5.

94 A ARTE DO ATOR ENTRE OS SÉCULOS XVI E XVIII

da natureza, a fim de que os espectadores que estejam distantes não percam de vista a expressão e os gestos"[139].

Portanto, o ator não se ocupa em convencer racionalmente o auditório, diz Riccoboni. O ofício do comediante será executado a contento se ele comover e iludir a si mesmo e aos demais, tendo o cuidado de não exagerar a ponto de perder os traços humanos: "desde sempre os oradores sentiram-se como homens que falam a outros homens, por isso não precisam se servir de outros tons do que os que a natureza inspira aos homens". Se não utilizar o estilo obscuro dos oráculos nem a elevação apropriada a outros gêneros, o ator iguala-se ao orador; do contrário, será visto como um louco, falando e gesticulando em praça pública de maneira descabida. À representação baseada em sentimentos humanos Riccoboni contrapõe a maneira de "andar, falar e olhar totalmente diferente de nós"[140], característica da tragédia francesa, cujos representantes se colocam muito acima do plano comum, elevando-se a um patamar tão distante da humanidade que não há como negar uma apropriação criminosa de atributos divinos. Novamente Riccoboni apresenta os concorrentes como hereges, desta vez equiparando os comediantes sensíveis – que se pautam por sentimentos humanos e não se deformam em esgares sobrenaturais – aos homens de boa índole, que não afrontam as autoridades terrenas com a pretensão de atingir alturas interditas.

Atuar com entusiasmo pode fazer com que os atores sintam o que dizem em cena, mas a condição para o bom êxito de um orador é que ele saia do isolamento do transe, colocando-se no lugar de outra pessoa, e assim demonstre seu senso de humanidade: "se o advogado, falando pela pessoa que ele defende, também nos leva a crer que é o próprio inocente a pedir justiça, ou o próprio culpado a clamar por misericórdia, então a ilusão será perfeita, então se sente o que se diz, e é então que se declama em tons provindos da alma". Riccoboni, que em *Da Arte de Representar* havia censurado autores e atores trágicos pela introdução de assuntos contemporâneos e por amesquinhar personagens trágicas, nos *Pensamentos sobre a Declamação* aconselha aos atores que sejam prudentes e não se distanciem demais, tendo cuidado para não ultrapassar "um certo ponto, para não incomodar os que estão mais perto, sobretudo para não alterar a natureza e não lesar a verdade"[141].

Também é exagero especificar com tantos detalhes os tons de voz, movimentos corporais e faciais adequados, como haviam feito os êmulos franceses de Quintiliano. Estes encontraram em alguns capítulos da *Instituição Oratória* uma fonte para codificar o desempenho do ator à maneira das academias de belas-artes e de belas-letras. Mas

---

139. L. Riccoboni, *Pensées sur la déclamation*, op. cit., p. 262.
140. Idem, p. 266 e 267, respectivamente.
141. Idem, p. 264 e 263, respectivamente.

A *COMMEDIA DELL'ARTE* E A ELABORAÇÃO DA ARTE DO ATOR   95

a verdade, segundo Riccoboni, é imprevisível. As determinações do regime absolutista não são baseadas em limitadas leis escritas, e sim na infinidade de caprichos do soberano.

Como a matéria é um obstáculo para a comunicação anímica, declamar bem implica, "em primeiro lugar, libertar a alma da escravidão dos sentidos" e vedar ao comediante o acesso à reflexão. Isso porque

na arte da declamação, até o pensamento nos é vedado; e se esta operação do espírito, que impera de modo absoluto sobre nossa vontade e nos distrai à nossa revelia, vem surpreender-nos durante a declamação, é repelida à força; pois, não conseguindo agir em sua companhia, a declamação a força a sair de nossa cabeça[142].

Tais preparativos possibilitam a exploração das profundezas da alma, onde se encontra a fonte da pronúncia variada e adequada, de olhares e feições expressivos, de movimentos corporais graciosos e dignos. Refletir faculta ao sábio atingir este ponto, acessível também aos poetas tomados de entusiasmo, "operação que, embora violenta, não nos é estranha". Pois o resultado compensa, e toda expressão tornase calorosa, animada e justa quando "vai à fonte dos sentimentos interiores e paixões da alma, onde se vislumbram a cólera, a compaixão, a vingança, a ternura e o restante das paixões". Apesar de Riccoboni rejeitar a necessidade de utilizar em cena a faculdade da reflexão, nem ao teatro regular nem ao improviso são lícitas paixões desmedidas. Entusiasmar-se é uma coisa, deformar-se é outra. É preciso estabelecer uma distinção entre "alterações da fisionomia para expressar sentimentos da alma, e caretas"[143].

As violentas crises de entusiasmo por que passam sábios e poetas são marcadas por um estado de ausência, em que eles "parecem loucos; quando despertam e são tirados de suas profundas meditações, subitamente se perdem as visões e as idéias que haviam demorado tanto para perceber". Quase sempre uma perda irreparável advém da lucidez, sem que se recuperem os prazeres da imaginação nem se rememorem as instrutivas reflexões em que a alma esteve absorta. Resquícios de entusiasmo poético registrados por escrito produzem pensamentos tão surpreendentes que muitos os consideram sobre-humanos, embora sejam a expressão mais profunda da alma humana. Por essa razão Riccoboni se pergunta "como recitar ou representar tais obras, senão em tons [inspirados pela] alma?"[144]. Se uma obra foi composta com entusiasmo, o orador também deve entusiasmar-se ao recitar. Mas nem tanto. Embora o espectador se aproxime via emoções, o ator o

142. Idem, p. 251 e 262, respectivamente.
143. Idem, p. 251 e 258, respectivamente.
144. Idem, p. 251 e 252, respectivamente. Acrescentei o termo "inspirados", com base na seqüência do período, em que Riccoboni diz: "a alma, que lhe inspirou tais pensamentos, de modo semelhante lhe dita a pronúncia".

96 A ARTE DO ATOR ENTRE OS SÉCULOS XVI E XVIII

mantém isolado da cena, estabelecendo um distanciamento necessário para surpreendê-lo e iludi-lo.

Se o comediante prolongar as crises de entusiasmo ou atuar como um bufão desnaturado, não somente Deus e seus ministros como quaisquer espectadores perceberão a falta, porque "da menor à maior parte em que se vê como é construído o corpo humano, revela-se o artífice divino que deu forma a essa obra-prima das criaturas". Deus nos deu a capacidade de avaliar se o ator consegue "sentir aquilo que diz". Ainda que o comediante atue "com bom senso, e entenda o que pronuncia, sentir é outra coisa"[145], previne Riccoboni, atento a teorias fisiológicas, sem desdenhar os aspectos teológicos implicados na questão: um bom desempenho é inteligível, mas também produz uma multiplicidade de sensações e reações corporais que ainda não foram assimiladas pelo senso comum.

Atrelar-se ao texto escrito não salvaguarda a representação teatral de excessos; ademais, os espectadores desconfiam de que estão sendo enganados, o que prejudica a adesão sentimental. Nesse sentido, a improvisação exerce um papel fundamental, pois "na arte da declamação iludir o auditório é tudo"; um ator deve agir de tal modo que os espectadores "sejam forçados, por assim dizer, a acreditar que tudo o que ele está dizendo foi pensado naquele instante; ao passo que tudo o que é escrito traz consigo a suposição quase correta de que o orador, ao compor, empregou todas as sutilezas imagináveis para alcançar seus fins"[146].

Nos *Pensamentos sobre a Declamação*, a menção à *Instituição Oratória*, de Quintiliano, concorre para decretar a inferioridade da atuação premeditada em relação ao improviso, modulado segundo a maior ou menor abrangência de um discurso. No teatro, a improvisação não concorre para deter o fluxo da ação dramática, e sim para facilitar seu escoamento, pois "o que parece nos ocorrer de repente tem um ar de simplicidade e verdade que predispõe a audiência em favor do que é dito. Portanto, se a declamação for a tal ponto natural e verdadeira, a ilusão será perfeita". O espectador ficará completamente iludido se o ator sentir tudo o que disser, e desse modo "nos persuadir de que estamos escutando as próprias personagens, e não o comediante que as representa"[147].

Mais do que ativar o entendimento do espectador, adequando-se a códigos de que tenha pleno conhecimento, segundo Riccoboni a representação dos italianos explora os sentimentos do público, sem que este se dê conta. Os preceitos da arte de representar não devem ser notados pelo espectador; portanto, não podem ser postos no papel, "só

145. Idem, p. 261 e 263, respectivamente.
146. Idem, p. 263-264, respectivamente.
147. Idem, p. 264.

A *COMMEDIA DELL'ARTE* E A ELABORAÇÃO DA ARTE DO ATOR

se dão de viva voz [embora] jamais tenha sido fundada uma escola de declamação [...], tão útil à sociedade quanto as melhores instituições existentes nas grandes cidades"[148], diz Riccoboni, oferecendo-se para ocupar essa importante função.

Ou seja, na tentativa de implantar o improviso na representação da tragédia, Riccoboni lança mão da cláusula do homem de bem, mas não para propor a instauração de um desempenho de total evidência como em Quintiliano. Ao contrário, a preponderância da sensibilidade na encenação proposta por Riccoboni conecta o comediante com todos os que estão privados de acesso à esfera pública.

Opera-se um distanciamento do público de teatro em relação a assuntos públicos, a ponto de estes serem tratados como ficção. O par filosofia-reflexão é excluído do gênero trágico por tornar o assunto próximo demais do espectador, possibilitando que ele se distraia daquilo que ocorre em cena e comece a tirar conclusões sobre questões políticas, que constituem a matéria trágica.

Esse é o perigo ao qual o monarca francês se expõe ao sustentar a Comédie Française, previne Riccoboni, enquanto se prontifica a ocupar o lugar dos infiéis colegas franceses.

Décadas depois, em Veneza, Carlo Gozzi pronunciava acusações semelhantes às que Riccoboni havia feito à tragédia francesa. Mas o alvo de Gozzi em sua *Reflexão Ingênua* (1772) foi a comédia, especialmente a comédia goldoniana, por promover personagens baixas a protagonistas de situações sérias, e aviltar personagens eminentes, figurando-as com máscara[149]. Gozzi defendia o retorno à jocosidade da *Commedia dell'Arte*, como reação às comédias de Goldoni, que haviam feito "dos verdadeiros nobres espelho de iniqüidade e ridículo; e da verdadeira plebe exemplo de virtude". Isso com a finalidade de "atrair o interesse do povo miúdo, que vê sempre com desdém o necessário jogo da subordinação"[150].

Que se reservem as lágrimas para a tragédia dos grandes, ao invés de comover os ânimos introduzindo nobres paixões em "mórbidos dramas familiares". Autores que o fazem têm como pérfidos objetivos

sustentar com eficácia o jus natural; pintar com os mais vivos traços da eloqüência os superiores como falazes, como tiranos enganados por maus conselhos; pintar como preconceitos as razoáveis regras familiares, como injustamente compartilhados os dons, como desumano o despotismo dos pais; [e] incitar em todos a liberdade de pensar e de agir [*operare*][151].

148. Idem, p. 271 e 272, respectivamente.
149. Cf. A. Beniscelli, Introduzione, em C. Gozzi, *Il Ragionamento ingenuo*, p. 33. A tradução desse título para o português foi-me gentilmente sugerida por Roberta Barni.
150. C. Gozzi, op. cit., p. 80.
151. Idem, p. 62. O editor observa que "dons" tem aqui a conotação de "patrimônio".

98 A ARTE DO ATOR ENTRE OS SÉCULOS XVI E XVIII

Esse tipo de teatro não é menos perigoso para a Igreja, avisa Gozzi. O assunto da comédia reformada por Goldoni e seus êmulos faz os espectadores se espelharem em perigosos exemplos,

manipulados por industriosos escritores, mediante máximas do jus natural, em que se confrontam, por um lado, a virtude oprimida dos heréticos, e por outro a tirania e a bárbara opressão dos católicos, de modo a deixar no auditório, seu discípulo, uma impressão de repulsa pelas máximas austeras do catolicismo e de inclinação pelas máximas dos heréticos, afastando-o ainda mais da Igreja e dos sacerdotes[152].

Sob pretexto de imbuir-se de uma "imaginária cultura", espectadores adeptos desse gênero, com "ridículas caretas de nojo, afetam não poder suportar uma comédia popular", preferindo assistir a sublimes tragédias. Por considerar o público de teatro incapaz de compreender e de apreciar os elementos trágicos incorporados à comédia por dramaturgos como Goldoni, Gozzi diz que tão afetados espectadores juram assistir à tragédia "com atenção e enlevo, mas não entendem o andamento da ação, nem as circunstâncias, nem os sentimentos!". Àqueles que pretenderam reformar o teatro veneziano, banindo "as facécias populares e chamando maliciosamente de tirania política o fato de manter o povo na ignorância", Gozzi responde:

não é tirania, mas caridosa e madura prudência acostumar os povos, tanto quanto possível, a essa simplicidade que de forma alguma denomino ignorância; ao contrário, tirano furioso é aquele que, tentando infundir-lhes sofismas e uma perigosa soberba [*sublimità*], os inquieta e os expõe aos funestos e necessários castigos de quem governa[153].

Note-se a partir do protesto de Gozzi que as facécias e comédias por ele denominadas "populares" não são realizadas pelo povo, mas verticalmente dirigidas a ele. Porque o gênero cômico se limita a representar personagens de baixa extração, a comédia é o gênero mais apropriado para ser visto pelo povo, ratificado como plebeu, portanto insensível e ignaro em relação aos assuntos de maior monta conduzidos pela nobreza e pelo clero, como instâncias auto-referentes detentoras do poder. O povo, nesse sentido, é definido por Gozzi como incapaz de compreender, de apreciar e protagonizar o gênero trágico. É, pois, insubordinação política, heresia e inversão da ordem natural apresentar uma comédia tão séria como a de Goldoni.

---

152. Idem, p. 67.
153. Idem, p. 77 e 62, respectivamente.

3. Entretiens de Diderot e Sermones de Horácio: Indicações para a Arte do Ator

Nas *Conversas sobre* O Filho Natural, de 1757, enunciam-se abrangentemente as idéias de Diderot sobre o teatro, mas desde *Les Bijoux indiscrets* (Jóias Indiscretas, 1748) o autor elaborava dialogicamente suas opiniões sobre o assunto. Tratava-se naquela ocasião de utilizar a linguagem mais comum – portanto, a mais compreensível – em uma situação rasteira, acessibilíssima (os picantes dizeres de Erifila, ao se sentir profundamente tocada pelo ator Orgogli), com a finalidade explícita de ridicularizar a cena francesa. O episódio em questão fala sobre um anel que Mangogul, sultão do reino imaginário do Congo, ganhou de um gênio. Para curar-se do tédio em que vivia, o sultão havia invocado o gênio Cucufá, de quem recebeu um maravilhoso anel.

"– Está vendo este anel? – perguntou [o gênio] ao sultão.

– Ponha-o no dedo, meu filho. Todas as mulheres para quem você apontá-lo contarão suas aventuras em voz alta, clara e inteligível. Mas não vá pensar que é pela boca que falarão"[1].

O sultão e sua favorita continuam tentando fugir ao tédio, desta vez assistindo à tragédia congolesa, o que lhes dá ensejo de experimentar o anel em uma das moças da platéia, Erifila.

Essa é uma boa ocasião para o narrador dissertar sobre as condições em que se encontra o teatro no Congo: 1. atores não sabem declamar; 2. autores talentosos são obrigados a dobrar-se à mediocridade do

---

1. D. Diderot, *Jóias Indiscretas*, p. 22; *Les Bijoux indiscrets*, em *Oeuvres complètes*, t. 3, p. 43.

100 A ARTE DO ATOR ENTRE OS SÉCULOS XVI E XVIII

público e aos caprichos dos comediantes; 3. por costume e por inércia, todos os autores são aplaudidos; 4. as passagens da peça exageradamente comoventes tornam-se ridículas ao serem ouvidas, pois há discrepância entre o modo pomposo de enunciar palavras sentimentais e seu teor intimista; 5. a relação entre os comediantes e o público muitas vezes extravasa o âmbito artístico, a ponto de o comportamento libertino dos atores congoleses anular as qualidades dramatúrgicas das peças nativas.

Sendo um *roman à clé*, *Jóias Indiscretas* consagra assim seu capítulo 37 a um mordaz ataque contra o teatro francês da época, especialmente contra comediantes e espectadores. Diderot os torna ridículos; ao mesmo tempo, consegue humilhá-los sem dor, sem transformá-los em comoventes vítimas. Diderot, ao dar voz a bocas alheias, não censura propriamente a licenciosidade, mas escarnece o comediante conquistador e a espectadora ultra-sensível como tipos da tolice humana.

Em linguagem obscena, essa primeira invectiva de Diderot, em particular contra atores e público a ele contemporâneos, mas em geral contra o teatro estabelecido na França – vide o capítulo seguinte de *Jóias Indiscretas*, cujo tema é a saturação da dramaturgia vigente –, teve sua contrapartida positiva em propostas que ele divulgaria nas *Conversas sobre* O Filho Natural.

As quais, por sua vez, também se compõem de diálogos ficcionais – entre Dorval, suposto autor e protagonista da peça *O Filho Natural*, e Eu, primeira pessoa do singular nas *Conversas* (portanto, aquele que as escreve). Este Eu, no entanto, confunde o leitor ao mencionar certo texto cujo "autor, descontente com o balé final de *Le Devin du village*, propunha um outro, e, salvo engano, as idéias dele têm afinidade com as suas"[2].

Confunde-nos porque Eu, assim, diferencia-se de Diderot, que havia escrito a respeito daquele balé no último dos *Três Capítulos* que se seguem *Ao Pequeno Profeta de Boehmischbroda*; no prólogo de *O Filho Natural*, entretanto, Eu se diz o editor da *Enciclopédia*: "O sexto volume da *Enciclopédia* tinha acabado de ser publicado e eu tinha ido buscar no campo repouso e saúde"[3].

---

2. Terceira Conversa, *Conversas sobre* O Filho Natural, em *Diderot: Obras v*, p. 173; Troisième entretien, *Entretiens sur* Le Fils naturel, em *Oeuvres*, t. 4, p. 1183.

3. *O Filho Natural*, em *Diderot: Obras v*, p. 25; *Le Fils naturel*, em *Oeuvres*, t. 4, p. 1082. O biógrafo Arthur Wilson salienta que o atraso na publicação desse volume, bem como desgastantes conflitos com alguns colaboradores da *Enciclopédia*, dentre os quais Landois (reclamando remunerações atrasadas) e Condillac (por ter supostamente plagiado, em seu *Tratado das Sensações*, a *Carta sobre os Surdos-Mudos*, de Diderot), causaram em Diderot cólicas e outros males de saúde que o levaram, entre agosto e setembro de 1756, a um veraneio em Massy, na casa de campo de um dos livreiros da *Enciclopédia*, Le Breton; cf. A. Wilson, *Diderot*, p. 211-212. Cf. ainda comentários de Laurent Versini a *Les Trois chapitres*, em *Oeuvres*, t. 4, p. 150.

ENTRETIENS DE DIDEROT E SERMONES DE HORÁCIO

Parece absurdo o protagonista de uma peça (Dorval) ganhar vida fora dela para tratar da atuação e da composição da própria peça, além de testemunhar sobre os fatos que deram origem a ela. Parece igualmente espantoso que Diderot, o autêntico escritor de *O Filho Natural*, admita e em seguida se recuse a identificar-se com o Eu autor das *Conversas*. Assim, do ponto de vista da credibilidade dada ao texto, o resultado dessa tática de simulação e dissimulação é, no mínimo, paradoxal.

O paradoxo usa-se aqui, bem como usava-se a obscenidade em *Jóias Indiscretas*, com a finalidade de provocar no leitor um efeito conhecido em retórica como estranhamento (*tò xénikon*). Heinrich Lausberg, nos *Elementos de Retórica Literária*, escreve que este *Verfremdungseffekt* é causado por fatores inesperados que, em confronto com "a vivência do habitual, cuja forma extrema é o tédio (*taedium, fastidium*)"[4], provocam a vivência do estranhamento. A qualidade principal do inesperado é a variação (*varietas, variatio; metabolé*), a qual, oposta à invariabilidade, freqüentemente obtém êxito em persuadir o árbitro da situação – no caso, o leitor.

Em *Literatura Européia e Idade Média Latina*, Ernst Robert Curtius investigou o vínculo entre a obra de Diderot e a de Horácio[5], indicando o grande interesse que as *Sátiras* horacianas despertaram no enciclopedista, e a importância dada por ambos à *inaequalitas*, à oscilação e à variedade.

O precedente horaciano é abertamente declarado por Diderot, pois a epígrafe de sua peça *O Filho Natural* é tirada da *Epístola dos Pisões*, que Horácio endereçou a um componente da família dos Pisões e a seus dois filhos. A *Epístola aos Pisões* é escrita como uma conversa amigável em que se dão conselhos sobre a técnica da poesia, sobre as qualidades que o poeta deve possuir e fortificar em si mesmo e sobre as falhas que ele deve evitar. Por dividir-se em três instâncias que na retórica correspondem a *de arte, de artifice* e *de opere*[6], mais tarde a *Epístola* foi intitulada *Arte Poética*[7].

---

4. H. Lausberg, *Elementos de Retórica Literária*, p. 112. O tradutor de Lausberg diz em nota: "com o termo *estranhamento* pretendemos traduzir o alemão *Verfremdung*". Esta palavra, usada por Lausberg para traduzir *tò xénikon* (cuja etimologia remete à idéia de estranho e de estrangeiro), não é pois exclusividade do vocabulário técnico brechtiano, tendo sido um recurso retórico usado desde a antiguidade com a função de surpreender o ouvinte, o leitor ou o espectador, de modo a reforçar a ilusão – e não a romper.

5. Cf. E. R. Curtius, Diderot e Horácio, *Literatura Européia e Idade Média Latina*, p. 703: "Embora Diderot tivesse aberto caminho para muitas teorias estéticas modernas e ultramodernas, ele foi, durante toda a vida, um entusiasta venerador dos antigos. Horácio era um de seus poetas prediletos".

6. Cf. A. Muhana, *A Epopéia em Prosa Seiscentista*, p. 22: "Horácio aplica esta [...] divisão em sua *Arte Poética*, tratando da 'arte', nos vv. 1-152; da 'obra' nos vv. 153-294, e do 'poeta' nos vv. 295-476".

7. Cf. F. Villeneuve, Notice, *Épitres*, p. 182.

102 A ARTE DO ATOR ENTRE OS SÉCULOS XVI E XVIII

As *Epístolas* e as *Sátiras* de Horácio são denominadas conversas, do latim *sermones*, porque, embora sejam escritas em metro uniforme e não em prosa, seu tom é familiar, de proximidade. Ernst Bickel, em sua *História da Literatura Romana*, dá-nos informações sobre as situações em que se permite invocar a musa pedestre e sobre os modelos aos quais os latinos recorreram:

quanto à forma literária das sátiras e epístolas compostas em linguagem coloquial, seu fundamento é a diatribe helenística [...]. O título tradicional das epístolas, *sermones*, corresponde à expressão técnica grega *diatríbai* [...] e na arte da diatribe horaciana se percebem diversos matizes [...]. Mesmo que, na *Ars Poetica*, Horácio se dirija nominalmente (v. 6) aos Pisões, a réplica (vv. 9 e seg.), que aparece em discurso direto, nada tem a ver com a situação particular dos destinatários. Nas *Sátiras* a animação dialógica é maior do que nas *Epístolas*, pois o adversário fictício aparece também em pessoa [...]; na maioria dos casos a sátira inteira transcorre como conversa entre dois[8].

Se a forma dialógica de *Jóias Indiscretas* adequava-se ao intuito de satirizar o teatro francês, Diderot adotou novamente o padrão de conversação das sátiras horacianas quando modificou sua tática de abordagem do assunto: nas *Conversas sobre* O Filho Natural o efeito pretendido passa a ser tratadístico – uma iniciação ao assunto, nos moldes da *Arte Poética*. Também Horácio, ao compor a *Epístola aos Pisões*, "tinha diante dos olhos o esquema que os tratados de retórica grega recomendavam para as obras elementares de ensino"[9].

Admitindo-se essa hipótese, o modelo da diatribe horaciana condiz com a finalidade pedagógica de *Jóias Indiscretas* e das *Conversas*, complementares na campanha de Diderot para modificar a situação do teatro em seu país, propondo reformas não só em relação aos comediantes e seu público como também quanto aos autores, à dramaturgia e à encenação em geral (disposição cênica, cenário e figurinos). Tais modificações, porém, não poderiam efetivar-se sob o império do despotismo; esta conclusão, embora possa ser inferida desde *Jóias Indiscretas*, que comparava ao despotismo oriental o regime vigente na França, será elaborada por Diderot vinte e tantos anos depois, em seu *Paradoxo sobre o Comediante*.

Percebe-se que nas *Conversas* as investidas são mais moderadas do que no romance libertino, pois naquelas Diderot lança mão de argumentos menos patéticos, cuja função, de acordo com o estudioso de retórica Heinrich Lausberg, é

levar a cabo a prova. As provas alegadas na *argumentatio* podem ser preponderantemente objetivas (com a finalidade de convencer o juiz intelectualmente) ou preponderantemente afetivas (com a finalidade de persuadir o juiz emocionalmente). Neste processo, as provas afetivas subdividem-se em provas éticas (solicitando a simpatia com graus suaves de afetos) e provas patéticas (abalando com graus violentos de afetos)[10].

---

8. E. Bickel, *História de la literatura romana*, p. 548.
9. F. Villeneuve, op. cit., p. 183.
10. H. Lausberg, op. cit., p. 92.

Diante disso, o leitor de *Jóias Indiscretas* e das *Conversas sobre O Filho Natural* é levado a arbitrar o debate, de modo que, ao final da troca de idéias encenada, altere ou conserve a situação dada. Como vimos, nas *Conversas* Diderot oculta-se e revela-se, conseguindo assim incrementar o interesse do leitor, para engajá-lo na discussão.

Essa é a figura de pensamento, diz Lausberg, definida como ironia, que "usa a dissimulação e a simulação como armas do engano: quer, por conseguinte [...] manter, em estado definitivo, o mal-entendido". A obscuridade assim posta deixa em aberto várias possibilidades de compreensão e proporciona ao público "certo grau de colaboração na obra do artista. Este confere à sua obra certas obscuridades e deixa ao público a elaboração do estádio final da obra: a clareza, que a obra depois adquire é, dessa maneira, o fruto do trabalho do público"[11].

A *obscuritas*, prossegue o filólogo, acaba comprometendo a credibilidade do discurso, pois só aquilo que é compreendido pode ser crível; não impede, entretanto, a adesão sentimental.

Também nos momentos em que a intriga de uma peça de teatro se complica, Diderot prescreve, no tocante à sua composição, a introdução de elementos épicos. Este é um recurso que transfere para a imaginação do espectador a representação de fatos que, sem deixar de ser verossímeis na épica, seriam incríveis em cena.

Como a imaginação do público é altamente solicitada nesses casos, a introdução de elementos épicos no drama não acarreta perda de interesse ou quebra da ilusão, diz Diderot:

> Quando uma ação é simples, acho que é melhor representá-la do que narrá-la [...]. Mas se a ação se complica, se os incidentes se multiplicam, haverá sempre alguns que me farão recordar que estou na platéia; que todos os personagens são atores e que não é um fato verídico o que se passa. A narração, ao contrário, conseguirá transportar-me para além da cena. Serei capaz de acompanhar todas as circunstâncias. Minha imaginação vai concretizá-las como as vi na natureza[12].

A importância que Diderot dá à imaginação do espectador também pautou as *Reflexões Críticas sobre a Poesia e a Pintura*, publicadas em 1719 *abbé* o padre Du Bos, que estabeleceu a recepção da obra de arte como vetor de suas teorias, e suscitou entre amadores e praticantes questões ainda prementes em 1757, quando da publicação das *Conversas sobre* O Filho Natural[13].

Na seção 4 da primeira parte das *Reflexões* de Du Bos, denominada "Sobre o Poder Que as Imitações Têm sobre Nós e sobre a Facilidade

11. Idem, p. 251 e 128, respectivamente.
12. Terceira Conversa, op. cit., p. 161; ed. fr., p. 1174-1175.
13. Embora Diderot se refira somente uma vez a esse autor, até 1746 a obra de Du Bos teve cinco edições. Cf. J. Chouillet, *La Formation des idées esthétiques de Diderot*, p. 283. Em 1755 lançou-se a edição que serve de base para a atual, de que faço uso neste trabalho.

104 A ARTE DO ATOR ENTRE OS SÉCULOS XVI E XVIII

com Que o Coração é Comovido", designa-se o coração como sede da comoção; esta, por sua vez, aproxima-se de uma disposição fisiológica, a sensibilidade. O que a ela se refere nos atinge muito mais fácil e subitamente do que o concernente ao raciocínio ou à convicção. Também aqueles que queiram persuadir-nos, excitando em nós paixões artificiais, devem estar arrebatados por essas paixões. Mais adiante, apoiado em Horácio, Cícero e Quintiliano, Du Bos explica como se constrói esse artifício, mas avisa que "todos os oradores e todos os comediantes que vimos obter êxito eminente em suas profissões eram pessoas nascidas com a sensibilidade de que acabo de falar. A arte não a dá". Du Bos acabara de falar sobre a capacidade de um declamador imitar os movimentos da paixão, quando o essencial é "aquecer a imaginação, representando vivamente para si mesmo os objetos da pintura dos quais ele pretende se servir para comover os outros; é colocar-se no lugar daqueles que ele quer fazer falar"[14].

Diderot segue essa prática ao compor as *Conversas sobre O Filho Natural*. Há uma distinção entre os fatos tal como se passaram, sob a ótica de Dorval, e a sua transformação em obra dramática. Dorval, enquanto autor, chega a declarar que a arte da intriga consiste em ligar os episódios de maneira necessária e satisfatória às partes envolvidas; para decidir, é preciso ouvir todas elas, pois "aquele que age e aquele que olha são dois seres muito diferentes"[15].

A unidade e o equilíbrio entre as partes é também o ponto de partida da *Arte Poética*, de Horácio:

Se um pintor quisesse juntar a uma cabeça humana um pescoço de cavalo e a membros de animais de toda a ordem aplicar plumas variegadas, de forma a que terminasse em torpe e negro peixe a mulher de bela face, conteríeis vós o riso, ó meus amigos? Pois crede-me, Pisões, em tudo a este quadro se assemelharia o livro, cujas idéias vãs se concebessem quais sonhos de doente, de tal modo que nem pés nem cabeça pudessem constituir uma só forma[16].

Como na pintura, para lograr unidade na poesia é preciso conhecer e respeitar o alcance de cada gênero; efetivamente, ao abordar a dramática, Horácio a vincula ao diálogo, ao espetáculo e ao público: "Foi a raiva quem armou Arquíloco do jambo que a este é próprio: depois, a tal pé, adaptaram-no os socos e os grandes coturnos por mais apropriado para o diálogo, capaz de anular o ruído da assistência, visto ser criado para a ação"[17].

Na segunda das *Conversas*, Diderot chega a citar um verso da passagem acima para confirmar a subordinação do efeito teatral a circunstâncias locais; mesmo a construção do teatro antigo, diz Diderot,

14. J.-B. Du Bos, *Réflexions critiques sur la poésie et sur la peinture*, p. 141 e 140.
15. Primeira Conversa, op. cit., p. 98; ed. fr., p. 1132.
16. Horácio, *Arte Poética*, vv. 1-9, p. 51.
17. Idem, vv. 79-82, p. 67.

ENTRETIENS DE DIDEROT E SERMONES DE HORÁCIO   105

correspondeu à necessidade de amplificar a voz, sendo planejada como se o próprio edifício fosse "um grande instrumento"[18]. Bem como a versificação adequada a teatros espaçosos, o concurso de grande número de espectadores levou os antigos a um "exagero [que] contagiasse ao mesmo tempo e pela mesma causa o andar, o gesto e todas as outras partes da ação", pois a ênfase e tudo o que a ação tem de enorme está em conveniência com as outras partes da obra. "Essa unidade determina as vestes, o tom, o gesto, a contenção, desde o púlpito colocado nos templos até os tablados erigidos em plena rua"[19].

Em certos casos, embora a mistura seja desaconselhada por Horácio, é possível haver modulações entre os gêneros, para diversificar as maneiras de atingir o público, pois

mesmo a comédia não quer os seus assuntos expostos em versos de tragédia e igualmente a ceia de Tiestes não se enquadra na narração em metro vulgar, mais próprio dos socos da comédia. Que cada gênero, bem distribuído ocupe o lugar que lhe compete. Às vezes, todavia, levanta vôo a comédia e Cremete indignado ralha em tom patético; mais vezes, no entanto, as personagens trágicas, seja Telefo ou Peleu, em língua rasteira se lamentam, quando, na pobreza e no exílio, lançam frases empoladas, palavras de pé e meio, tentando comover pelo lamento o coração de quem os olha[20].

A Diderot coloca-se a questão de saber em que medida modular os gêneros sem que percam a unidade. Em última instância ela depende do ator, cuja pantomima alcança a visão do espectador, e com a força de sua fala conduz o discurso aos ouvintes, adaptando-se "ao lugar, ao orador, a seu auditório". O autor pode descrever a pantomima, orientando o comediante em sua atuação; para a entonação, entretanto, não há notação. Nesse domínio, "Não é o preceito; é algo de mais imediato, mais íntimo, mais obscuro e mais certo que os guia e ilumina"[21].

Recai sobre o ator a plena realização da obra dramática, embora estejam embutidas na própria peça as indicações para sua atuação, segundo o gênero em que foi composta.

Porém, quanto à pronúncia e à gesticulação de certos discursos, principalmente daqueles que representam afetos violentos com a finalidade de também excitar este grau de comoção no ouvinte, Diderot rejeita preceitos:

18. Segunda Conversa, op. cit., p. 135; ed. fr., p. 1156. Aqui Diderot cita Vitrúvio, que em De Arquitetura, v, 3, compara os teatros, quanto ao cálculo para a amplificação da voz, a instrumentos de sopro.

19. Idem, p. 136 e 136-137; ed. fr., p. 1157 e 1158, respectivamente.

20. Horácio, op. cit., vv. 89-98, p. 69-71. Como explica Rosado Fernandes, "Cremete é o tipo do pai avaro e irascível, freqüente na Comédia Nova. Vide a personagem deste mesmo nome de O Homem Que se Puniu a Si Mesmo, de Terêncio. Telefo, personagem da tragédia, era um rei da Mísia. Ferido por Aquiles nos campos de Tróia, vai, como mendigo, ao campo dos gregos em Argos, a fim de sarar a ferida, da qual, segundo um oráculo, só assim se curaria. À tragédia também pertence a figura de Peleu, pai de Aquiles, que, devido a vários reveses da sorte, acabou por fugir das terras gregas".

21. Segunda Conversa, op. cit., p. 137 e 120; ed. fr., p. 1158 e 1146, respectivamente.

106 A ARTE DO ATOR ENTRE OS SÉCULOS XVI E XVIII

eu gostaria muito de falar-vos sobre a inflexão [*accent*] apropriada a cada paixão. Mas essa inflexão muda de tantas maneiras; é um assunto tão fugidio e tão delicado que não conheço outro que nos faça sentir tanto a indigência de todas as línguas que existem e que existiram. Tem-se a idéia justa de uma coisa; ela se apresenta à memória. Procuramos a expressão? Não a encontramos.

Se nesse momento a preceptiva desampara o discernimento, cabe a outra faculdade humana a função de orientar o comediante, constata Diderot:

> Felizmente uma atriz de discernimento limitado, de uma perspicácia comum, mas dona de grande sensibilidade, apreende sem esforço um estado d'alma e encontra, sem pensar, o tom [*accent*] que convém aos muitos sentimentos diferentes que se fundem constituindo esse estado e que toda a sagacidade do filósofo seria incapaz de analisar[22].

As *Reflexões* de Du Bos haviam enfatizado: aqueles que aparentam estar tomados pelas emoções têm domínio praticamente mecânico sobre os demais. A comoção que provocam não passa pela deliberação, a força que possuem provém da voz, do tom, do gesto, enfim, da ação. Não basta, porém, aos atores saber que a cada movimento de alma corresponde uma expressão fisionômica, uma inflexão de voz ou um gesto; resta-lhes operar essa energia de acordo com a finalidade a que se propõem. Atores de sensibilidade conseguem subordinar-se às circunstâncias, principalmente as atrizes, diz Diderot em conformidade com Du Bos, pois elas dispõem mais à vontade de sua imaginação, representando mais facilmente para si mesmas as paixões que pretendem representar para o público.

Quanto aos meios de que os comediantes dispõem para exercer sua sensibilidade, há passagens nas *Conversas* em que se aconselha ao autor da obra dramática escrever em rubricas o gestual que lhe pareça apropriado; para Diderot a entonação não parecia, porém, passível de notação[23]. Du Bos, por sua vez, defende não só a prescrição do gesto teatral com base na mímica romana denominada *saltatio*, como também a implantação de uma notação especialmente concebida para reger a declamação trágica e a cômica.

Du Bos diz ainda que "não poderia ser tão difícil reduzi-la a algumas regras ou colocar esse método em prática quanto foi descobrir a arte de

22. Ibidem; ed. fr., p. 1145-1146.
23. Cf. Idem, p. 119-120; ed. fr., p. 1146: "Quem poderia descrever a declamação destes dois versos: 'Puderam quantas vezes olhar-se, procurar-se/ No fundo do bosque os viu alguém dissimular-se?'.
É uma mescla de curiosidade, inquietude, dor, amor e vergonha, que o pior quadro pintaria melhor que o melhor dos discursos.
EU – É uma razão a mais para escrever a pantomima.
DORVAL – Sem dúvida, a entonação e o gesto se determinam reciprocamente.
EU – Mas a entonação não pode ser codificada, e é fácil escrever o gesto".

escrever em notas os passos e as figuras de uma entrada de balé dançada por oito pessoas, principalmente sendo os passos tão variados e as figuras tão entrelaçadas"[24] como nos balés apresentados em Versalhes.

Com passos contados ou não, com a voz desimpedida ou não, a arte do comediante na concepção de Du Bos e Diderot está em concordância com Horácio: por mais belos que sejam os versos de quem declama, fazer rir ou fazer chorar depende do ator.

> Assim como o rosto humano sorri a quem vê rir e aos que choram se lhes une em pranto, também se queres que eu chore, hás-de sofrer tu primeiro: só teus infortúnios podem comover-me, quer sejas Telefo ou Peleu; se, porém, recitares mal teu papel, dormitarei ou cairei no riso. [...] Se as palavras do ator não corresponderem à sua sorte, não deixarão todos os Romanos, cavaleiros e peões, de soltar grandes risadas[25].

Horácio indica assim a conveniência que deve haver entre o discurso e a declamação, e Diderot o segue ao dizer que a própria composição da obra poética deve subordinar-se às circunstâncias. Se fazer rir ou fazer chorar define a meta de quem representa comédias ou tragédias, o fato de serem elas escritas em verso ou em prosa fica em segundo plano. Para Diderot,

> o primeiro poeta que nos fez rir com a prosa, introduziu a prosa na comédia. O primeiro poeta que nos fizer chorar com a prosa, introduzirá a prosa na tragédia.
> Mas na arte, como na natureza, tudo está encadeado; se nos aproximamos de um lado do verdadeiro, nós nos aproximaremos de muitos outros lados dele[26].

Ou seja, a especificidade da imitação não está nos meios utilizados pelo autor para realizá-la, mas no efeito que se pretende causar, o que depende de elementos cênicos que localizem o espectador no ambiente adequado ao gênero da peça.

Sendo as circunstâncias locais importantes para a obtenção do efeito desejado – fazer rir ou fazer chorar –, quando elas são modificadas também a reação da platéia perpassa estágios intermediários; isso leva Diderot, na terceira das *Conversas*, a defender a implantação do gênero sério, mais adequado à situação dos franceses no século XVIII, privada da comoção pública que presidia à tragédia antiga:

> Que diferença entre distrair tal dia, de tal a tal hora, num lugar pequeno e escuro, algumas centenas de pessoas e fixar a atenção de uma nação inteira em seus dias solenes, ocupar seus edifícios mais suntuosos e ver esses edifícios cercados e repletos de uma multidão incontável, cujo divertimento ou tédio vai depender de nosso talento![27]

---

24. J.-B. Du Bos, op. cit., p. 406.
25. Horácio, op. cit., vv. 101-105 e 112-113, p. 71 e 73.
26. Segunda Conversa, op. cit., p. 133; ed. fr., p. 1155.
27. Idem, p. 135-136; ed. fr., p. 1157.

108 A ARTE DO ATOR ENTRE OS SÉCULOS XVI E XVIII

Os grandes interesses trágicos, de âmbito político, ficam apartados de um teatro que já não comporte milhares de pessoas; a veemência da versificação não mais se mostra necessária; e, se o homem nem sempre se encontra na dor trágica, tampouco na alegria. Para Diderot, "há um ponto que separa a distância do gênero cômico ao gênero trágico", em que

o terror, a comiseração e as outras grandes paixões não são suscitadas. No entanto, há interesse e haverá sempre, sem ridículo que faça rir, sem perigo que faça estremecer, em toda composição dramática na qual o assunto seja importante, na qual o poeta assuma o tom que empregamos nas situações sérias e na qual a ação avance por meio da perplexidade e das complicações. No entanto, parece-me que, sendo essas ações as mais comuns na vida, o gênero que as tomar por objeto deve ser o mais útil e o mais vasto. Eu chamarei esse gênero de gênero sério[28].

Identificar os gêneros de acordo com assuntos elevados ou rasteiros que compõem a tragédia ou a comédia, protagonizadas por personagens eminentes ou de baixa condição, Diderot tampouco admite. O objeto da imitação não os define; o efeito, sim, é aquilo que os determina: fazer rir, quanto ao cômico, fazer chorar, quanto ao trágico. E o efeito depende, segundo Horácio, de uma série de circunstâncias; o uso de linguagem enfática, apropriada à tragédia, licita-se a personagens cômicas que se encontrem em situação de ira e outras de igual seriedade (pois os humildes não passam o tempo todo rindo). Do mesmo modo, o estilo elevado deve ser dispensado quando os grandes desabam desse *status* ou freqüentam outros.

Tendo em mente o critério horaciano, para Diderot

o que torna uma peça cômica, séria ou trágica é menos o tema e mais o tom, as paixões, os personagens e o interesse. Os efeitos do amor, do ciúme, do jogo, da vida desregrada, da ambição, do ódio, da inveja *podem fazer rir, refletir ou tremer*. Um ciumento que toma providências para se assegurar de sua desonra é ridículo; um homem honrado que suspeita e que ama aflige-se com isso; um celerado que tem certeza de ser traído pode cometer um crime[29].

Sem ridículo que faça rir, sem perigo que faça tremer, de acordo com Diderot toca ao gênero sério mostrar as ações mais comuns da vida; "mais comuns" na acepção de mais freqüentes e pertinentes a pessoas de todas as condições, bem como na acepção do intervalo entre o riso e o choro, de uma pausa para reflexão (conforme itálico na passagem acima). Disso advêm vantagens para ambos os lados, pois o gênero sério tem como finalidade ser útil e deleitar, por um lado ensinando, tal como a tragédia, a temer as paixões, e por outro instruindo a respeito dos deveres, tal como a comédia.

28. Terceira Conversa, op. cit., p. 148; ed. fr., p. 1165-1166.
29. Idem, p. 154; ed. fr., 1169, grifo meu.

ENTRETIENS DE DIDEROT E SERMONES DE HORÁCIO

Equacionar elementos verídicos e inventados foi a proposta de Horácio para conciliar prazer e instrução na arte poética.

Os poetas ou querem ser úteis ou dar prazer ou, ao mesmo tempo, tratar de assunto belo e adaptado à vida. [...] As tuas ficções, se queres causar prazer, devem ficar próximas da realidade e não se pode apresentar tudo aquilo em que a fábula deseja que se creia, como quando se tira viva do ventre de Lâmia a criança há pouco por esta devorada. [...] Recebe sempre os votos, o que soube misturar o útil ao agradável, pois deleita e ao mesmo tempo ensina o leitor[30].

Encontrar o meio-termo que constitui o gênero sério demanda cuidados constantes, avisa Diderot, pois:

Todas as nuances do cômico estão compreendidas entre esse gênero e o gênero sério; e todas as do trágico entre o gênero sério e a tragédia. [...] *Os pintores e os poetas têm o direito de ousar tudo; mas esse direito não se estende até a liberdade de fundir espécies diferentes num mesmo indivíduo*[31].

Nessa paráfrase ao início da *Arte Poética* (no parágrafo acima, em itálico), Diderot anuncia uma noção de teatro em que a congruência entre as partes se conecta com a célebre expressão horaciana *ut pictura poesis*: "como a pintura é a poesia: coisas há que de perto mais te agradam e outras, se a distância estiveres. Esta quer ser vista na obscuridade e aquela à viva luz, por não recear o olhar penetrante dos seus críticos; esta, só uma vez agradou, aquela, dez vezes vista, sempre agradará"[32].

Dar um passo à frente ou para trás acarreta mudanças no poema dramático. Ao examinar o argumento de decoro estilístico com base no trecho acima, Wesley Trimpi explica que Horácio adota aqui uma analogia entre as artes que tem raízes na tradição retórica aristotélica[33].

No terceiro livro de sua *Arte Retórica*, Aristóteles designa a cada gênero seu estilo, pois "não é a mesma a expressão de um texto escrito e a de um debate, nem neste caso a oratória deliberativa e a judicial. [...] A expressão escrita é a mais exata. Por seu turno, a dos debates é a mais semelhante a uma representação teatral"[34].

Após identificar traços de oratória deliberativa em certos recursos usados por Homero, Aristóteles compara a obra desse autor a uma pintura tosca, a um vasto cenário perspectivado que deve ser visto a distância:

o gênero deliberativo parece-se totalmente com um desenho em perspectiva [*skiagraphía*]. É que quanto maior for a multidão, tanto mais longe deverá a vista ser colocada,

---

30. Horácio, op. cit., vv. 333-344, p. 105-107.
31. Terceira Conversa, op. cit., p. 149; ed. fr., p. 1166, grifo meu.
32. Horácio, op. cit., vv. 361-365, p. 109-111.
33. Cf. W. Trimpi, Horace's *Vt Pictura Poesis*: the argument for stylistic decorum, *Traditio*, p. 32.
34. Aristóteles, *Retórica*, III, 12, 1413b.

110 A ARTE DO ATOR ENTRE OS SÉCULOS XVI E XVIII

pois, em ambos os casos, o rigor é supérfluo e negativo. O gênero judicial é o mais rigoroso nos pormenores; e ainda mais perante um só juiz, pois é mínima a capacidade da retórica. É que é mais visível o que concerne ao assunto e o que lhe é estranho, e a situação de debate não está presente, de forma que o julgamento é límpido. Por esta razão, os oradores mais admirados não são os mesmos em todos estes gêneros. Porém, onde há sobretudo necessidade de representação [hypókrisis], aí é onde existe menos exatidão. E aqui é onde é necessária a voz, e, sobretudo, uma voz potente[35].

Também para Diderot o modo de produzir uma obra dramática deve levar em conta a sua recepção. A multidão que assistia ao teatro antigo difere do número de pagantes presentes à cena parisiense do século XVIII, provocando a introdução da prosa na composição de comédias. A esse público restrito convém a oratória forense, mais exata em comparação com a oratória deliberativa das assembléias. A minúcia e a exatidão empregadas pelos retóricos em discursos dirigidos a pequenos auditórios tomam na poética do gênero sério o lugar do elemento verdadeiro, a ser mesclado com certo teor de invenção, que se vincula a partir de então a assuntos políticos e personagens trágicas que os protagonizam, transformados em elemento épico.

Distante do público também está a versificação, que, segundo Diderot, foi adotada em Atenas e Roma por ser adequada à necessidade de elevar a voz, fazendo jus à grande afluência de espectadores aos espaçosos teatros. A prosa e por extensão a comédia alinham-se em fileiras mais próximas do orador. Ambas atraem toda uma série de conveniências, como figurinos, postura do ator e sua entonação de voz, cenário, o próprio edifício teatral. O gênero sério proposto por Diderot fica no meio do caminho, pois busca seus elementos nos gêneros que se avizinham. Ou seja, no balanço de fatores cômicos e trágicos constitutivo do gênero sério, a sanha trágica compara-se a uma pintura para ser vista de longe, e o embaraço cômico, para ser visto de perto; na composição do gênero médio, aquela é considerada fictícia, e este, uma verdade.

Dentre os preceitos dessa espécie de poética intermediária apregoada nas Conversas, uma delas pontifica que a intriga, em todos os gêneros, versará antes sobre as condições (ofícios de cada personagem, a posição que ocupa na estrutura sociopolítica e suas relações domésticas) do que sobre caracteres, pois estes têm número limitado, enquanto as condições renovam-se a todo momento. Os caracteres esgotam-se facilmente; além disso, o público pode recusar-se a se reconhecer na caracterização deste ou daquele tipo, ao passo que a condição de cada um está em correlação com todas as demais, atraindo o interesse de todos. O efeito instrutivo da representação baseada tão-somente na intriga de caracteres mostra-se, assim, muito inferior ao da representação das condições.

35. Idem, 1414a.

ENTRETIENS DE DIDEROT E *SERMONES* DE HORÁCIO

Franquear os limites dos gêneros para todas as condições marca ainda o esforço de Diderot em modificar a visão do cômico como ridículo, visão sedimentada na França como comédia de caracteres. Em suas *Conversas sobre* O Filho Natural ele constata que, até o advento do gênero sério,

na comédia o caráter [da personagem] tem sido o objeto principal e a condição não passou de acessório; é preciso que, a partir de agora, a condição se torne o objeto principal e o caráter seja apenas o acessório. Era do caráter que se tirava toda a trama. Procuravam-se, em geral, circunstâncias que o ressaltassem e depois elas eram encadeadas. A condição, seus deveres, suas vantagens, suas complicações é que devem servir de base à obra. Parece-me que esse manancial é mais fecundo, mais amplo e mais útil que o dos caracteres[36].

Horácio também havia dado grande ênfase à caracterização de personagens pela menção de parentescos e ofícios, os quais devem estar em conformidade com a expressão das paixões e traços físicos, vertidos pelo ator em linguagem cênica. "Tem igualmente de tomar-se em conta, se quem fala é deus ou herói, velho sisudo ou homem fogoso, na flor da idade; matrona autoritária ou carinhosa ama; mercador errante ou lavrador de viçoso campinho; se vem da Cólquida ou da Assíria, se nasceu em Tebas ou Argos"[37].

Para Diderot, o objeto da imitação – homens humildes ou de alta extração – não determina um tratamento trágico ou cômico da matéria cênica. Personagens hierarquicamente inferiores ou superiores são colocados por Diderot nas mesmas situações; fora de cena isto significaria uma ruptura na diferenciação legal dos estados (clero, nobreza e plebe), que caracterizava a política e a sociedade francesas.

Por estar vinculada a tais circunstâncias ou condições externas à peça, a sanção de Diderot não se aplica a todos os casos, limitando-se às quatro paredes de uma casa de família abastada. Romper a cláusula dos estados e alargar a divisão de gêneros só pode acontecer se a etiqueta do salão francês setecentista for obedecida; "deixe de lado os palcos; volte para o salão"[38], recomenda Diderot quando Eu observa que as declarações de amor de Constance a Dorval, em *O Filho Natural*, são indecorosas.

Declarações de amor e paixões ternas têm livre trânsito no gênero sério porque proliferam na intimidade daqueles que fruem de certo conforto. Se contrárias às normas do salão, embora algumas convenções tenham tido longa vigência, devem expirar o quanto antes. É o caso da primazia cômica concedida a valetes e *aias*; Diderot todavia se recusa a dar importância "em cena a seres que são insignificantes na sociedade. Os Davos foram os pivôs da comédia antiga porque eles

---

36. Terceira Conversa, op. cit., p. 164; ed. fr., p. 1177.
37. Horácio, op. cit., vv. 114-118, p. 73.
38. Primeira Conversa, op. cit., p. 102; ed. fr., p. 1134.

112 A ARTE DO ATOR ENTRE OS SÉCULOS XVI E XVIII

eram, realmente, o motor de todas as confusões domésticas. Mas que costumes devemos imitar, os nossos ou os de dois mil anos atrás?"[39]. Assim, atribuir à comédia a seriedade da sala de estar não significa que Diderot recomende um misto. Na dramaturgia do salão, personagens de condições tão afastadas quanto senhores e criados não se misturam em um mesmo gênero. Isso posto, "a tragicomédia só pode ser um gênero ruim, porque nele se confundem dois gêneros afastados e separados por uma barreira natural. Não passa por nuanças imperceptíveis; recai a cada passo em contrastes, e a unidade desaparece". Evitar que se dê a mesma importância a personagens de condição elevada e de condição inferior, estabelecendo um contraste típico da comédia de caracteres, é uma medida que também denota a preocupação de Diderot, quanto à escolha de personagens, em não confundir o gênero sério com a tragicomédia. Visto que o gênero sério "tende mais para a tragédia que para a comédia"[40], ele não suporta intrigas tragicômicas, baseadas na alternância de cenas engraçadas e cenas tocantes. Mantida essa unidade de tom, o gênero sério pode subdividir-se, sem perigo de mescla monstruosa, em comédia séria, quando o final é feliz, e tragédia doméstica ou burguesa, caso o desenlace seja triste.

A tragicomédia não pode servir de modelo a Diderot porque o gênero sério tem como parâmetro a distinção moral de um meio e dois extremos. "Sendo a ação dramática um objeto moral, deveria haver um gênero médio e dois gêneros extremos. Temos os extremos, que são a comédia e a tragédia: mas o homem não está sempre ou na dor ou na alegria. Há, portanto, um ponto intermediário entre o gênero cômico e o gênero trágico"[41].

Assim, as condições poderiam fornecer matéria comum a ambos os gêneros, sem recair na magnífica ou na hilariante uniformidade causadora de tédio, e conseqüentemente na ineficácia do jocoso ou da ênfase. Se a comédia havia sido definida por Aristóteles como imitação de homens de condição inferior, isso é preservado no gênero sério, descartando-se, porém, o segundo termo da definição aristotélica, esse ridículo incapaz de dissolver os vícios setecentistas[42].

Da tragédia o gênero sério preserva os assuntos graves, tristes, enternecedores, em que alguém se torna infeliz sem o merecer. É a situação "do homem que não se distingue muito pela virtude e pela

---

39. Idem, p. 101. Davo, personagem latina que se originou da Comédia Nova grega, é o escravo astucioso da peça *A Moça Que Veio de Andros*, de Terêncio, e também o escravo que faz preleções a Horácio nas *Sátiras*.

40. Terceira Conversa, op. cit., p. 152, p. 1167 e 1168.

41. Idem, p. 148; ed. fr., p. 1165.

42. Cf. Aristóteles, *Poética*, 1449a32: "a comédia é, como dissemos, imitação de homens inferiores; não, todavia, quanto a toda a espécie de vícios, mas só quanto àquela parte do torpe que é o ridículo".

ENTRETIENS DE DIDEROT E *SERMONES* DE HORÁCIO   113

justiça; se cai no infortúnio, tal acontece, não porque seja vil e malvado, mas por força de algum erro"[43], como diz Aristóteles.

Personagens insignes distantes no tempo e no espaço, cujo alcance as *Conversas* imputam como nulo, são proscritos do gênero sério. Por outro lado, recupera-se a trágica veemência das grandes paixões em desdita e o temor de que uma desgraça semelhante atinja pessoas próximas – de preferência, amigos e familiares. A opção de Diderot por uma comédia que gire em torno de relações familiares equipara-se ao que Aristóteles designa como eventos propícios a suscitar comoção, "como, por exemplo, irmão que mata ou esteja em vias de matar o irmão, ou um filho o pai, ou a mãe um filho, ou um filho a mãe, ou quando aconteçam outras coisas que tais"[44].

No entanto, representar também as condições externas ao ambiente doméstico demanda ao intérprete mais do que a capacidade de comover. Introduz-se assim no gênero sério o elemento instrutivo, relativo às condições; cumpre tal função, por exemplo, o elogio do comércio proferido por Clairville, o melhor amigo e rival amoroso de Dorval na peça *O Filho Natural*. Devido ao naufrágio do navio que transportava o dote de sua noiva, Clairville, provindo de pequena e falida nobreza, resolve dedicar-se ao comércio, pois conclui ser este o único meio de adquirir fortuna honesta[45].

Não por acaso, *O Filho Natural* abre-se com uma epígrafe da *Arte Poética*, salientando a importância, para granjear a consideração do público, de observar e saber quais as atribuições de cada personagem. Versar sobre assuntos familiares, sobre relações de amizade ou mesmo sobre política demanda, segundo Horácio, que se entenda daquilo que se fala:

> Ser sabedor é o princípio e a fonte do bem escrever. Os escritos socráticos já te deram idéias e agora as palavras seguirão, sem esforço, o assunto imaginado. Quem aprendeu o que se deve à pátria e aos amigos, quanto afeto se deve conceder aos pais, irmãos e hóspedes, quais os deveres do senador e do juiz, quais as atribuições do general mandado à guerra: esse, na verdade, sabe conferir a cada personagem a descrição que melhor lhe cabe. Ao douto imitador aconselharei que atente no modelo da vida e dos costumes e daí retire vívido discurso[46].

Diderot também exige que o comediante se dedique à observação e ao estudo para falar sobre assuntos externos ao ambiente doméstico, de modo a conseguir representar os papéis de financista, letrado, filósofo, comerciante, juiz, advogado, político, cidadão, magistrado, fidalgo

---

43. Idem, 1453a8.
44. Aristóteles, *Poética*, 1453b17.
45. Cf. *O Filho Natural*, op. cit., p. 78; ed. fr., p. 1117: "A [fortuna] que se obtém pela intriga é rápida mas indigna; pelas armas, gloriosa, mas demorada; pelo talento, sempre difícil e limitada. Há outras profissões [*états*] que levam rapidamente à riqueza; mas o comércio é praticamente a única em que as grandes fortunas são proporcionais ao trabalho, à habilidade, aos perigos que as dignificam".
46. Horácio, op. cit., vv. 309-318, p. 101-103.

114 A ARTE DO ATOR ENTRE OS SÉCULOS XVI E XVIII

ou capataz. "Se a moral se depura, se o preconceito se atenua, se os espíritos tendem à benevolência geral, se o gosto pelas coisas úteis se difunde, se o povo se interessa pelos atos do ministro, é preciso que isso seja percebido, até numa peça de teatro"[47].

Segundo Diderot, todas as idéias do século ilustrado têm espaço reservado no gênero sério; mas na medida em que se transforma em objeto de narração, o debate de grandes proporções, de onde o espectador havia sido excluído por força das circunstâncias políticas[48], é apenas narrado, apartado da ação cênica e transferido para a imaginação dos espectadores.

Devido a tal afastamento, a sensibilidade exerce, para a representação do gênero sério apregoado nas *Conversas sobre* O Filho Natural, um papel bem mais importante do que o discernimento; ela cumpre a função de atrair a atenção do espectador e aproximá-lo via comoção. Não é apelando diretamente à platéia, dirigindo-se a ela, que se conquista seu interesse e se cumpre a função instrutiva do teatro. O elemento-verdade, segundo o público-alvo do teatro francês de então, é muito mais aquilo que diga respeito à sensibilidade.

Para que se manifestem então as "verdadeiras vozes da paixão", os atores não se dirigem diretamente ao público, não o admoestam nem apelam para sua razão; "Uma representação dramática concerne tão pouco ao espectador, que é como se ele não existisse"[49].

Por essa razão os intérpretes de *O Filho Natural* representaram sem saber que havia um espectador, sem mesmo perceber que Eu se debulhava em lágrimas[50]. A ação da peça, em rubrica, é localizada onde foi apresentada pela primeira vez, Saint-Germain-en-Laye, e na mesma data, 1757 – portanto, com cenários e figurinos contemporâneos –, na tentativa de aproximá-la daqueles que a assistissem e daqueles que a lessem.

Sendo a peça tão familiar e próxima do receptor, as emoções provocadas pelo gênero sério não provêm de sustos trágicos ou trapalhadas cômicas, provêm de uma composição cênica semelhante à pictórica, preparada para representar as personagens na intimidade, com atitudes apropriadas ao ambiente doméstico do século XVIII:

Um incidente imprevisto na ação [representada] e que muda subitamente a situação dos personagens é um golpe teatral. Uma disposição desses personagens em cena, tão

47. Segunda Conversa, op. cit., p. 141; ed. fr., p. 1161.
48. Cf. P. Szondi, Denis Diderot: Teoria e Práxis Dramática, *Teoria do Drama Burguês*; Tableau et coup de théâtre, *Poétique*, n. 9.
49. Segunda Conversa, op. cit., p. 118; ed. fr., p. 1145.
50. Cf. *O Filho Natural*, op. cit., p. 28 e 92; ed. fr., p. 1083 e 1126, respectivamente: "Entrei no salão pela janela; e Dorval, que tinha afastado todo mundo, colocou-me num canto de onde, sem ser visto, eu vi e ouvi o que se vai ler em seguida [...].Quando todo mundo se retirou, eu saí do meu canto e fui embora como tinha vindo. No caminho, eu secava os olhos".

natural e verdadeira que seria capaz de me agradar se reproduzida fielmente por um pintor, numa tela, é um quadro [*tableau*][51].

O fator afetivo constitutivo do gênero sério consiste, pois, na pintura das relações familiares, que não se proclamam em alta voz porque se dão em conversas, em sussurros ou em segredo, e conseqüentemente dispensam o testemunho do espectador. O fator instrutivo, por sua vez, não provém de sermões, mas da menção aos deveres intra e extrafamiliares, os quais são objeto de debate no ambiente doméstico, expostos por cada uma das personagens de acordo com os respectivos interesses; após assistir a essa argumentação, fica a cargo do espectador tirar sua própria conclusão.

Desde a localização da cena até o desenlace do conflito, passando pela representação e pela recepção da obra dramática, no gênero sério vemos preponderar os elementos emotivos sobre os instrutivos, com a finalidade de atrair o interesse do espectador para os deveres expostos no tablado, o que leva Diderot a exigir do comediante, em adequação ao gênero, pouco juízo e uma penetração comum, enorme sensibilidade e pouca reflexão[52]. O ator, visto a partir dessa perspectiva, não difere do espectador, pois o acesso à participação nas questões de interesse público é vedado a ambos.

Portanto, seus gestos e sua voz devem coincidir com os "palcos pequenos como os nossos", aos quais convém mais o tom dos salões do que o tom empregado em tribunas. Nem mesmo quando a emoção é extrema os estreitos limites do teatro de salão são ultrapassados, porque nesses momentos a personagem se detém, paralisada, e sequer consegue articular a fala; o silêncio é inevitável, motivo pelo qual a reflexão e o juízo são dispensados da atuação do comediante. "A voz, o tom, o gesto, a ação, isso é o que pertence ao ator; e é o que nos comove, sobretudo no espetáculo das grandes paixões. É o ator que atribui energia às palavras. É ele quem conduz aos ouvidos a força e a verdade da inflexão"[53].

Diante de tais circunstâncias, Diderot diz que não é o preceito, e sim algo de mais imediato e mais obscuro que orienta o ator na tentativa de captar a emoção e manter o interesse do público. Se não fosse sensível a essas situações, o comediante correria o risco de romper a ilusão.

Nove anos antes, Mirzoza, a protagonista de *Jóias Indiscretas*, havia admitido desconhecer regras de composição e representação

---

51. Primeira Conversa, op. cit., p. 105; ed. fr., p. 1136.

52. Segunda Conversa, op. cit., p. 120; ed. fr., p. 1146: "Os poetas, os atores, os músicos, os pintores, os cantores de primeira linha, os grandes dançarinos, os ternos amantes, os verdadeiros devotos, todo esse grupo entusiasta e apaixonado sente vivamente e reflete pouco".

53. Primeira e Segunda Conversa, op. cit., p. 99 e 118; ed. fr., p. 1132 e 1145, respectivamente.

116 A ARTE DO ATOR ENTRE OS SÉCULOS XVI E XVIII

de peças teatrais, embora soubesse que "somente o que é verdadeiro agrada e emociona. Sei também que a perfeição de um espetáculo consiste numa imitação tão exata da ação, que o espectador, enganado sem interrupção, imagina estar assistindo à própria ação"[54], dizia a congolesa.

Nesse caso vale para os atores a indicação que Diderot dá aos autores: colocar-se em circunstâncias favoráveis ao seu desempenho. Para tanto é preciso mudar o próprio edifício teatral e adaptar o palco à formação dos *tableaux* e às cenas simultâneas, retirando tudo o que atrapalhe a ação cênica, pois até 1759 havia na Comédie Française banquetas sobre o palco para um grupo seleto de espectadores. Cenários variados, e não o costumeiro fundo de cena neutro, único, poderiam auxiliar o ator e o público a imaginar a situação. Portar figurinos ricamente adornados, andar em passos contados e declamar sempre na mesma cadência não cabe para todos os papéis, e é necessário modificá-los de acordo com o estado em que a personagem se encontra.

O ator que Diderot refere molda sua arte sob o gabarito do gênero sério, suprindo-se prioritariamente de elementos cênicos que estimulem sua imaginação na representação das paixões e da condição de cada personagem, dando corpo e voz às diversas partes implicadas na questão, de modo a envolver emocionalmente o público.

Nas *Conversas sobre* O Filho Natural afirma-se ainda que o riso e o choro causados por encenações cômicas ou trágicas provocam um efeito intermediário, a reflexão, que caracteriza o gênero médio; no entanto, a reflexão, responsável pelo fator instrutivo da peça, não extrapola os limites do interior doméstico, em que os assuntos públicos – de preferência os de pouca monta – interferem apenas como motivo de conversação, como elemento épico. Nesse ponto a sala de estar nada tem a ver com o salão setecentista aristocrático, em que se tramavam intrigas de corte decisivas para os destinos do reino.

Dentro dessa cápsula, o comediante ainda terá de julgar por aquele que age e por aquele que observa, com todo o cuidado para não romper a ilusão, ligando os episódios de maneira necessária e satisfatória para todos os elementos envolvidos no espetáculo. Desse modo consegue matizar aquilo que atrai e aquilo que distancia o público, induzindo o espectador ao efeito pretendido.

Assim, ao ator cabe desenvolver sua faculdade do juízo, pois fatores inesperados podem interferir em seu desempenho. Motivo pelo qual, ao contrário de Du Bos, Diderot não aconselha a enunciação de uma arte do ator que sirva como notação, já que ela depende

---

54. *Jóias Indiscretas*, p. 203; ed. fr., p. 163. Nesse capítulo, intitulado "Conversa sobre as Letras", Diderot disserta sobre a *Querela dos Antigos e dos Modernos*, sobre a Academia e sobre a composição e encenação de tragédias, em termos bastante próximos aos das *Conversas sobre* O Filho Natural.

ENTRETIENS DE DIDEROT E _SERMONES_ DE HORÁCIO

estreitamente, por um lado, da oscilação própria ao gênero sério, e por outro de circunstâncias externas à peça, tais como a diversidade e a quantidade de público, a amplitude do local de apresentação e o regime político a que um povo está submetido. Tampouco podem ser prescritas a linguagem oral pré-discursiva e as reações corporais que ocorrem independentemente da articulação das palavras: só ao proferir bramidos e agitar-se em frêmitos inauditos o ator expressa as mais fortes emoções.

4. Teatro da Virtude:

O discurso de Diderot contra a Comédia de Caracteres

"Ordenamos aos Comediantes Franceses de Sua Majestade que a contar do dia da presente ordem não será mais representada em seu teatro nenhuma das comédias de Molière em cinco atos"[1].

Em 11 de julho de 1746, exercendo em nome do rei o controle das finanças e do repertório da Comédie Française, o duque d'Aumont formalizou assim o declínio da comédia de caracteres, visto que Molière se tornara um fracasso de bilheteria e a manutenção da companhia dependia basicamente da venda de ingressos.

Henri Lagrave examinou o *bordereau* daquele teatro parisiense durante o período, e constatou que o afastamento do público foi causado pela perda das referências que fundamentavam a comédia de caracteres e pela cansativa repetição de peças consagradas.

Diante disso, nas *Conversas sobre* O Filho Natural, de 1757, Diderot apresentou uma proposta de renovação do drama em que os caracteres se subordinassem às condições. O que Diderot designa como condições engloba as relações familiares, vistas como os deveres de seus membros ou pretendentes a membro; engloba também as profissões, a origem das personagens e a posição (*état*) que ocupam no *Ancien Régime*, as quais constituem relações externas à família mas contribuem para o estabelecimento do conflito em seu interior.

---

1. *Archives de la Comédie-Française*, em H. Lagrave, *Le Théatre et le public à Paris de 1715 à 1750*, p. 328.

120   A ARTE DO ATOR ENTRE OS SÉCULOS XVI E XVIII

O Filho Natural versava sobre as agruras amorosas do próspero Dorval, que, apesar de desconhecer sua origem, havia travado forte amizade com a nobreza falida dos Clairville; o casamento de Dorval com uma componente desta família perfaz o desenlace feliz da comédia. No ano seguinte, Diderot publica *O Pai de Família*, pai que também é um representante da nobreza, embora dependa financeiramente de seu cunhado. Sete anos mais tarde, o dramaturgo Michel Sedaine escreverá *Filósofo sem o Saber*, fazendo do protagonista de sua peça não somente um fidalgo e pai de família, mas um rico negociante que associa o comércio à função de banqueiro e também à de armador. Quase um século depois de as atividades comerciais e as finanças terem sido licitadas à nobreza da França – que antes disso estava proibida por lei de dedicar-se a atividades como o comércio, só autorizadas a plebeus[2] –, Sedaine e Diderot, expondo as vantagens obtidas ao se fazerem tais transações, tentam em suas peças estimular os nobres a tratar de negócios.

Se comédias como as de Molière haviam entrado em desuso, como representar doravante personagens que não fossem nobres ou, dentre os nobres, aqueles que tivessem decaído de posição? Ao defender a subordinação dos caracteres às condições – dentre as quais se inclui o parentesco –, Diderot incorpora ao gênero sério um componente trágico, pois sua concepção de tragédia girava basicamente em torno de relações familiares. O verniz trágico-familiar garante a respeitabilidade de atividades regularmente confinadas ao gênero baixo, tais como o comércio, a especulação financeira, as letras, a filosofia e tantas outras que Diderot pretende pôr em cena sem cair no ridículo.

Elencar as condições das personagens, ao invés de defini-las em registro baixo cômico, deu ainda ao gênero sério maior abrangência, pois, enquanto as condições se renovam a cada dia, há "na natureza humana, mais que uma dúzia, no máximo, de caracteres verdadeiramente cômicos e marcados por grandes traços". Do ponto de vista dramatúrgico, a intriga entre criados e aias (as *soubrettes*) interfere demasiado na ação principal, ralenta o desenrolar da peça e conseqüentemente faz com que o espectador perca o interesse pelos amos protagonistas. Entretanto, se em suas famílias as jovens apaixonadas têm aias como confidentes, "que elas permaneçam em cena até que nossa educação se aperfeiçoe e os pais e as mães sejam os confidentes de seus filhos"[3]. Para Diderot, o componente baixo cômico, quando incorporado ao gênero sério, constitui um embaraço para o desenrolar da ação e, fora de cena, uma falha na educação dos jovens.

---

2. Essa medida fez parte da política de incrementação da economia francesa promovida pelo ministro Colbert nos anos de 1660, durante o reinado de Luís xiv.

3. D. Diderot, Terceira Conversa, *Conversas sobre* O Filho Natural, em *Diderot: Obras v*, p. 163 e 101; *Entretiens sur* Le Fils naturel, em *Oeuvres*, t. 4, p. 1176 e 1134, respectivamente.

TEATRO DA VIRTUDE   121

Enquanto existir esse problema nos lares e enquanto for levado ao teatro, os lacaios têm de permanecer em segundo plano, afirma Diderot. Desse modo, colocam-se em primeiro plano os integrantes da família, com prerrogativas de personagens trágicas.

A inversão de papéis, que havia dado aos criados ascendência sobre os jovens de uma família – enquanto os pais se abstêm de conduzi-la –, faz ver outros problemas mais profundos do que os domésticos. Um marido como Orgon, de *O Tartufo*, que se esconde debaixo da mesa para certificar-se da fidelidade da esposa, tem os traços humanos desfigurados por uma visão negativa da natureza. Segundo Diderot, tal deformação não convém ao drama porque este deve ajustar-se à natureza humana, que é boa. "'A natureza humana é portanto boa?' Sim, meu amigo, e muito boa. [...] Não se deve acusar a natureza humana, mas as miseráveis convenções que a pervertem"[4].

Por bater-se contra a bondade natural dos homens, no gênero sério proposto por Diderot a maldade tem o mesmo papel antagônico que na tragédia antiga cabia aos deuses. As personagens do gênero sério que assumem o papel de vilãs têm sentimentos ruins e realizam más ações, como as descritas por Aristóteles em sua *Ética Nicomaquéia*:

nem toda ação ou emoção admite um meio-termo, pois algumas delas têm nomes nos quais já está implícita a maldade – por exemplo, o despeito, a impudência, a inveja e, no caso das ações, o adultério, o roubo, o assassinato; em todas estas emoções e ações e em outras semelhantes, com efeito, a maldade não está no excesso ou na falta[5].

Para a caracterização das demais personagens, Diderot baseia-se no meio-termo que, segundo a ética aristotélica, define a virtude, uma vez que, "sendo a ação dramática um objeto moral, deveria haver um gênero médio e dois gêneros extremos. Temos os extremos, que são a comédia e a tragédia: mas o homem não está sempre ou na dor ou na alegria. Há, portanto, um ponto intermediário entre o gênero cômico e o gênero trágico"[6]. Mas para que se chegue a esse meio-termo, é preciso que a condição das personagens seja modificada por antagonistas que pratiquem ações ou tenham sentimentos cuja perniciosidade não seja passível de dúvida, em que a maldade esteja implícita.

O Pai de Família obedece a essa distribuição de papéis, ao estabelecer um conflito entre o cunhado comendador – empenhado em atrapalhar as núpcias dos sobrinhos impondo sua autoridade monetária – e os demais parentes. O comendador D'Auvilé, efetivamente, não se caracteriza por nuanças, suas atitudes são contrárias a todas as demais personagens e sempre abjetas[7].

---

4. *Discurso sobre a Poesia Dramática*, II, p. 45; *De la Poésie dramatique*, em *Oeuvres*, t. 4, p. 1282.

5. Aristóteles, *Ética a Nicômacos*, II, 6, 1107a.

6. Terceira Conversa, op. cit., p. 148; ed. fr., p. 1165.

7. Cf. *Discurso sobre a Poesia Dramática*, VIII, p. 58; ed. fr., p. 1292: "O cunhado, que é meu maquinista, homem de espírito estreito e cheio de preconceitos, será duro,

122 A ARTE DO ATOR ENTRE OS SÉCULOS XVI E XVIII

Nas *Conversas sobre* O Filho Natural, os gêneros dramáticos eram definidos conforme os efeitos provocados na platéia, sendo eles o riso cômico, a dor trágica ou a reflexão séria[8]. Em seu *Discurso sobre a Poesia Dramática*, publicado em 1758 junto ao *Pai de Família*, Diderot propõe uma única finalidade para todo o gênero dramático: iludir os espectadores. Para tanto, é preciso introduzir no enredo, diz Diderot, certo teor de absurdo, conquanto se mantenha a ligação causal entre os episódios.

Com relação à composição da peça, é ponto pacífico para Diderot a estrita conveniência interna; quanto à *bienséance* externa, o fato histórico serve como caução para a verossimilhança trágica[9]. Mas a credibilidade que se obtém mediante a inserção de fatos históricos é apenas um dos elementos que concorrem para iludir, e mesmo as tragédias são pinceladas de engano. Nesse sentido, Diderot define a ilusão como

uma quantidade constante, que é igual a uma soma de termos, uns positivos, outros negativos, cujo número e combinação podem variar ao infinito, mas cujo valor total é sempre o mesmo. Os termos positivos representam as circunstâncias comuns, e os negativos, as circunstâncias extraordinárias[10].

Às circunstâncias comuns que a tragédia coleta da história correspondem, na comédia, os fatos ocorridos no ambiente doméstico; a esses dados conhecidos aplica-se uma dose de acontecimentos inesperados provocados por personagens cujos defeitos, recalcitrantes, causem dor ou sejam ridículos, personagens cujo vício seja indiscutível e independa de atenuantes. Se os fatos históricos contidos nas tragédias ou os *petits faits vrais* incluídos no enredo cômico não forem conhecidos do público, os efeitos cênicos devem ser acompanhados de sua causa, com algumas exceções – sem as quais a trama não despertaria a

fraco, malvado, importuno, astucioso, aborrecido, a discórdia da casa, o flagelo do pai e dos filhos, a aversão de todos".

8. Cf. Terceira Conversa, op. cit., p. 154; ed. fr., p. 1169: "O que torna uma peça cômica, séria ou trágica é menos o tema e mais o tom, as paixões, os personagens e o interesse. Os efeitos do amor, do ciúme, do jogo, da vida desregrada, da ambição, do ódio, da inveja podem fazer rir, refletir ou tremer".

9. Cf. H. Lagrave, op. cit., p. 371: "os autores do século XVII se esforçam para acreditarmos que o material de suas tragédias é certificado pela história. Seus prefácios estão repletos de textos antigos e de referências; eles citam suas fontes como se fossem historiadores, e quando se afastam de uma tradição reconhecida invocam evidentemente a verossimilhança e o decoro, mas preferem, quando conseguem, justificar sua ousadia inventando o testemunho obscuro de algum autor ignorado, que contradiz a tradição e autoriza, ou parece autorizar, a versão que eles adotam". Cf. ainda R. Bray, *La Formation de la doctrine classique en France*, p. 310, em que, a partir de um levantamento sobre as peças clássicas francesas, se conclui que o assunto das tragédias em geral se extraía da história, particularmente da história romana e da mitologia grega.

10. *Discurso sobre a Poesia Dramática*, x, p. 64; ed. fr., p. 1297.

TEATRO DA VIRTUDE

menor curiosidade e a poesia dramática revelaria a inépcia de pretender clareza total.

Para que o espectador não se disperse e fique atento até o fim, Diderot também não recomenda o emprego de lances teatrais, baseados na repentina revelação de um mistério: "o andamento do drama jamais [deve ser] obscuro; além disso, se, para nos instigar, o poeta esconde algumas forças que emprega, ele sempre nos permite perceber o bastante para nos sentirmos satisfeitos"[11].

Resta saber como dispor os elementos de clareza e de obscuridade. Em sua *Carta sobre os Surdos e Mudos*, publicada em 1751, Diderot estabelece uma distinção entre os discursos unívocos e a trama poética, uma vez que esta

faz com que as coisas sejam ditas e representadas todas ao mesmo tempo; que, no mesmo instante em que o entendimento as apreende, a alma é comovida por elas, a imaginação as vê, e o ouvido as escuta; e que o discurso não mais é somente um encadeamento de termos enérgicos que expõem o pensamento com força e nobreza, mas que é ainda um tecido de hieróglifos amontoados uns sobre os outros[12].

Compreender ou sentir o emblema poético demanda tanta dificuldade que aquele que chegar a isso também estará em condições de criá-lo, diz Diderot na seqüência do trecho citado. Desse modo eleva-se o leitor e isola-se o autor a tal ponto que a interpretação poética torna-se um exercício para iniciados.

Ao adotar a teoria dos hieróglifos para pensar a composição e a recepção poéticas, Diderot revela a existência de uma infinidade de significados sub-reptícios nas peças teatrais – sob a mensagem aparentemente óbvia de um gênero desgastado outras leituras podem ser decifradas. Denunciando a incapacidade do espírito em distinguir exatamente os movimentos da alma, Diderot se opõe à teoria da mecânica das paixões. Aplicada às artes, essa teoria havia dado origem a um léxico sobre as ações do corpo correspondentes às paixões da alma; o maior expoente no ramo foi o fundador da Academia Francesa de Pintura[13], Charles Le Brun, que elegeu o rosto como expressão máxima de seus movimentos.

Em conferência de 1668 sobre *A Expressão das Paixões*, Le Brun aplicou aos movimentos da alma um referencial fisiológico, afirmando haver uma relação direta entre as paixões da alma e os órgãos do corpo, e sua expressão facial. Segundo Le Brun, "se é verdadeiro que haja uma parte em que a alma exerce mais de imediato suas funções,

---

11. Idem, p. 61; ed. fr., p. 1295.

12. *Carta sobre os Surdos e Mudos*, p. 116; *Lettre sur les sourds et muets*, em *Oeuvres*, t. 4, p. 34.

13. Fundada em 1648, em 1666 torna-se academia real, sob controle de Luís XIV. Cf. J. Philipe, Présentation, em C. Le Brun, *L'Expression des passions et autres conférences*, p. 14.

124 A ARTE DO ATOR ENTRE OS SÉCULOS XVI E XVIII

e que essa parte seja a do cérebro, podemos também dizer que o rosto é a parte do corpo em que ela dá a ver particularmente aquilo que ela sente". Daí Le Brun ter descrito nos mínimos detalhes os movimentos faciais característicos das paixões, anexando às descrições uma ou várias ilustrações. Eis um exemplo: "*O Desprezo*. Pelo cenho franzido e inclinado em direção ao nariz, e do outro lado muito elevado, o olho muito aberto, com a pupila no meio, as narinas puxadas para cima, a boca fechada, com as pontas um pouco abaixadas e o lábio inferior excedendo o de cima"[14].

A expressão das paixões prescrita por Le Brun em conferências acadêmicas teve vasta aceitação, mesmo porque as determinações da Academia Real de Pintura e Escultura não eram consultivas e sim deliberativas. Como primeiro pintor do rei, Charles Le Brun cumpria assim a função de disseminar o estilo oficial.

Em 1708, o pintor e historiador Roger de Piles levantou dúvidas em relação ao projeto de Le Brun, objetando que, se as paixões

fossem fixadas por certos traços que obrigassem os pintores a segui-los necessariamente, isto seria tirar da pintura a excelente variedade de expressões que não tem outro princípio que a diversidade das imaginações, cujo número é infinito, e as produções, tão novas quanto são diferentes os pensamentos dos homens[15].

No *Discurso sobre a Poesia Dramática*, de Diderot, o poeta é definido como alguém que se destaca por sua imaginação. Se a presença de elementos imaginários em uma obra dramática consiste justamente nas exceções à regra geral, deduzida de circunstâncias comuns, não basta ao poeta apelar para a memória e reproduzir mecanicamente a ordem de acontecimentos conhecidos, para escolher e dispor os episódios. Nesse momento é preciso dar folga para a razão, do contrário, além de inepto, o escritor inteiramente privado da faculdade de imaginar mereceria a pecha de estúpido. É preciso que ele deixe de exercer a memória para "passar de sons abstratos e gerais a sons menos abstratos e gerais, até chegar a alguma representação sensível, último termo e repouso de sua razão. Que se torna então? Pintor ou poeta"[16].

A sucessão dos fatos em uma peça tem como fonte externa fatos históricos ou casos domésticos, de acordo com o gênero em causa. Algo que se possa afirmar com certeza funciona como ponto de referência para a anexação de incidentes extraordinários que, por sua vez, provocam espanto; esse composto de certeza e estranhamento alimenta a ilusão produzida por um drama.

14. C. Le Brun, op. cit., p. 60 e 74.
15. R. de Piles, *Cours de peinture par principes*, apud J. Philipe, Présentation, em C. Le Brun, op. cit., p. 41-42.
16. *Discurso sobre a Poesia Dramática*, x, p. 67; ed. fr., p. 1300.

Mas os casos raros o são justamente em função daqueles considerados banais. No século XVIII a comédia de Molière havia perdido seu público porque não chocava mais, uma vez que a hipocrisia do *Tartufo* estava disseminada pela sociedade francesa; nela, todo sábio se tornara *Misantropo*, denuncia Diderot. Porque o elemento burlesco característico da comédia de caracteres veio a tornar-se uma banalidade, fazendo com que o público perdesse o interesse, ocorreu essa inversão de valores.

Em tempos de despotismo e corrupção, motivo de zombaria é a franqueza de uma pessoa honesta, exemplificada nas *Conversas sobre O Filho Natural* pela jovem viúva Constance, cuja declaração de amor a Dorval poderia correr o risco de ser tachada de ridícula pelas mulheres da platéia, se o próprio Dorval não contestasse: "Que mulheres, se me faz favor? Mulheres perdidas, que confessavam um sentimento vergonhoso todas as vezes que disseram: 'eu te amo'. Constance não é como elas; e seria realmente lamentável a sociedade em que não houvesse mulher alguma que a ela se assemelhasse"[17].

Na trama hieroglífica do gênero sério, Diderot consegue dissimular o fator de instrução moral que, se fosse descoberto, faria com que o público perdesse o interesse pela peça. As sentenças, mediante as quais as personagens refletem sobre o ocorrido em cena e de onde se extrai a moral da história, haviam perdido seu valor instrutivo porque a virtude passou a ser um elemento estranho, tornando-se motivo de queixa para Eu, interlocutor das *Conversas*:

EU – Mas essa moral não é um pouco forte para o gênero dramático?
DORVAL – Horácio desejava que um poeta fosse haurir sua ciência nas obras de Sócrates [...]. Bom, eu creio que em uma obra, seja qual for, o espírito do século deve fazer-se notar. Se a moral se depura, se o preconceito se atenua, se os espíritos tendem à benevolência geral, se o gosto pelas coisas úteis se difunde, se o povo se interessa pelos atos do ministro, é preciso que isso seja percebido, até numa peça de teatro.
EU – Apesar de tudo o que o senhor me diz, eu insisto. Acho a cena muito bonita, e muito longa[18].

Quando as *Conversas* foram publicadas, o assunto estava sendo amplamente discutido em jornais, panfletos, livros e até na representação de peças. Diderot participava do debate, enquanto no flanco oposto se destacava o jornalista Fréron – que depois de largar a batina de jesuíta entrou para o partido devoto apoiado por Luís XV. Outro devoto foi Palissot, que escreveu em novembro de 1757 as *Pequenas Cartas sobre Grandes Filósofos,* com o intuito de denunciar *O Filho Natural* como plágio de *Il Vero amico,* de Goldoni.

Fréron, por sua vez, publicou artigos contra o *Pai de Família,* peça que julgou "refinada demais em termos de moral para que um

---

17. Primeira Conversa, op. cit., p. 102; ed. fr., p. 1134-1135.
18. Segunda Conversa, op. cit., p. 141; ed. fr., p. 1161.

126 A ARTE DO ATOR ENTRE OS SÉCULOS XVI E XVIII

século de moral frouxa não fique surpreso, quiçá aturdido, em ouvir [no teatro] a pregação da virtude"[19]. A protagonista de uma das intrigas amorosas da peça de Diderot é por Fréron definida como "palradora sutil, uma eterna chorona; fica o tempo todo desolada, sem nada fazer, como seu namorado, para subtrair-se à desgraça. Só abre a boca para dizer grandes palavras, com as quais seu coração e espírito nada têm a ver"[20].

Fréron admite a corrupção moral vigente, no entanto julga o gênero sério de Diderot incapaz de enfrentá-la:

este gênero de cômico lacrimoso ou tragédia burguesa, como queiram, estará sempre muito abaixo da boa e verdadeira comédia, da comédia de Aristófanes, Plauto e Molière, pois a impressão que produz sobre os espectadores será necessariamente fraca, mesmo que empreste toda a força, toda a energia e toda a violência do trágico de que emana. Se não estou enganado, esta diferença provém da qualidade das desgraças e dos personagens. De onde provém a força do interesse que nos despertam os heróis das tragédias? Da superioridade de suas condições e da grandeza de seus perigos. Trata-se da perda da liberdade, da coroa, da vida etc. Estas desgraças são de uma espécie diferente das desgraças dos homens comuns. Uma pessoa qualquer não é exposta a semelhantes infortúnios[21].

Censurando o gênero propugnado por Diderot, Fréron diz que, ao invés de caracterizar as personagens com tanta seriedade, a ponto de as falas de *O Filho Natural* se assemelharem a sermões dialogados, para moralizar a sociedade seria necessário tornar desprezível aquilo que se considera um vício.

Essa tática fora freqüentemente empregada pelo círculo dos devotos contra o partido dos filósofos. Em maio de 1760, quando a Comédie Française lotou para a estréia da sátira *Os Filósofos Modernos*, de Palissot, também se invocou o nome de Aristófanes para justificar o ataque aos sábios que davam título à peça, durante a qual Diderot foi massacrado com alusões explícitas a suas obras; o ator Préville andava de quatro para representar Rousseau em estado de natureza; Helvétius e outros filósofos foram igualmente objeto de sarcasmo[22].

Félix Gaiffe, estudioso do drama na acepção derivada da *comédie larmoyante* setecentista, observa que os dramaturgos que praticaram o gênero sério – Sedaine, Mercier, Beaumarchais etc. – foram programaticamente atacados pelo partido devoto.

Para Fréron, filosofia e drama são uma coisa só; se nosso teatro está degradado pela invasão de peças lacrimosas, é culpa de Diderot e de seus sequazes, que puseram

19. E.-C. Fréron, *Avant-Coureur*, 23 février 1761, em nota de Jacques Chouillet a D. Diderot, *De la Poésie dramatique*, em *Oeuvres complètes*, t. 10, p. 336.
20. E.-C. Fréron, Carta XIII: *O Pai de Família*, em D. Diderot, *Discurso sobre a Poesia Dramática*, p. 179- 180.
21. Idem, p. 188.
22. Cf. A. Wilson, *Diderot*, p. 328-332.

TEATRO DA VIRTUDE

tudo a perder, que ataviaram Tália "com o crepe da filosofia, ou melhor, enxotaram-na para colocar em seu lugar uma triste figura de catafalco. Os dramas fúnebres devem a eles seu nascimento e sua voga"[23].

As escaramuças teatrais mostraram seu avesso político quando Palissot publicou um panfleto em que acusava seus inimigos de ter "espírito republicano"[24].

Na querela com os devotos, os filósofos usaram a caducidade da comédia de caracteres como cavalo de batalha, daí a tomada de posição de Diderot contra a fixidez dos caracteres – que os torna incapazes de excitar a curiosidade do público – e contra o excesso de personagens contrastantes em uma peça – que desgasta este recurso e anula seus efeitos. Recorrer a soluções previsíveis está ao alcance de qualquer colegial; entretanto,

uma das partes mais importantes, e mais difíceis, da arte dramática não é ocultar a arte? Ora, o que a revela mais que o contraste? Ele não parece algo feito à mão? Não é um procedimento gasto? Em que peça cômica já não foi praticado? E quando uma personagem impaciente e rude entra em cena, que rapazinho, fugido do colégio e escondido num canto da platéia, não diz consigo mesmo: o personagem sereno e doce não deve estar longe![25].

Os autores dramáticos que compõem personagens cheias de defeitos e as colocam ao lado de personagens impecáveis acreditam que o espectador esteja suficientemente acostumado a esse procedimento para tomá-lo como critério de certeza. Para Diderot, todavia, o contraste não serve como caução de veracidade que satisfaça a equação entre clareza e obscuridade e produza assim a ilusão. Isso porque, sendo a natureza humana boa, uma personagem totalmente burlesca ou pérfida configura-se apenas como exceção.

Assim, não é claro nem comum que pessoas de caracteres diametralmente opostos se reúnam com tanta assiduidade quanto pretendem os autores de comédias jocosas. Em segundo lugar, a preeminência dada a caracteres totalmente viciosos negligencia a bondade da natureza humana. Portanto, ninguém se ilude ao ver tais personagens em cena, principalmente como protagonistas, pois, sendo um caso extraordinário demais, ultrapassa os limites da crença:

Por que se imaginou contrastar um caráter com outro? Sem dúvida, a fim de tornar um deles mais saliente [...].
Sacrifica-se um dos dois caracteres. Coloca-se na boca do primeiro tudo o que lhe é próprio e faz-se do segundo um tolo ou um desastrado. Mas será que o espectador não percebe o defeito, principalmente quando o caráter vicioso é o principal [...]?[26].

23. F. Gaiffe, *Le Drame en France au XVIIIe. Siècle*, p. 86.
24. C. Palissot, *Lettre de l'auteur de la* Comédie des Philosophes, 1760, apud A. Wilson, op. cit., p. 329.
25. D. Diderot, *Discurso sobre a Poesia Dramática*, XIII, p. 83; ed. fr., p. 1313.
26. Idem, p. 84; ed. fr., p. 1313-1314.

128 A ARTE DO ATOR ENTRE OS SÉCULOS XVI E XVIII

Personagens cuja maldade é intrínseca não podem protagonizar uma peça teatral, pois, na medida em que contrariam a bondade natural do homem e na qualidade de casos raros, só podem participar do drama como exceções que estabelecem o conflito. No embate com as demais personagens – virtuosas ou momentaneamente sucumbindo ao mal –, os viciosos contumazes confirmam a regra, uma vez que são tratados como minoria. Daí Diderot ter escrito que "não há, na natureza humana, mais que uma dúzia, no máximo, de caracteres verdadeiramente cômicos e marcados por grandes traços"[27].

Quanto aos demais caracteres postos em cena, Diderot aconselha que seus traços se equilibrem entre aquilo que lhes é apropriado e aquilo que não é, de acordo com as circunstâncias em que se encontram. Conselhos que não coincidem com as prescrições de Charles Le Brun para a fisiognomonia e a expressão das paixões, pois a minúcia com que determinou a correspondência entre o temperamento e a aparência humana, entre as paixões e os movimentos corporais, impede qualquer contribuição que a imaginação possa dar ao pintor, como observava Roger de Piles, e interdita todo desvio ou falha, que para Diderot são constitutivos da intriga dramática.

Já o padre Bernard Lamy havia multiplicado ao infinito as figuras de expressão das paixões[28], em seu livro sobre *A Retórica ou a Arte de Falar*, publicado em 1675 e remanejado pelo autor até 1715, ano de sua morte[29]. Seguidor de Port-Royal, com Charles Le Brun ele asserta que se pode ler no rosto de um homem o que acontece em seu coração, mas avisa que a alma tomada de paixões produz muitas vezes efeitos contrários uns aos outros, os quais a fazem passar, em um mesmo instante, por grandes modificações.

Assim como as palavras correspondem a nossos pensamentos, o discurso de um homem emocionado não pode ser uniforme [*égal*]. Às vezes é difuso, e faz uma pintura exata das coisas que são objeto de sua paixão: diz a mesma coisa em cem feitios diferentes. Outras vezes seu discurso é suspenso, suas expressões são truncadas, cem coisas são ditas ao mesmo tempo: é entrecortado por interrogações, por exclamações, é interrompido por freqüentes digressões; é diversificado por uma infinidade de volteios muito particulares e de maneiras diferentes de falar[30].

Para compor um discurso é preciso primeiramente deslindar esse emaranhado de sentimentos, empregando figuras apropriadas a cada

27. Terceira Conversa, op. cit., p. 163; ed. fr., p. 1176.
28. Cf. B. Lamy, Le Nombre de figures est infini, *La Rhétorique ou l'Art de parler*, p. 218: "não tive a pretensão de falar sobre todas as figuras; precisaria de enormes volumes para assinalar os caracteres das paixões na fala, e outro tanto para exprimir os que as mesmas paixões imprimem no rosto. [...] Não há livro melhor do que o próprio coração; é loucura procurar nos escritos dos outros o que se encontra em nós mesmos".
29. Segundo Benoît Timmermans, em 1741 foi publicada uma edição revista e aumentada, que serve de base para a versão atual. Cf. B. Lamy, op. cit., p. 7.
30. Idem, p. 182.

TEATRO DA VIRTUDE 129

paixão representada, a partir das quais se imprimem modificações que informam ao público a mudança de estados de alma. Porque as figuras têm a função de tornar extraordinário o que é comum, devem ser utilizadas somente nos extremos da paixão.

Discriminar as figuras adequadas é uma garantia de que o discurso seja reconhecido pelo espectador e consiga dissuadi-lo ou persuadi-lo. Assim, as figuras do discurso são concebidas como sucedâneas dos movimentos corporais, pois conseguem provocar inadvertidamente reações de repulsa ou de atração:

> os que acreditam não serem mais do que máquinas mostram engenhosamente como seus corpos são organizados de tal modo que, sem ter necessidade de um espírito que os dirija, podem-se defender e combater por sua conservação. Nós mesmos temos a experiência de que nossos membros, sem a participação da alma, se dispõem de maneira apropriada a evitar injúrias. [...] Tudo isso se faz naturalmente, e quase sem nenhuma reflexão. [...] Todas as figuras que ela [a alma] emprega no discurso quando está emocionada têm o mesmo efeito que as posturas do corpo; se estas são próprias para defender-se dos ataques das coisas corporais, as figuras do discurso podem vencer ou dobrar os espíritos[31].

No gênero sério defendido por Diderot, as paixões ganham a expressão ofegante e desigual que Lamy prescrevia em sua retórica. Desse modo, os arroubos da paixão são dispostos como eventos raros, incomuns, contrabalançados com os deveres próprios à condição de cada personagem, de que os espectadores devem ter pleno conhecimento. Por isso o caráter das personagens não pode ser rígido, nem para o bem nem para o mal. As personagens não têm todas as características adequadas ou todas as características inadequadas às condições que representam. Elas são tentadas pelo prazer de não cumprir seus deveres, mas por fim não os negligenciam. Daí a importância de a peça conter o maior número possível de informações sobre cada personagem, ou seja, seu parentesco, sua profissão e origem, pois o público espera que elas ajam de acordo com sua posição, e surpreende-se com seus deslizes.

Diderot diz que essas informações devem-se dar em meio ao diálogo entre as personagens, para poupar a platéia de arengas. "Assim, quer compondo, quer representando, não penses no espectador, é como se ele não existisse. Imagina no proscênio uma grande parede que te separa da platéia e representa como se a cortina não subisse". Ao concentrar a atenção do espectador na argumentação daqueles que contracenam, Diderot encena um debate que prescinde da participação do espectador, exceto na qualidade de juiz que observa as partes envolvidas na questão e tira sua própria conclusão. Essa argumentação não envolve apenas provas intelectuais, pois a pintura das paixões provê o gênero sério de provas afetivas. Não basta ao diálogo dramático alegar as razões que o norteiam; para Diderot, Corneille serve como

31. Idem, p. 188.

130   A ARTE DO ATOR ENTRE OS SÉCULOS XVI E XVIII

exemplo de argumentação em que sempre parece ter razão aquele que fala, porque suas personagens

perseguem-se sem contemplação; defendem-se e atacam-se ao mesmo tempo: é uma luta. [...] Entretanto, aqueles que alardeiam um gosto delicado pretendem que essa maneira de dialogar é rígida, que apresenta sempre ares de argumentação e que mais surpreende do que comove. Preferem as cenas em que se dialoga menos rigorosamente e onde se ponha mais sentimento e menos dialética[32].

Corneille, porém, não havia utilizado a dialética como fator meramente instrutivo, desprovido, pois, de recursos emocionais. Em seu *Discurso sobre o Poema Dramático,* de 1660, diz ter optado por um teatro em que a instrução é subsidiária à finalidade de agradar.

Então, embora infeliz, [a virtude] sempre se faz amar, e [o vício] sempre se faz odiar, mesmo que triunfante. [...] O sucesso feliz da virtude, a despeito dos revezes e dos perigos, excita-nos a abraçar sua causa, e o sucesso funesto do crime ou da injustiça é capaz de aumentar o horror natural que lhe temos, pela apreensão de uma desgraça parecida[33].

Isso ocorre porque os homens têm propensão natural à virtude, que é o mesmo pressuposto de Diderot.

Entretanto, a linguagem cênica, que causava forte impressão nos tempos de Luís XIV e tornava a virtude atraente, já não fazia efeito sob Luís XV. Segundo Diderot, em seu tempo o gosto está a tal ponto corrompido que a virtude só provoca gargalhadas e a grandeza de caráter não comove, até assusta, pois o público não se identifica mais com a bondade. É preciso então que a composição de uma peça, bem como sua representação, embaralhem os dados conhecidos e desconhecidos de tal modo que se tornem um hieróglifo intrigante para o espectador. Para desatar esse nó, o ator instiga a platéia a exercitar sua capacidade de julgar.

Os argumentos de Diderot contra a comédia de caracteres denunciam sua contrapartida política, descrevendo-a como apropriada a um povo escravo, junto ao qual "tudo se degrada. É preciso [então] aviltar-se pelo tom e pelo gesto, para despojar a verdade de seu peso e ultraje. Os poetas se assemelham então aos bobos da corte: falam livremente, devido ao desprezo que padecem"[34].

No processo impetrado pelos devotos contra o gênero sério alegava-se que sob sua linguagem purificada de detritos cômicos se infiltravam mensagens filosóficas, usurpando prerrogativas da homilia religiosa. Segundo Diderot, do ponto de vista formal essa acusação não procede, ou só procede em parte, pois o ator não se dirige diretamente

32. *Discurso sobre a Poesia Dramática*, XI e XVII, p. 79 e 99-100; ed. fr., p. 1310 e 1325.
33. P. Corneille, *Discours de l'utilité et des parties du poème dramatique*, em *Oeuvres complètes*, p. 823.
34. *Discurso sobre a Poesia Dramática*, XVIII, p. 107; ed. fr., p. 1330.

ao espectador. Erguendo uma quarta parede que o separa da platéia, o comediante dissimula seu papel de pregador laico.

Tal dissimulação se faz necessária porque também o gosto dos espectadores está escravizado pelo regime despótico; "nem sempre o público é capaz de desejar o verdadeiro. Quando se precipita na falsidade, pode lá permanecer durante séculos; mas é sensível às coisas naturais e, tão logo sentir sua impressão, jamais a perderá de todo"[35].

Na representação do gênero sério, o efeito moral ocorre sem que o espectador se dê conta. Não é o desejo de ser melhor que o leva ao teatro, são diversas outras razões, mas, à revelia de sua própria vontade, outra faculdade – sua sensibilidade – é receptiva em relação às coisas naturais.

Enquanto o espectador é imperceptivelmente arrebatado pela ilusão, o poeta e o comediante conhecem o mecanismo de produção da ilusão, que se efetua pelo equilíbrio de circunstâncias comuns e incomuns, estas compreendidas (tratando-se da França setecentista) como a inclinação pelo bem, sendo comuns os conflitos causados por personagens abjetas.

Assim como na dramaturgia do gênero sério os *petits faits vrais* e fatos históricos contribuem para dar o lastro de circunstâncias conhecidas que contrabalançam o suposto absurdo de outros ingredientes dramáticos, a adesão do espectador ao desempenho do comediante requer que faça gestos e use tons de voz conhecidos, freqüentemente rompidos por movimentos corporais, atitudes, cenas e modos de falar considerados inconvenientes.

Na *Carta sobre os Surdos e Mudos*, Diderot dizia que a pantomima seria o melhor meio para expressar o "sublime de situação", para o qual não há equivalente em palavras nem pensamentos – a exemplo da cena de Lady Macbeth esfregando as mãos, que, vinte anos após cometer o crime, ainda imaginava manchadas de sangue: "há gestos sublimes que toda a eloqüência oratória jamais expressará. Tal é o de [Lady] Macbeth na tragédia de Shakespeare. [...] Não sei de nada tão patético em discurso do que o silêncio e o movimento das mãos dessa mulher. [...] A gente esquece o pensamento mais sublime; mas esses traços não se apagam"[36].

Portanto, excepcionalmente, à maneira das imagens dos hieróglifos e emblemas, a pantomima não equivale ao discurso, e de preferência toma o sentido oposto; somente, é claro, se restrita ao âmbito das emoções sublimes, que no gênero sério são surpreendentes por sua raridade. Pantomima que, segundo a *Carta sobre os Surdos e Mudos*, nada tem a ver com a pantomima ordinária, prescrita por retóricos, convencionada por padrões locais de representação ou discriminada em rubricas pelo autor da peça.

---

35. Idem, xx, p. 114; ed. fr., p. 1335.
36. *Carta sobre os Surdos e Mudos*, p. 98; ed. fr., p. 17-18.

132 A ARTE DO ATOR ENTRE OS SÉCULOS XVI E XVIII

Todos os homens, por serem naturalmente bons, sofrem quando são colocados em contato com o mal, o que só pode perdurar à força, em regime de exceção; um povo escravizado é, pois, extremamente sensível, emociona-se com facilidade diante de incessantes agruras. Nessas circunstâncias, quanto mais emotiva a personagem, menos submersa na maldade.

Por privilegiar a expressão da sensibilidade, a poética do gênero sério subordina-se à arte do ator, e pressupõe a anterioridade do gesto e da voz em relação à palavra. Isso ocorre porque nos momentos de extrema paixão os atores têm a voz embargada, ou utilizam recursos como cacófatos, suspiros, inflexões inauditas acompanhadas por expressões faciais e gestos imprevisíveis, o que confere à pré-oralidade um estatuto excepcional, e por isso mesmo uma vinculação direta com a natureza. Por serem exceções, os momentos de paixão exacerbada ganham em cena maior destaque, e impressionam muito mais. Desse modo, a personagem sofrida torna-se atraente; como se disse anteriormente, quem mais sofre tem mais virtude, e esta torna-se amável exclusivamente em função do desempenho do comediante.

Quanto às palavras articuladas, elas entram no composto do gênero sério como fatos comuns, pois, sem a suposição de que os acontecimentos mostrados no palco sejam reais, que seria da ilusão teatral, "em que a verdade é continuamente posta em paralelo com a ficção?"[37], questiona-se Diderot. Mas as palavras também têm propriedades hieroglíficas, e nesse ponto aproximam-se da simultaneidade em que se dão os dados do pensamento: "mas a sensação não tem de nenhuma maneira na alma esse desenvolvimento sucessivo do discurso; e se ela pudesse comandar vinte e cinco bocas, cada boca dizendo sua palavra, todas as idéias precedentes seriam expressas ao mesmo tempo. [...] Mas, na falta de muitas bocas, eis o que foi feito: várias idéias foram ligadas a uma só expressão"[38]. O hieróglifo pictórico, por sua vez, é responsável por expressar a ocorrência simultânea de várias qualidades sensíveis, enquanto o discurso (a palavra articulada), por ser linearmente composto, associa-se ao discernimento. Na representação teatral, a linguagem dos gestos tem a vantagem de pertencer ao domínio pictórico; com efeito, o tema de uma pessoa moribunda, representado em pintura, música ou poesia, circunscreve o alcance de cada uma dessas artes, pois o "pintor, não tendo mais que um momento, não pôde reunir tantos sintomas mortais quanto o poeta; mas em compensação eles são bem mais notáveis. É a coisa mesma que o pintor mostra; as expressões do músico e do poeta não são senão hieróglifos dela"[39].

37. *Discurso sobre a Poesia Dramática*, x, p. 71; ed. fr., p. 1303.
38. *Carta sobre os Surdos e Mudos*, p. 109; ed. fr., p. 27-28.
39. Idem, p. 129; ed. fr., p. 46.

Segundo Diderot, se o público de teatro for um povo cujos costumes são fracos, pequenos e amaneirados, a poesia, assim como a música – ambas direcionadas ao sentido da audição – serão capazes de fazer a imaginação funcionar, mas apartariam o espectador desse ambiente com menos vigor do que a pintura. A pintura, por atingir diretamente a visão do espectador, pode incumbir-se de provocar efeitos mais fortes, sublimes até.

Nas *Conversas sobre* O Filho Natural, os efeitos especiais que na *Carta sobre os Surdos e Mudos* se atribuíam às artes visuais estendem-se a inflexões extraordinárias de voz, capazes de tornar mais enérgica a declamação.

A pantomima e a declamação comuns encerram, com movimentos corporais e inflexões de voz incomuns, uma complexidade de idéias e de emoções que se confundiriam se não houvesse um contraste. Os caracteres funcionam, pois, como ponto de partida, um fundo sobre o qual a situação inicial evolve. A fisionomia, a postura, a fala das personagens são imaginadas pelo autor segundo tais caracteres, mas este simulacro apenas

inspira a primeira palavra, e a primeira palavra proporciona o restante.

Se o poeta for socorrido por estas fisionomias ideais já ao começar, que partido não poderá tirar das impressões súbitas e momentâneas que as fazem variar no transcorrer do drama, e mesmo no transcorrer de uma cena?

É importante notar que para Diderot "cabe às situações decidir sobre os caracteres"[40]; Jacques Chouillet comenta a frase lembrando que autores como Boileau-Despréaux defendiam apenas a coerência interna às personagens[41], ao passo que Diderot demanda que o plano leve em consideração também as causas externas, o meio em que as personagens, atores e espectadores vivem. A personagem não segue somente suas determinações de caráter, ela age de acordo com as profissões, cargos e parentescos cujo referencial é próximo do espectador.

Conforme seja conhecida ou desconhecida a relação entre causa e efeito daquilo que ocorre em cena, personagens e público são envolvidos na rede de intrigas do sentimento. Só o autor tem total conhecimento de seu plano e "os espectadores são apenas testemunhas ignoradas da coisa"; para iludi-los, Diderot demanda que as personagens "formem, sem o perceber, o nó da intriga; que tudo lhes seja impenetrável, que avancem para o desenlace, sem o suspeitarem". Quanto ao espectador, a margem de ignorância não é a mesma, pois ele deve ser informado

40. *Discurso sobre a Poesia Dramática*, xvi e xiii, p. 95 e 81; ed. fr., p. 1322 e 1311.

41. Cf. nota de Jacques Chouillet em D. Diderot, *De la Poésie dramatique*, em *Oeuvres complètes*, t. 10, p. 375. Cf. ainda N. Boileau-Despréaux, *A Arte Poética*, canto iii, 124-126, p. 45: "O senhor inventa uma nova personagem? Que ela, em tudo, se mostre de acordo consigo mesma e que seja até o fim tal qual foi vista no início".

134 A ARTE DO ATOR ENTRE OS SÉCULOS XVI E XVIII

do que já ocorreu, do que ocorre e do que ocorrerá; seu interesse se granjeia à medida que aumentam suas expectativas sobre o que ainda não aconteceu. "Que o espectador saiba de tudo e que os personagens se ignorem tanto quanto possível; que, satisfeito do presente, eu deseje com ardor aquilo que segue; que este personagem me faça desejar aquele; que um incidente me precipite para o incidente que lhe é conexo"[42], diz Diderot.

Dispor a peça de modo que se esclareçam ou se ocultem as conseqüências implica formar uma intriga em que o contraste de caracteres não prevaleça, pois todas as atitudes apropriadas a esses caracteres já foram prescritas, e isso as torna previsíveis.

Ignorantes de seu destino, as personagens comunicam à platéia seus propósitos secretos usando recursos como o monólogo; o espectador, esclarecido a respeito das intenções das personagens, aflige-se com a possibilidade de conflito e mal-entendido nas cenas que estão por vir. Assim, o nível de informação sobre a causa dos fatos é total em relação ao autor, parcial em relação ao público e pode chegar a ser nulo quanto à personagem[43].

Segundo a noção aristotélica de virtude, não há regra geral para a retidão de ações e paixões antes que os fatos ocorram, antes que se exponham determinados sentimentos e atos[44]. No gênero sério de Diderot, diversos modelos ideais são colocados em debate e modificados pelas circunstâncias, provocando emoções que não constituem um exercício estéril para atrair ou distanciar o espectador, mas fornecem a ele exemplos de conduta nas inesperadas (do ponto de vista da natureza humana) situações em que o mal predomina.

Nesse exercício de escolha, suscita-se no público o pendor pelo bem. No entanto, o didatismo pretendido por Diderot só faz efeito se houver adesão sentimental por parte do espectador que, mesmo estando separado do comediante por uma quarta parede, identifica-se com as aflições das personagens desamparadas pelo onisciente autor.

---

42. *Discurso sobre a Poesia Dramática*, xi, p. 74 e 77-78; ed. fr., p. 1306 e 1308, respectivamente.

43. Cf. idem, x, p. 61; ed. fr., p. 1295: "se, para nos instigar, o poeta oculta algumas forças que emprega, ele sempre nos permite perceber o bastante para nos sentirmos satisfeitos".

44. De sua conexão com a prática e com a repetição decorre que a virtude seja definida por Aristóteles como disposição, hábito ou característica [*héxis*]; "a excelência moral [*areté*, virtude], então, é uma disposição da alma relacionada com a escolha de ações e emoções, disposição que consiste em encontrar o meio-termo". Somente um homem de juízo, ou dotado de discernimento, encontra o "estado intermediário, porque nas várias formas de deficiência moral há falta ou excesso do que é conveniente tanto nas emoções quanto nas ações, enquanto a excelência moral encontra e prefere o meio-termo". Aristóteles, *Ética a Nicômacos*, ii, 6, 1106b.

Epílogo

> *Para evitar que o ouvinte desconfie do artifício das figuras, bastará pegá-lo na armadilha de um artifício maior.*
>
> JACQUELINE LICHTENSTEIN, *A Cor Eloqüente*

Expostos os recursos empregados pelos atores para que seu desempenho seja visto preferencialmente como expressão do talento – e não como fruto de aperfeiçoamento artístico –, é possível tirar algumas conclusões.

A primeira reporta-se ao texto de onde se engendraram todas as questões discutidas neste trabalho, qual seja, o *Paradoxo sobre o Comediante*, de Diderot.

Como foi dito, em meados do século XVI manifestou-se a necessidade de manter um equilíbrio – tanto do ponto de vista dramatúrgico quanto do ponto de vista da atuação do comediante – entre os elementos emocionais e os elementos racionais que entram na composição de uma peça e nuançam sua representação, os quais já se encontravam preceituados em poéticas e tratados de retórica.

Essa tensão irresolúvel, pressuposta pela filosofia contra-reformista, deveria ser preservada nos mínimos detalhes do gestual e da fala dos atores, de modo a denotar um desempenho marcado pelo par razão-sentimento. Em Diderot o par especifica-se como sensibilidade e juízo, ambos indispensáveis em se tratando da representação do drama setecentista e da filosofia diderotiana, segundo a qual o juízo se dá sobre dados da sensibilidade. Por outro lado, as asserções de Diderot sobre o comediante permitem dizer que o juízo responde até mesmo pela apreensão dos dados da sensibilidade.

Segundo Diderot, os variados gestos e tons de voz empregados por um comediante no desempenho de seu papel enquadram-se em um

A ARTE DO ATOR ENTRE OS SÉCULOS XVI E XVIII

sistema de representação teatral que os define como fruto de reflexão ou como expressão da paixão. Tanto a expressão corporal quanto as inflexões vocais são gradualmente matizadas pelos atores, de modo a ressaltar em sua representação a bondade como vetor, provocando nos espectadores impressões que servirão como parâmetro fora do teatro – uma vez estimulada a sensibilidade para o bem, concomitantemente o juízo do espectador estará funcionando. Quanto ao ator, é o juízo que o leva a sentir o papel, pois sua atuação segue um modelo ideal, mesmo nos momentos mais passionais da peça.

Com base nessa constatação, proponho uma hipótese de leitura do *Paradoxo sobre o Comediante* que refira o ponto de vista do comediante em separado do ponto de vista do espectador. A insensibilidade do comediante o impede de tornar-se cativo de convenções sentimentais; é o juízo que lhe faculta acesso à bondade natural: "quero que tenha muito discernimento [*jugement*]; acho necessário que haja nesse homem um espectador frio e tranqüilo; exijo dele, por conseqüência, penetração e nenhuma sensibilidade, a arte de tudo imitar", diz Diderot sobre o bom ator. É importante lembrar que a sensibilidade mencionada neste trecho do *Paradoxo* não é a mesma que o comediante concebe como modelo ideal, cuja impressão atingirá o espectador. Do entrecruzamento de diversas convenções referentes tanto à reflexão quanto à sensibilidade – convenções existentes dentro e fora do palco –, o comediante concebe por contraste um terceiro termo, mediante o qual se conecta com a natureza, e que acaba por constituir um modelo para sua atuação. O arrebatamento do público, provocado por sentimentos expressos em cena, é fruto do modelo que os comediantes concebem, mas não sentem. "Se essas verdades fossem demonstradas, os grandes comediantes não concordariam com elas; é o segredo deles"[1].

Tratados sobre o ator que precederam o *Paradoxo sobre o Comediante* também se fundamentavam sobre o princípio de dissimulação da arte. A dissimulação pressupunha a natureza decaída do homem e ao mesmo tempo os dons divinos que nele perduravam (ou seja, fazia-se o bem ao seguir os vestígios do sagrado). Em Diderot, pelo contrário, não há intermediação de Deus no caminho do homem para o bem, pois a natureza humana por si só é definida pela bondade e não pelo vício.

Diderot diz que a sensibilidade, por não contemplar o bem de todos, não serve para nortear a atuação do comediante – sentimentos têm como vetor interesses pessoais que por isso mesmo acarretam o mal. O comediante, porém, ao cruzá-la com outras convenções, concebe uma junção inesperada que suscita sentimentos mais impactantes, capazes de conectar cada espectador com a espécie humana. Para causar uma impressão tão forte – uma tendência natural pelo bem, que supere

---

1. D. Diderot, *Paradoxo sobre o Comediante*, em *Diderot: Obras II*, p. 32 e 36; *Paradoxe sur le comédien*, em *Oeuvres*, t. 4, p. 1380 e 1383, respectivamente.

EPÍLOGO

pendores individuais – é imperativo que o comediante oculte o modo como produziu esse efeito.

Ao passo que os bons comediantes sobressaem por terem juízo, os espectadores estão demasiadamente apegados aos próprios interesses e só conseguem captar a linguagem sentimental. "Quando tudo é falso [é] que se ama o verdadeiro"[2]; por esse motivo Diderot considera necessário que o comediante mantenha em segredo sua arte e se exponha ao espectador como extremamente sensível. Comediantes têm de passar ao espectador, segundo Diderot, a imagem de serem pessoas de "discernimento limitado, de uma perspicácia comum, mas [...] de grande sensibilidade"[3].

Este trecho das *Conversas sobre* O Filho Natural não entra em contradição com as proposições contidas no *Paradoxo sobre o Comediante* – principalmente a que exigia do comediante muito juízo e nenhuma sensibilidade – porque dá conta de duas perspectivas diferentes, também previstas no *Paradoxo*:

[lamentos] tão plangentes, tão dolorosos, que esta mãe arranca do fundo de suas entranhas, e com os quais as minhas são tão violentamente sacudidas, não é o sentimento atual que os produz, não é o desespero que os inspira? De modo algum; e a prova é que são medidos, que fazem parte de um sistema de declamação; que mais baixos ou mais agudos do que a vigésima parte de um quarto de tom, são falsos; que estão sujeitos a uma lei de unidade; que são, como na harmonia, preparados e preservados: que satisfazem todas as condições requeridas apenas através de um longo estudo; que concorrem para a solução de um problema proposto; que, para serem levados ao ponto justo, foram ensaiados cem vezes[4].

Segundo as *Conversas sobre* O Filho Natural, é imprescindível que o ator dê sinais de extrema sensibilidade nos momentos passionais da peça, em que não caberia passar a impressão de frio, calculista e de primar pela técnica. É lugar-comum entre os espectadores que as mulheres são mais propensas à paixão, por serem fisiologicamente influenciadas por "vapores"[5]:

Felizmente uma atriz de discernimento limitado, de uma perspicácia comum, mas dona de grande sensibilidade, apreende sem esforço um estado d'alma e encontra, sem pensar, o tom [*accent*] que convém aos muitos sentimentos diferentes que se fundem constituindo esse estado e que toda a sagacidade do filósofo seria incapaz de analisar[6].

Note-se que neste trecho Diderot menciona uma atriz e não um ator.

---

2. Idem, p. 64; ed. fr., p. 1410.

3. Segunda Conversa, *Conversas sobre* O Filho Natural, em *Diderot: Obras v*, p. 120; Second entretien, *Entretiens sur* Le Fils naturel, p. 1146.

4. *Paradoxo sobre o Comediante*, op. cit., p. 36; ed. fr., p. 1383-1384.

5. Cf. D. Diderot, *Sur Les Femmes*, em *Oeuvres*.

6. Segunda Conversa, op. cit., p. 120; ed. fr., p. 1146.

138   A ARTE DO ATOR ENTRE OS SÉCULOS XVI E XVIII

É portanto mais verossímil que uma atriz expresse sentimentos, o que Diderot reafirma no *Paradoxo sobre o Comediante*: "Vede as mulheres; elas nos ultrapassam certamente, e de muito longe, em sensibilidade; que diferença entre elas e nós nos instantes da paixão! Mas, assim como nos são superiores quando agem, do mesmo modo nos são inferiores quando imitam". Quanto ao ator homem, Diderot quer "que tenha muito discernimento [*jugement*]; acho necessário que haja nesse homem um espectador frio e tranqüilo; exijo dele, por conseqüência, penetração e nenhuma sensibilidade, a arte de tudo imitar"[7].

Essa é a perspectiva dos espectadores, que são leigos. É a doxa, a voz corrente, de que o comediante faz uso para afetá-los com mais eficácia. Mas a perspectiva de quem domina a arte de representar é outra; do ponto de vista dos atores, Diderot escolhe uma mulher como exemplo de comediante que prima por atuar com juízo e nenhuma sensibilidade:

> O que me confirma em minha opinião é a desigualdade dos atores que representam com alma. Não espereis da parte deles nenhuma unidade; seu desempenho é alternadamente forte e fraco, quente e frio, trivial e sublime. Hão de falhar amanhã na passagem onde hoje primaram; em compensação, hão de primar naquela em que falharam na véspera. Ao passo que o comediante que representar com reflexão, com estudo da natureza humana, com imitação constante segundo algum modelo ideal, com imaginação, com memória, será um e o mesmo em todas as representações, sempre igualmente perfeito: tudo foi medido, combinado, apreendido, ordenado em sua cabeça; não há em sua declamação nem monotonia, nem dissonância. [...] Que desempenho mais perfeito que o de Mlle Clairon? Entretanto, segui-a, estudai-a, e ficareis convencido de que na sexta representação ela sabe de cor todos os pormenores de sua interpretação, assim como todas as palavras de seu papel[8].

Segundo Diderot, o ator não adere à sensibilidade corrente, mas dela faz uso para lograr o efeito de estimular o juízo da platéia – eis o paradoxo sobre o espectador. Sob essa mudança de enfoque, resiste um critério único. O emprego crítico de figuras de sentimento na obra de Diderot demonstra que ele não propugna a autonomia da sensibilidade, e sim reforça sua dependência para com as idéias e o juízo.

O *Paradoxo* reafirma, de acordo com a filosofia de Diderot, um tema glosado em toda a tratadística do ator: manter em sigilo os procedimentos de sua arte. Tome-se como exemplo a obra de comediantes *dell'Arte* como Francesco Andreini e Nicolò Barbieri, que no século XVII trataram o teatro como inócuo entretenimento, e seu próprio ofício como assunto insignificante. Ao mesmo tempo em que enunciaram os preceitos de sua arte, insinuavam que esses preceitos não deveriam ser seguidos – para que o espectador tivesse essa impressão. Não é outra a matriz do pensamento de Luigi Riccoboni, que no século XVIII manteve

---

7. *Paradoxo sobre o Comediante*, op. cit., p. 32 e 32; ed. fr., p. 1383 e 1380.
8. Idem, p. 33; ed. fr., p. 1381.

EPÍLOGO   139

em Paris uma companhia de *Commedia dell'Arte* tão prestigiada e tão proficiente quanto a Comédie Française.

Muito embora os comediantes italianos tenham arrogado a si esse privilégio, emprega-se uma técnica complexa para produzir o efeito de "naturalidade" no desempenho de todo ator.

Optei então por dialogar com autores que não tratam a *Commedia dell'Arte* como manifestação artística popular e espontânea. O mais notório é Benedetto Croce, para quem a *Commedia dell'Arte* não pode ser comparada ao

drama popular, uma vez que a Itália não era mais a terra da poesia popular, tão culta – hiperculta – e acadêmica vinha-se tornando. A teoria de que a *Commedia dell'Arte* seja comédia popular, ou enxerto da comédia popular no tronco da comédia erudita, é uma das costumeiras combinações imaginárias de filólogos [...] . Da comédia popular, tanto quanto da erudita, esses atores tiravam as tramas e elementos esparsos – como fizeram posteriormente com o teatro espanhol –, mas tratavam-se de esquemas e coisas externas, e não a substância de sua arte.

Croce observa ainda que a *Commedia dell'Arte* não consistia em um grito de revolta do povo oprimido e explorado, em primeiro lugar porque os comediantes não vinham dos estratos mais baixos da plebe, "eram quase todos provenientes da burguesia letrada ou do artesanato, obsequiosos e religiosamente devotos; eram tudo, menos rebeldes"[9].

Nicolò Barbieri e Carlo Gozzi, que nos séculos XVII e XVIII defendiam a *Commedia dell'Arte* como teatro popular, não queriam com isso dizer que fosse uma comédia realizada pelo povo, e sim dirigida a ele, reafirmando verticalmente a sociedade de corte. Porque o gênero cômico se limita a representar personagens de baixa extração, a comédia é o gênero mais apropriado para ser visto pelo povo, ratificado como plebeu, portanto insensível e ignaro com relação aos assuntos de maior monta a serem conduzidos, segundo Barbieri e Gozzi, pela nobreza e pelo clero.

Compartilhando os pressupostos de Benedetto Croce, estudiosos da *Commedia dell'Arte* têm refutado a versão romântica de que aqueles "comediantes fossem rebeldes, ou expressassem protestos sociais"[10]. A versão romântica, por sua vez, remonta a Vítor Hugo, que privilegiou na *Commedia dell'Arte* os aspectos grotescos estampados por Callot, nela constatando a expressão das forças primitivas de um povo[11]. Tais

9. B. Croce, Intorno alla Commedia dell'Arte, *Poesia popolare e poesia d'arte*, p. 507.

10. V. Pandolfi, *Il Teatro del Rinascimento e la Commedia dell'Arte*, p. 154.

11. Cf. V. Hugo, Prefácio de *Cromwell*, a menção a Callot localiza-se à p. 29. Por volta de 1620, Jacques Callot, gravurista francês agregado à corte dos Médici, realizou uma série denominada *Balli di Sfessania*, em que personagens da *Commedia dell'Arte* (ou figuras que se assemelham a elas) são caracterizadas em gestos obscenos e posturas caricatas. O romance *Capitão Tornado*, de Théophile Gautier (1863), também colaborou para consolidar a visão romântica da *Commedia dell'Arte*.

140   A ARTE DO ATOR ENTRE OS SÉCULOS XVI E XVIII

asserções fundamentam-se em teorias tardo-setecentistas que propagaram "o mito do povo *naturaliter*" e elegeram "as máscaras da comédia italiana como símbolos vivos de uma nação"[12].

A leitura romântica ainda fixou a *Commedia dell'Arte* como espetáculo de feira, apresentado por atores que em nada diferiam de andarilhos mendicantes; "são os espetáculos de feira e as trupes itinerantes, filtrados pela estetização de Baudelaire, Laforgue e Verlaine, que estão na origem do interesse do decadentismo e dos simbolistas russos pela *Commedia dell'Arte*"[13].

Colorida com o tom nacional-popular das feiras e purgada dos maneirismos grotescos apreciados por Vítor Hugo, a *Commedia dell'Arte* despertou o interesse de Georges e Maurice Sand, mãe e filho que em meados do século XIX mantiveram um grupo amador de *Commedia dell'Arte*, representando antigos *cannovacci* e inventando outros. Os registros deixados por Maurice Sand nortearam as pesquisas sobre *Commedia dell'Arte* realizadas na década de 1920 por Jacques Copeau e Léon Chancerel.

A ascendência de Copeau sobre o moderno teatro brasileiro fez perdurar aqui a noção de que o comediante italiano perito em improvisações fosse um maltrapilho inspirado, um pierrô alucinado, antes etéreo que maldito.

As teorias de Mikhail Bakhtin (1895-1975) reavivaram entre nós idéias pré-simbolistas que classificavam a *Commedia dell'Arte* como transgressora. Bakhtin refutou a depuração simbolista e constatou um conflito entre a cultura oficial e as personagens mascaradas da comédia italiana improvisada; repropõe-se a *Commedia dell'Arte* lida em chave grotesca. Este aspecto estilístico é então interpretado como expressão de uma agressividade que teria trazido à tona a revolta do povo oprimido[14].

Entretanto, ao examinar fontes primárias sobre *Commedia dell'Arte* em nenhum momento constatei que a cultura oficial tivesse banido gêneros baixos e médios. A *Commedia dell'Arte*, bem como as pastorais, são o ponto alto da sociedade de corte, e não as marcas de sua decadência; não obstante, admitiram protagonistas de baixa condição contracenando de igual para igual com nobres, no caso da *Commedia dell'Arte*, ou com os semideuses pagãos representados nos dramas pastorais.

As diretrizes para a representação de gêneros elevados, intermediários e inferiores – exemplificando: 1. a tragédia; 2. o drama pastoral, o

12. R. Tessari, *La Commedia dell'Arte nel Seicento*, p. 14.

13. C. Solivetti, La Commedia dell'Arte in Russia e Konstantin Miklasevskij, em K. Miklaseveskij, *La Commedia dell'Arte*, p. 133. Referência obrigatória sobre o assunto é o livro de R. Cuppone, *Il Mito della Commedia dell'Arte nell'Ottocento francese*.

14. Cf. M. Bakhtin, *A Cultura Popular na Idade Média e no Renascimento*; Epos e Romance, *Questões de Literatura e de Estética*.

EPÍLOGO

drama satírico, a *Commedia dell'Arte* e a tragicomédia; e 3. a comédia –, quer fossem destinados a um círculo mais restrito ou a um número maior de espectadores, obedeciam a um mesmo estatuto teológico-político, aplicado ao vulgo ou direcionado a uns poucos.

É importante notar que essa estrutura não estava isenta de tensões e de conflitos; em determinados momentos tais atritos levavam opositores a tachar um gênero como dissidente. Mas a própria Comédie Française não ficou imune à acusação de sublevar o povo: no século XVIII o comediante *dell'Arte* Luigi Riccoboni a delatou por representar tragédias transgressoras e heréticas.

Nesse sentido, o grotesco não constituía o reverso do sublime[15]; ambos se inseriam em uma estrutura teologicamente delimitada pela Contra-Reforma e politicamente orientada pela monarquia. Comediantes, cortesãos, clérigos e amadores que escreveram em prol da arte do ator manifestavam concordância em relação a esse estado de coisas. Os defensores da *Commedia dell'Arte* tentavam demonstrar que concorriam para fortalecer a autoridade religiosa e a autoridade laica, e não para enfraquecê-las. O testemunho que deixaram sobre a existência de um estrato de comediantes *dell'Arte* avesso a receber ordens – o que se encaixaria no parecer de Vítor Hugo e de Bakhtin – não pode ser levado ao pé da letra.

Para proibir a entrada das trupes de *Commedia dell'Arte* em sua diocese, São Carlos Borromeu os descreveu utilizando lugares-comuns de vitupério contra heréticos e insubordinados, tomando as máscaras da *Commedia dell'Arte* como expressão da própria besta e como baluarte da simulação maquiavélica. Talvez jamais tenham existido comediantes tais como foram descritos por São Carlos. Mesmo os defensores da *Commedia dell'Arte* lançaram mão desses lugares-comuns para delimitar um círculo de comediantes ímpios e infames, fora do qual se situavam eles próprios, afirmando por contraste a virtude incontestável de comediantes aptos a entreter os súditos de um príncipe cristão.

Os comediantes necessitaram então – justamente para falar a espectadores que fossem bons súditos e bons cristãos – ocultar os princípios morais, a mensagem anti-herética, os desígnios políticos e os preceitos da arte de representar que se refratavam em seu desempenho. Deixaram à mostra apenas o impulso de atuar e os sentimentos das personagens, mais dignos de fé por serem considerados incorruptíveis e naturais. Com base na ortodoxia católica, concede-se à expressão cênica do sentimento e à espontaneidade do comediante um vínculo direto com a natureza e com Deus.

---

15. Cf. V. Hugo, op. cit., p. 24: "que tudo na criação não é humanamente belo, que o feio existe ao lado do belo, o disforme perto do gracioso, o grotesco no reverso do sublime, o mal com o bem, a sombra com a luz".

O que mais tarde se denominou ilusionismo – entendido como encobrimento dos móbeis da arte de representar – é pois a base da tratadística do ator, desde que foi inaugurada. Na *Commedia dell'Arte*, a prática do improviso não vem romper a ilusão, mas concorre para fortalecê-la e manter a crença do espectador. Um comediante como Francesco Andreini, que representava o Capitão Spavento, não atuava sem nenhum preparo, embora obedecesse ao *éthos* de uma personagem que deveria ser encarada como desregrada.

Como na arte da prestidigitação, a eficácia do desempenho do ator está em ocultar como produz esse efeito. É o que torna paradoxais quaisquer tratados sobre o ator, e os configura mais bem como anti-tratados. Embora Diderot tenha colocado à mostra o sigiloso processo de produção da ilusão cênica, note-se que o teatro proposto por ele é reconhecido como o bastião do ilusionismo.

Assim como Diderot empenhou-se em revelar na *Enciclopédia* os instrumentos mediante os quais se produzem os mais variados objetos – que por sua vez não se assemelham aos instrumentos com que são produzidos –, o *Paradoxo sobre o Comediante* mostra que o ator ri e chora para fazer os espectadores rirem ou chorarem, mas uma coisa é planejar cenas de modo a prever seus efeitos junto à platéia, e outra é ser tomado por uma emoção. Provocar propositalmente o riso e o choro, ou ser acometido por uma onda de riso e choro implica disposições contrárias, uma ativa, outra passiva.

Não atuavam passivamente os comediantes profissionais e diletantes que a partir do século XVI passaram a improvisar com ou sem máscara; não estavam movidos por um furor primitivo e incontrolável que extravasavam fazendo teatro. Os atores que então representavam outros gêneros, como as comédias regulares e os dramas pastorais, tampouco desdenhavam as regras da poética e da retórica, como se percebe nos tratados de Leone de' Sommi e Ângelo Ingegneri.

O drama pastoral que floresceu na Itália na segunda metade do século XVI teve como respaldo um meio-termo não previsto na poética aristotélica – mas derivado de seus pressupostos, além de ser fundamentado em Horácio; a flutuação entre a comédia e a tragédia preservaria o interesse da platéia, impedindo que se entediasse com a monotonia desses dois gêneros. Contemporânea à pastoral, não foi outro o fundamento da *Commedia dell'Arte*; o improviso da trama e das falas atrai e prende a atenção da audiência. A mesma meta orientou a enunciação da arte do ator, com base na tratadística do espetáculo, entendido como manifestação agradável aos sentidos e esquivo ao tédio.

Com o intuito de iludir melhor os espectadores da Paris setecentista – que Diderot dizia estarem acostumados às soluções dramatúrgicas referentes à tragédia ou à comédia – ele se propõe a matizar os gêneros dramáticos prescritos por Aristóteles, interpondo, à tragédia e à comédia, a tragédia burguesa e a comédia séria:

EPÍLOGO

Eis, portanto, o sistema dramático em toda sua extensão. A comédia jocosa, que tem por objeto o ridículo e o vício, a comédia séria, que tem por objeto a virtude e os deveres do homem. A tragédia que teria por objeto nossas desgraças domésticas e a tragédia que tem por objeto as catástrofes públicas e as desgraças dos grandes personagens[16].

Empregar em uma mesma peça elementos trágicos e cômicos, como se viu, já havia sido feito com base no modelo quinhentista italiano. Mas a nuança proposta por Diderot se fez a partir de gêneros consagrados em sua época, os quais haviam, segundo ele, assumido uma fixidez canônica e perdido toda a capacidade de iludir.

Para tornar a ilusão ainda mais perfeita, de modo que os atores acompanhem tais modulações dramatúrgicas, Diderot retoma a idéia da quarta parede, enunciada desde Sommi até Riccoboni como um dos pontos principais da arte da representação: "Assim, quer compondo, quer representando, não penses no espectador, é como se ele não existisse. Imagina no proscênio uma grande parede que te separa da platéia e representa como se a cortina não subisse"[17].

A atenção do espectador concentra-se então no palco, de modo a fazê-lo acreditar que os próprios atores estejam sentindo as dores e as alegrias mostradas em cena. Para criar essa atmosfera, é preciso ainda que o espectador acredite que a arte do ator consiste naquilo que lhe causa maior impressão: a capacidade de o ator sentir seu papel. Mas os recursos técnicos utilizados pelos atores para expressar emoções – bem como outras impressões que pretendessem causar nos mais diversos tipos de público – continuaram sendo objeto de profunda discussão por parte de comediantes, amadores e mesmo por seus detratores.

Uma leitura filosófica sobre o tema tem de levar em consideração o ponto de vista do espectador, mas não se restringe a esse enfoque. As pesquisas de Franklin de Mattos sobre o fortalecimento da ilusão no romance – especificamente seus estudos sobre os recursos empregados por Diderot para envolver o leitor na trama d'*A Religiosa* e de *Jacques, o Fatalista*, interrompendo a ação, sem romper a ilusão[18] – foram meu parâmetro para pensar a arte do comediante, que também lança mão de efeitos de distanciamento, de modo a cativar mais e mais o público.

---

16. D. Diderot, *Discurso sobre a Poesia Dramática*, II, p. 39-40; *De la Poésie dramatique*, em *Oeuvres*, t. 4, p. 1279.

17. Idem, XI, p. 79; ed. fr., p. 1310.

18. Cf. L. F. Franklin de Mattos, *Jacques, o Fatalista, e seu Amo*, em *O Filósofo e o Comediante*, p. 208-210: "No célebre prefácio-anexo ao livro [*A Religiosa*], Diderot se põe a contar para o leitor a mistificação que dera origem à obra e, assim, rompe a ilusão sobre a qual estava assentado o romance. Entretanto, conforme tratou de demonstrar um de seus maiores estudiosos, este rompimento é apenas um artifício, cuja finalidade não é senão restabelecer uma ilusão de segundo grau, muito mais inabalável que a primeira. [...] Ao ler *Jacques*, portanto, o leitor pode estar certo de que não terá em mãos um precoce exemplo de narrativa moderna, como já se pretendeu, mas percorrerá um dos capítulos principais da pré-história do romance realista".

Conforme a tratadística do ator, o estranhamento mantém o espectador no âmbito do que ocorre em cena, e não o remete para fora do palco.

Tomando a obra de Diderot como marco inicial de qualquer estudo sobre o ator, certamente não nos esqueceremos da necessidade de investigar ambos os lados da ribalta.

A Tratadística do Ator:
Fontes Primárias

Aqui estão reunidas indicações específicas sobre a preparação do ator, esparsas nos diversos capítulos deste livro. São citações de fontes primárias, referentes à caracterização de personagens, ao arranjo cênico, a cenários, figurinos, expressão corporal e vocal, em conexão com os gêneros dramáticos (tragédia, comédia e intermediários), os gêneros literários como um todo (o épico e o lírico, inclusive), bem como gêneros e estilos retóricos.

ARISTÓTELES

Poética (IV a.C.)

"Mas como os imitadores imitam homens que praticam alguma ação, e estes, necessariamente, são indivíduos de elevada ou de baixa índole (porque a variedade dos caracteres só se encontra nestas diferenças [e quanto a caráter, todos os homens se distinguem pelo vício ou pela virtude]), necessariamente também sucederá que os poetas imitam homens melhores, piores ou iguais a nós, como o fazem os pintores [...]. Pois a mesma diferença separa a tragédia da comédia; procura esta imitar os homens piores, e aquela, melhores do que eles ordinariamente são"[1].

---

1. Aristóteles, *Poética*, 1448a1, a16.

146 A ARTE DO ATOR ENTRE OS SÉCULOS XVI E XVIII

"A comédia é, como dissemos, imitação de homens inferiores; não todavia, quanto a toda espécie de vícios, mas só quanto àquela parte do torpe que é o ridículo. O ridículo é apenas certo defeito, torpeza anódina e inocente; que bem o demonstra, por exemplo, a máscara cômica, que, sendo feia e disforme, não tem [expressão de] dor"[2].

"É, pois, a tragédia imitação de uma ação de caráter elevado, completa e de certa extensão, em linguagem ornamentada e com as várias espécies de ornamentos distribuídas pelas diversas partes [do drama], [imitação que se efetua] não por narrativa, mas mediante atores, e que, suscitando o terror e a piedade, tem por efeito a purificação dessas emoções"[3].

"Porém, o elemento mais importante é a trama dos fatos, pois a tragédia não é imitação de homens, mas de ações e de vida, de felicidade [e infelicidade; mas, felicidade] ou infelicidade reside na ação [...]; por isso, as ações e o mito constituem a finalidade da tragédia, e a finalidade é de tudo o que mais importa"[4].

"Quanto ao espetáculo cênico, decerto que é o mais emocionante, mas também é o menos artístico e menos próprio da poesia. Na verdade, mesmo sem representação e sem atores, pode a tragédia manifestar seus efeitos; além disso, a realização de um bom espetáculo mais depende do cenógrafo que do poeta"[5].

"O terror e a piedade podem surgir por efeito do espetáculo cênico, mas também podem derivar da íntima conexão dos atos, e este é o procedimento preferível e o mais digno do poeta. Porque o mito deve ser composto de tal maneira que, quem ouvir as coisas que vão acontecendo, ainda que nada veja, só pelos sucessos trema e se apiede. [...] Querer produzir essas emoções unicamente pelo espetáculo é processo alheio à arte e que mais depende da coregia"[6].

"Ações deste gênero devem necessariamente desenrolar-se entre amigos, inimigos ou indiferentes. Se as coisas se passam entre inimigos, não há como compadecer-nos, nem pelas ações nem pelas intenções deles, a não ser pelo aspecto lutuoso dos acontecimentos; e assim, também, entre estranhos. Mas se as ações catastróficas sucederem entre amigos – como, por exemplo, irmão que mata ou esteja em vias de matar o irmão, ou um filho o pai, ou a mãe um filho, ou um filho a mãe, ou quando aconteçam outras coisas que tais, eis os casos a discutir"[7].

2. Idem, 1449a32.
3. Idem, 1449b24.
4. Idem, 1450a16.
5. Idem, 1450b16.
6. Idem, 1453b1-7.
7. Idem, 1453b15.

Retórica (IV a.C.)

"É preciso, porém, não esquecer que a cada gênero é ajustado um tipo de expressão diferente. Na verdade, não é a mesma a expressão de um texto escrito e a de um debate, nem neste caso a oratória deliberativa e a judicial. [...] O gênero deliberativo parece-se totalmente com um desenho em perspectiva. É que quanto maior for a multidão, tanto mais longe deverá a vista ser colocada, pois, em ambos os casos, o rigor é supérfluo e negativo. O gênero judicial é o mais rigoroso nos pormenores; e ainda mais perante um só juiz, pois é mínima a capacidade da retórica. É que é mais visível o que concerne ao assunto e o que lhe é estranho, e a situação de debate não está presente, de forma que o julgamento é límpido. Por esta razão, os oradores mais admirados não são os mesmos em todos estes gêneros. Porém, onde há sobretudo necessidade de representação, aí é onde existe menos exatidão. E aqui é onde é necessária a voz, e, sobretudo, uma voz potente"[8].

QUINTO HORÁCIO FLACO

Arte Poética (I a.C.)

"Se um pintor quisesse juntar a uma cabeça humana um pescoço de cavalo e a membros de animais de toda a ordem aplicar plumas variegadas, de forma a que terminasse em torpe e negro peixe a mulher de bela face, conteríeis vós o riso, ó meus amigos? Pois crede-me, Pisões, em tudo a este quadro se assemelharia o livro, cujas idéias vãs se concebessem quais sonhos de doente, de tal modo que nem pés nem cabeça pudessem constituir uma só forma"[9].

"Foi a raiva quem armou Arquíloco do jambo que a este é próprio: depois, a tal pé, adaptaram-no os socos e os grandes coturnos por mais apropriado para o diálogo, capaz de anular o ruído da assistência, visto ser criado para a ação"[10].

"Mesmo a comédia não quer os seus assuntos expostos em versos de tragédia e igualmente a ceia de Tiestes não se enquadra na narração em metro vulgar, mais próprio dos socos da comédia. Que cada gênero, bem distribuído ocupe o lugar que lhe compete. Às vezes, todavia, levanta vôo a comédia e Cremete indignado ralha em tom patético; mais vezes, no entanto, as personagens trágicas, seja Telefo ou Peleu, em língua rasteira se lamenta, quando, na pobreza e no exílio, lançam frases empoladas, palavras de pé e meio, tentando comover pelo lamento o coração de quem os olha"[11].

---

8. Aristóteles, *Retórica*, III, 12, 1413b e 1414a.
9. Horácio, *Arte Poética*, vv. 1-9, p. 51.
10. Idem, vv. 79-82, p. 67.
11. Idem, vv. 89-98, p. 69-71.

148 A ARTE DO ATOR ENTRE OS SÉCULOS XVI E XVIII

"Assim como o rosto humano sorri a quem vê rir e aos que choram se lhes une em pranto, também se queres que eu chore, hás-de sofrer tu primeiro: só teus infortúnios podem comover-me, quer sejas Telefo ou Peleu; se, porém, recitares mal teu papel, dormitarei ou cairei no riso. [...] Se as palavras do ator não corresponderem à sua sorte, não deixarão todos os Romanos, cavaleiros e peões, de soltar grandes risadas"[12].

"Tem igualmente de tomar-se em conta, se quem fala é deus ou herói, velho sisudo ou homem fogoso, na flor da idade; matrona autoritária ou carinhosa ama; mercador errante ou lavrador de viçoso campinho; se vem da Cólquida ou da Assíria, se nasceu em Tebas ou Argos"[13].

"Ser sabedor é o princípio e a fonte do bem escrever. Os escritos socráticos já te deram idéias e agora as palavras seguirão, sem esforço, o assunto imaginado. Quem aprendeu o que se deve à pátria e aos amigos, quanto afeto se deve conceder aos pais, irmãos e hóspedes, quais os deveres do senador e do juiz, quais as atribuições do general mandado à guerra: esse, na verdade, sabe conferir a cada personagem a descrição que melhor lhe cabe. Ao douto imitador aconselharei que atente no modelo da vida e dos costumes e daí retire vívido discurso"[14].

"Os poetas ou querem ser úteis ou dar prazer ou, ao mesmo tempo, tratar de assunto belo e adaptado à vida. [...] As tuas ficções, se queres causar prazer, devem ficar próximas da realidade e não se pode apresentar tudo aquilo em que a fábula deseja que se creia, como quando se tira viva do ventre de Lâmia a criança há pouco por esta devorada. [...] Recebe sempre os votos, o que soube misturar o útil ao agradável, pois deleita e ao mesmo tempo ensina o leitor"[15].

MARCO FÁBIO QUINTILIANO

Instituição Oratória (I d.C.)

"É preciso conceber imagens das coisas de que falei, e que se chamam, como eu disse, *phantasíai*; tudo o que for dito sobre pessoas, questões, esperanças, medos, tenha-se diante dos olhos para que nos afete"[16].

"Escrever pede silêncio e receia olhares; mas, quando se improvisa, a palavra é excitada pelo grande número de ouvintes, como o soldado o é pelo hasteamento da bandeira"[17].

---

12. Idem, vv. 101-105 e 112-113, p. 71 e 73.
13. Idem, vv. 114-118, p. 73.
14. Idem, vv. 309-318, p. 101-103.
15. Idem, vv. 333-344, p. 105-107.
16. Quintiliano, *Institution Oratoire*, livro x, cap. 7, §15.
17. Idem, §16.

INÁCIO DE LOYOLA

Exercícios Espirituais (1548)

"Meditação do Inferno: [...] Aqui será pedir o sentimento interno da pena que padecem os condenados, a fim de que, se por minhas faltas chegar a esquecer o amor do Senhor eterno, pelo menos o temor das penas me ajude a não cair em pecado. 1. Ver, com os olhos da imaginação, as grandes chamas e as almas dos corpos incandescentes. 2. Aplicar o ouvido aos choros, alaridos, gritos, blasfêmias contra Cristo Nosso Senhor e contra todos os seus santos. 3. Com o olfato, sentir o cheiro da fumaça, do enxofre, das cloacas, da podridão. 4. Com o paladar, provar coisas amargas: lágrimas, tristeza e o verme da consciência. 5. Tocar com o tato as chamas que atingem e abrasam os condenados"[18].

LEONE DE' SOMMI

Quatro Diálogos em Matéria de Representação Cênica (1570 circa)

"VERIDICO: Assim sendo, a comédia, à qual cumpre dar bons exemplos, não deverá deixar proferir palavra nem praticar ato algum a alguém que seja contrário ao grau e à qualidade dela; e por isso eu digo que, embora não porque desconvenha introduzir alguém como seria, por exemplo, um servo malicioso e astuto, uma criada audaciosa e esperta, um parasita adulador e mentiroso, um velho desconfiado e avarento, constituiria porém vício intolerável aplicar tais defeitos a um jovem gentil-homem, a um estudante nobre, a uma donzela honrada ou a um idoso e avisado pai de família"[19].

"VERIDICO: [...] o poeta cômico conseguiria pouco reconhecimento nas suas composições se não dispusesse dos intérpretes capazes de representá-las; dos preceitos destes, como partes importantíssimas, quero ainda falar aqui, se a Deus aprouver, e, da mesma maneira, desejo ainda que conversemos sobre os cenários, pois, como se costuma dizer, o palco é a prova da comédia, e muitas coisas que são belas à leitura, quando é preciso representá-las, se mostram insípidas"[20].

"MASSIMIANO: Na verdade, esta arte da pintura tem grande força, quando é bem realizada; porque, aqui onde estou, ela me engana tanto que, embora eu saiba que aquilo não passa de uma tela plana, me parece uma rua que corre por meia milha.

VERIDICO: Essa mesma força terá o comediante perfeito que, embora saibamos que nos recita uma ficção, se for diligente ao repre-

---

18. I. de Loyola, *Exercícios Espirituais*, §65-70, p. 40.

19. L. de' Sommi, I Diálogo, *Quatro Diálogos em Matéria de Representação Cênica*, p. 71; *Quattro dialoghi in materia di rappresentazioni sceniche*, p. 18.

20. Idem, p. 75; ed. it., p. 22.

150 A ARTE DO ATOR ENTRE OS SÉCULOS XVI E XVIII

sentá-la, nos dará a impressão de se tratar de um acontecimento dos mais verazes"[21].

"VERIDICO: Primeiro tiro a limpo, com a maior correção, todos as partes, e daí, selecionados os atores mais aptos para as personagens (cuidando o mais possível das particularidades a cujo respeito conversaremos mais adiante) reúno-os todos juntos; e, consignando a cada um o papel que mais lhe convém, mando-os ler a comédia toda, de tal forma que até as crianças, que devem tomar parte nela, são instruídas sobre o seu enredo, ou ao menos sobre aquilo que lhes toca, imprimindo na mente de todos a qualidade da personagem que lhes incumbe imitar; feito isso, eu os dispenso, dou-lhes tempo para aprenderem suas partes"[22].

"VERIDICO: [...] E quero vos informar que, embora pareça freqüentemente a quem recita em cena que está falando devagar, não é nunca algo tão moroso que ao ouvinte não se afigure velocíssimo [...], diremos, pressuposto que o intérprete possua boa pronúncia, boa voz e presença apropriada, quer natural ou artificial, ser necessário que ele se empenhe sempre em variar os atos segundo a variedade de ocasiões, e que imite não somente a personagem que representa, mas igualmente o estado em que ela mostra estar naquela hora. [...] Mas tais coisas, na verdade, dificilmente podem ser ensinadas, sendo de todo impossível aprendê-las, se não se aprendem da natureza"[23].

"VERIDICO: Agora, para tornar a falar de intérpretes em geral, digo de novo que é preciso ter-se disposição da natureza, do contrário não se pode realizar coisa perfeita; mas, de outro lado, quem entenda bem a sua parte e possua engenho, encontra também movimentos e gestos bastante apropriados para fazer o seu papel parecer como coisa verdadeira. E para isso ajuda muito (como também é útil em muitas outras partes) ter por guia o próprio autor do enredo, o qual possui a virtude, geralmente, de ensinar melhor alguns conceitos seus ignorados"[24].

"MASSIMIANO: Agora, dizei-nos, por favor, por que motivo são estas vossas luminárias, na maior parte, feitas de vidros transparentes e veladas com várias cores?

VERIDICO: [...] Como há necessidade de que o espectador fixe os olhos na cena, para observar, ora numa parte dela, ora noutra, os diversos acontecimentos, esta invenção permite prover as coisas de modo a não incomodá-lo"[25].

"VERIDICO: Mas como não se pode prescrever regra particular a esta eloqüência corporal (conquanto seja importantíssima, a ponto de ser chamada por muitos de alma da oração, consistindo na dignidade dos

21. IV Diálogo, op. cit., p. 109; ed. it., p. 59.
22. III Diálogo, op. cit., p. 93; ed. it., p. 39.
23. Idem, p. 95 e 96; ed. it., p. 41.
24. Idem, p. 97-98; ed. it., p. 46.
25. IV Diálogo, op.cit., p. 112-113; ed. it., p. 64-65.

A TRATADÍSTICA DO ATOR: FONTES PRIMÁRIAS   151

movimentos da cabeça, do semblante, dos olhos e das mãos, e de todo o corpo), direi apenas, falando de forma geral, que o intérprete deve trazer sempre a figura esbelta, os membros soltos, e não amarrados e desengonçados. Deve firmar os pés de maneira apropriada quando fala, e movê-los com graça quando for preciso, menear a cabeça com um certo giro natural, para não dar a impressão de tê-la cravada no pescoço com pregos; e os braços e as mãos (quando não houver necessidade de gesticular com eles) devem ficar à vontade, indo para onde a natureza os inclina, e não cabe proceder como muitos que, querendo gesticular fora de propósito, parece que não sabem o que fazer com eles. [...] E assim também se procederá com o som das palavras, que serão ora arrogantes e ora plácidas, ora proferidas com timidez e ora com ardor, pondo-se os pontos em seus devidos lugares, sempre imitando-se e observando-se o natural daquela qualidade de pessoas que são representadas; e, acima de tudo, é preciso fugir, como se fosse da má sorte, de um certo modo de interpretar que direi pedantesco, por não saber achar para ele nome mais próprio, semelhante ao que as crianças executam na escola, ao repetir diante do professor as lições da semana; é preciso fugir, digo, daquele som do recitar que parece uma cantilena decorada" [26].

ÂNGELO INGEGNERI

Da Poesia Dramática e do Modo de Representar Fábulas Cênicas (1598)

"E ao [poeta] lírico, que fala em sua pessoa e na maioria das vezes hiperbolicamente, e sempre com evidente artifício, é necessário e lícito valer-se de todas as belezas da arte; mas ao dramático, que, vestido como outra pessoa e com pensamentos de outrem, ora pastores, ora outros de baixa condição e humilde intelecto, no mais das vezes incapazes de atuar com estudo e premeditação, não há jamais como fugir da imitação e do decoro [...]. Primeiramente, quanto às pastorais pouco convém o costume de pastores e ninfas se amarem de modo tão apaixonado, muito menos falar de seu matrimônio com tanta urbanidade, como se a tratativa estivesse sendo conduzida por procuradores"[27].

"Toda fábula de cena, tanto trágica quanto cômica e ainda a pastoral, pressupõe coisas que aconteceram antes da ação que se representa, das quais se origina o caso que o poeta finge, e das quais, para saber representá-las bem, convém ter pleno conhecimento. [...] O segundo cuidado de quem se dedica à instrução [dos histriões] deverá ser capacitá-los para os discursos imaginados, a fim de que, entendendo melhor

26. III Diálogo, op. cit., p. 98-99; ed. it., p. 47-48.
27. A. Ingegneri, *Della Poesia rappresentativa e del modo di rappresentare le favole sceniche*, p. 15 e 16.

152 A ARTE DO ATOR ENTRE OS SÉCULOS XVI E XVIII

o que estes querem dizer, consigam proferi-los mais adequadamente, exatamente como mandam o decoro e a verossimilhança da ação"[28].

"[Nas tragédias] as personagens têm de ser de grande estatura, augustas. A razão é que, como o poeta deve fingir coisas que não sejam como usual e efetivamente são, mas como conviria que fossem, assim, quando alguém representar um rei ou um grande príncipe, faça com que seja o mais belo, o mais alto e o mais bem formado de todos [...]. Em suma, sempre se deve considerar a nobreza ou a ignobilidade da personagem"[29].

PIER MARIA CECCHINI

Discurso sobre a Arte da Comédia, com o Modo de Bem Recitar (1608)

"A palavra, verbo principal no exercício da arte cômica, quer ser proferida sem afetação: sem afetação e na medida certa, porém, podem-se proferir palavras inadequadas à personagem que se representa [...]. Mas tenha-se cuidado com a qualidade das palavras, adaptando-as à qualidade da personagem"[30].

"Em primeiro lugar, guardar-se de falar com o público, recordando que não se presume nesse lugar senão aquele com quem se fala em cena: e se por acaso falar sozinho, consigo mesmo deve discorrer; [...] que volte os olhos [...] ora ao céu, ora à terra, aqui e ali, e não fazer como os que escolhem no auditório um ou dois amigos, e para eles vão dizendo"[31].

"Este cômico exercício consiste tanto em entender quanto em se fazer entender. Entender é a parte nobre do intelecto, e se fazer entender é excelência da língua, da voz e do gesto"[32].

GIOVAN BATTISTA ANDREINI

Prólogo em Diálogo entre Momo e a Verdade (1612)

"VERDADE: sob o nome de histriões compreendem-se aqueles que, sem falar, atuam somente com gestos e movimentos próprios dos mímicos [...], e são objeto do olhar somente, ao passo que aqueles que falam e discorrem, e falam com palavras apropriadas, são objeto da audição e do espírito"[33].

---

28. Idem, p. 23 e 25.

29. Idem, p. 27-28.

30. P. M. Cecchini, *Discorso sopra l'arte comica con il modo di ben recitare*, em F. Marotti; G. Romei (orgs.), *La Commedia dell'Arte e la società barocca*, p. 72.

31. Idem, p. 75.

32. Idem, p. 70.

33. G. B. Andreini, *Prologo in dialogo fra Momo e la Verità* (1612), em F. Marotti; G. Romei, op. cit., p. 482.

FLAMÍNIO SCALA

Prólogo da Comédia O Finto Marido *(1618)*

"COMEDIANTE: todos os preceitos são verdadeiramente bons, mas fazer com que as coisas entrem em operação é a essência de toda arte ou ciência"[34].

"COMEDIANTE: a experiência faz a arte, porque muitos atos reiterados fazem a regra e, se os preceitos se extraem desta, então dessas ações se tira a verdadeira norma, portanto o comediante pode ditar regras aos que compõem comédias, não estes àqueles"[35].

"COMEDIANTE: em virtude das pedras um valentão desceu da figueira, e não das palavras; com efeito, às ações mais se assemelham ações do que narrações, e as comédias nas ações consistem propriamente (nelas está sua substância) e, em narrações, por acidente. Quem quiser pois ações imitar, com ações se aproximará mais delas do que com palavras, no gênero cômico"[36].

NICOLÒ BARBIERI

Súplica, [ou] um Discurso Familiar *(1636)*

"Sob a evocação de comédia quero sempre inferir a arte em geral de representar tanto comédias quanto tragédias, pastorais, tragicomédias, piscatórias e outras peças mistas, contanto que representemos histórias e fábulas, enredando coisas sérias com jocosas, para que, no decorrer de uma temporada, não se sacie o gosto do auditório, sem o qual não tiramos nenhum proveito; isso porque, embora a intenção das peças dramáticas se dirija mais para a utilidade do que para o deleitamento, o maior capital da comédia é o deleite, donde nela convém expor o útil mascarado de jucundidade [...]; se não fosse assim, o povo não estaria a gosto, e, sem fazer gosto, qualquer minúsculo teatro seria suficiente para o auditório e em qualquer minúscula bolsa caberia nosso ganho, pois na humanidade os sentidos têm maior séquito do que a razão; ter gosto é pois via e condimento de todas as humanas ações"[37].

"Sem tantas discussões, panfletos e argumentos, subtraio-me de censuras dizendo que não estamos entre os que foram nomeados pelos Sagrados Cânones e Legisladores; e não sendo um deles, não realizando ações que se assemelhem às suas, tais calúnias não merecemos"[38].

---

34. F. Scala, Prologo della comedia del *Finto Marito*, em F. Marotti; G. Romei, op. cit., p. 59.

35. Idem, p. 59-60.

36. Idem, p. 61.

37. N. Barbieri, *La Supplica, Discorso Familiare*, em F. Marotti; G. Romei, op. cit., p. 578.

38. Idem, p. 584.

154　A ARTE DO ATOR ENTRE OS SÉCULOS XVI E XVIII

"Que estulto não sabe a diferença entre ser e fingir? O bufão é realmente bufão, mas o comediante que representa papéis ridículos se finge de bufão, e para isso coloca uma máscara no rosto, ou barba postiça, ou pinta a face, para mostrar que é outra pessoa; a própria máscara chama-se *persona* em latim [...]; por isso os comediantes são outras pessoas fora de cena, chamam-se com outros nomes, mudam de roupa e professam outros costumes. [...] A comédia é toda ficção, [nela] tudo são burlas"[39].

"Ó Deus imortal, como se deve fazer para corrigir os vícios das pessoas, sem nomear o vício nem mostrar sua fealdade? Isso só pode ser feito de viva voz, ou por escrito, ou, verdadeiramente, nas representações: muitos não querem ouvir admoestações, e outros não sabem ou não querem ler; mas a representação que tenha aspecto alegre convida o auditório e, depois que a ânsia pelo deleite atrai a atenção, inesperadamente o homem vê seu defeito, que posteriormente é censurado e ridicularizado no andamento da fábula. A comédia é uma crônica popular, uma escrita falante, um caso representado ao vivo; e como se pode escrever ou representar crônicas sem dizer a verdade? Quem só dissesse o bem daquilo que trata faria encômio, não trataria de vida e costumes. Contam-se em crônicas a tirania de príncipes, bons e tristes governos, magnanimidade, avareza, derrotas e vitórias, em suma, o mal e o bem; essa é a crônica, e assim se representam casos na comédia. E a arte de descrever as coisas ensina a mostrar seu contrário, para explicá-las melhor. Com semelhante arte os dizedores instruídos pelo bem fazem seus discursos, neles nomeando furtos, adultérios, rixas e outros vícios semelhantes"[40].

"Não pretendo jamais louvar a comédia, por mais honesta que seja, como coisa espiritual, mas como honrado e virtuoso entretenimento"[41].

"Assim, todos sabem que os discursos amorosos das comediantes são fintos, e não de má-fé, e o intelecto goza a excelência da arte"[42].

"A variedade de grave e ridículo, de astuto e despropositado, faz o entretenimento [...]; tantas personagens, tantas vozes diferenciadas, tantos gestos variados e tantas frases dessemelhantes não deixam que o gosto se sacie facilmente"[43].

DOMINIQUE BOUHOURS

A Maneira de Bem Pensar nas Obras do Espírito (1687)

"Espirituosidade não assenta com lágrimas, replicou Eudóxio, e não cabem finezas quando se está tomado pela dor. [...] Isso é saliente

39. Idem, p. 599.
40. Idem, p. 608-609.
41. Idem, p. 630.
42. Idem, p. 643
43. Idem, p. 658, 657.

A TRATADÍSTICA DO ATOR: FONTES PRIMÁRIAS

demais para quem está aflito. E, segundo Dionísio de Halicarnasso, em assuntos sérios, toda gentileza é fora de propósito; por mais razoável que seja, impede até mesmo que sintamos piedade de quem se lamenta"[44].

LUIGI RICCOBONI

Da Arte de Representar (1728)

"Talvez se creia que não haja propriamente uma arte que ensine a representar, por ser reputada de todo inútil, visto não haver necessidade de método e doutrina para ensinar aos homens a ficar de pé, a virar e a caminhar [...]. O homem aprende com seu vizinho a transformar-se de tantos modos quantas são as paixões pelas quais a natureza saiba variar [...]; e que isto seja uma escola, um exemplar perfeito daquilo que se deve estudar, e que a arte copie o vivo, verdadeiro e natural objeto. Quanto engano!"[45].

"Calculas em números cada passo, e cuidadosamente estendes os braços em linha reta, para cima e para baixo. Alternas um suspiro e um olhar; compassadamente viras a cabeça e moves a mão ou o pé, como canta um *castrato*. Comedidamente o vemos soltar a voz; do mesmo modo, em ti todo membro se retrai, um se vai, mas um fica e outro retorna. Parece que estou vendo menininhos amestrados na escola, por algum pedante, para subir ao palco; depois de decorada a cantilena que os inocentes vão recitar, eles fazem cinco ou seis gestos por palavra. É incrível, mas não deixas de fazer o mesmo, comediante tolo e pródigo em movimentos. Decerto antes de calçar o soco ou o coturno recorreste toda hora ao espelho para dar ao gesto um último retoque"[46].

"Esquecer os quatro membros e talvez até mesmo o quinto, que é a cabeça; e procurar sentir tão bem aquilo que expões, que acreditem serem teus os interesses de outrem. Se já sentiste as esporas do amor, do desdém ou do ciúme [...], em cena também sentirás amor, desdém, ciúme e o diabo; teus braços e pernas movimentarás sem artifício. Sou capaz de apostar [...], não encontrarás em toda a cristandade ninguém que te censure, se medires teus movimentos pelas batidas do coração"[47].

"Podes na comédia demonstrar as mais citadinas e baixas formas, [...] mas que se vista o rei de maneira apropriada a seu grau; e ainda que um rei se rebaixe, que se mostre belo, jamais disforme"[48].

---

44. D. Bouhours, *La Manière de bien penser dans les ouvrages del'esprit*, p. 296-297 e 299.

45. L. Riccoboni, *Dell'Arte rappresentativa*, p. 5.

46. Idem, p. 13-14.

47. Idem, p. 17-18.

48. Idem, p. 25-26.

156 A ARTE DO ATOR ENTRE OS SÉCULOS XVI E XVIII

"Lá parado, quando não falas [em cena] pareces doido, virando os olhos à procura de algum objeto amoroso por quem furtivamente suspirar; vejo-te ainda a saudar e a zombar de um e outro, veladamente. Te esqueceste do dever que te impõem a razão, o bom senso, a boa educação, e qual a finalidade de te apresentares em um palco?"[49].

"Na arte da representação a primeira regra é supor que estás só em meio à multidão; e o ator que discorre contigo é o único que te vê, e o único a quem todos os teus sentidos devem atentar"[50].

REFLEXÕES HISTÓRICAS E CRÍTICAS SOBRE OS DIFERENTES TEATROS DA EUROPA (1738)

"Os autores franceses cometeram um erro em relação aos atores italianos: afirmaram que esses atores, bons somente para a mímica, eram incapazes de atuar em algo que fosse magnânimo e patético. Mas, como se não bastasse que por diversas vezes tenham representado boas tragédias e boas comédias, sabendo-as de cor, essa opinião foi oportunamente desfeita pela trupe italiana estabelecida em Paris em 1716 [...]. Nenhuma trupe italiana admite mais do que onze atores ou atrizes, dentre os quais cinco, incluindo Scaramouche, falam bolonhês, veneziano, lombardo ou napolitano. Entretanto, quando atuam em uma tragédia, que requer grande número de atores, empregam-se todos eles; até o Arlequim tira sua máscara, e todos declamam em verso, em boa língua romana: tal exercício os torna igualmente capazes de expor as idéias mais sublimes dos poetas dramáticos, e de imitar da natureza os mais extraordinários ridículos"[51].

Pensamentos sobre a Declamação (1738)

"Os mais fortes e verdadeiros argumentos, sendo apenas lidos no papel, jamais terão a mesma força que sentimos quando de viva voz se animam de modo justo por uma bela declamação"[52].

"Em primeiro lugar, libertar a alma da escravidão dos sentidos [...]. Na arte da declamação, até o pensamento nos é vedado; e se esta operação do espírito, que impera de modo absoluto sobre nossa vontade e nos distrai à nossa revelia, vem surpreender-nos durante a declamação, é repelida à força; pois, não conseguindo agir em sua companhia, a declamação a força a sair de nossa cabeça"[53].

49. Idem, p. 52.
50. Idem, p. 53.
51. L. Riccoboni, *Réflexions historiques et critiques sur les differens théatres de l'Europe*, p. 28-29.
52. L. Riccoboni, *Pensées sur la déclamation*, em *Réflexions historiques et critiques sur les differens théatres de l'Europe*, p. 246.
53. Idem, p. 251 e 258.

A TRATADÍSTICA DO ATOR: FONTES PRIMÁRIAS   157

"Que [o orador] declame de modo tão natural que os espectadores sejam forçados, por assim dizer, a acreditar que tudo o que ele está dizendo foi pensado naquele instante; pois tudo o que é escrito traz consigo a suposição quase correta de que o orador, ao compor, empregou todas as sutilezas imagináveis para alcançar seus fins. Contrariamente, o que parece nos ocorrer de repente tem um ar de simplicidade e verdade que predispõe a audiência em favor do que é dito. Portanto, se a declamação for a tal ponto natural e verdadeira, a ilusão será perfeita [...]. Se o ator de teatro, ao representar, consegue persuadir-nos de que em cena estamos escutando as próprias personagens, e não o comediante que as representa [...], então a ilusão será perfeita"[54].

"Nada mais direi por escrito, pois os mais instrutivos preceitos, ou os únicos que são verdadeiramente úteis, só se dão de viva voz e não mediante uma expressão morta como a escrita [...]. É portanto de espantar que [...] jamais tenha sido fundada uma escola de declamação [...], tão útil à sociedade quanto as melhores instituições existentes nas grandes cidades"[55].

PIERRE RÉMOND DE SAINTE-ALBINE

O Comediante (1747)

"Poucas pessoas são capazes de julgar em que medida o espírito é necessário a um comediante, para que não se tome um sentimento por outro, sem forçá-lo nem enfraquecê-lo; para perceber aonde o autor quer levar o coração e o espírito dos ouvintes, levando a si mesmo de um movimento ao movimento oposto"[56].

"O coração e o espírito de um artista de teatro devem ser apropriados para receber todas as modificações que o autor quiser lhes dar. Se não vos prestais a essas metamorfoses, não vos arrisqueis ao palco. No teatro, quando não se sentem as diferentes emoções que se quer aparentar, apresentam-nos uma imagem imperfeita, e a arte não demonstra sentimento"[57].

DENIS DIDEROT

Carta sobre os Surdos e Mudos (1751)

"Há gestos sublimes que toda a eloqüência oratória jamais expressará. Tal é o de [Lady] Macbeth na tragédia de Shakespeare. A sonâmbula Lady Macbeth avança em silêncio pelo palco e com os olhos fechados

---

54. Idem, p. 264.
55. Idem, p. 271 e 272.
56. P. R. de Sainte-Albine, *Le Comédien*, p. 23-24.
57. Idem, p. 32.

158 A ARTE DO ATOR ENTRE OS SÉCULOS XVI E XVIII

sobre a cena, imitando a ação de uma pessoa que lava as mãos, como se as suas ainda estivessem tintas do sangue do rei que ela degolara havia mais de vinte anos. Não sei de nada tão patético em discurso do que o silêncio e o movimento das mãos dessa mulher. Que imagem do remorso. [...] A gente esquece o pensamento mais sublime; mas esses traços não se apagam"[58].

Conversas sobre O Filho Natural (1757)

"Um incidente imprevisto na ação [representada] e que muda subitamente a situação dos personagens é um golpe teatral. Uma disposição desses personagens em cena, tão natural e verdadeira que seria capaz de me agradar se reproduzida fielmente por um pintor, numa tela, é um quadro"[59].

"A voz, o tom, o gesto, a ação, isso é o que pertence ao ator; e é o que nos comove, sobretudo no espetáculo das grandes paixões. É o ator que atribui energia às palavras. É ele quem conduz aos ouvidos a força e a verdade da inflexão [...]. Uma representação dramática concerne tão pouco ao espectador, que é como se ele não existisse"[60].

"Eu gostaria muito de falar-lhe do tom apropriado a cada uma das paixões. Mas esse tom se modifica de muitas maneiras; é um assunto tão fugidio e delicado que não conheço nenhum que faça sentir mais intensamente a pobreza de todas as línguas que existem e das que já existiram. A pessoa tem uma idéia correta da coisa; ela está presente na memória. Procura-se a expressão? Não se consegue encontrar"[61].

"Felizmente uma atriz de discernimento limitado, de uma perspicácia comum, mas dona de grande sensibilidade, apreende sem esforço um estado d'alma e encontra, sem pensar, o tom que convém aos muitos sentimentos diferentes que se fundem constituindo esse estado e que toda a sagacidade do filósofo seria incapaz de analisar. Os poetas, os atores, os músicos, os pintores, os cantores de primeira linha, os grandes dançarinos, os ternos amantes, os verdadeiros devotos, todo esse grupo entusiasta e apaixonado sente vivamente e reflete pouco"[62].

"Que diferença entre distrair tal dia, de tal a tal hora, num lugar pequeno e escuro, algumas centenas de pessoas e fixar a atenção de uma nação inteira em seus dias solenes, ocupar seus edifícios mais suntuosos

58. *Carta sobre os Surdos e Mudos*, p. 98; *Lettre sur les Sourds et Muets*, em *Oeuvres*, t. 4, 1996, pp. 17-18.
59. Primeira Conversa, *Conversas sobre* O Filho Natural, em *Diderot: Obras v*, p. 105; *Entretiens sur* Le Fils naturel, em *Oeuvres*, t. 4, p. 1136.
60. Segunda Conversa, op. cit., p. 118; ed. fr., p. 1145.
61. Idem, p. 119; ed. fr., p. 1145-1146.
62. Idem, p. 120; ed. fr., p. 1146.

A TRATADÍSTICA DO ATOR: FONTES PRIMÁRIAS   159

e ver esses edifícios cercados e repletos de uma multidão incontável, cujo divertimento ou tédio vai depender de nosso talento!"[63].

"Mas não era necessário que o exagero contagiasse ao mesmo tempo e pela mesma causa o andar, o gesto e todas as outras partes da ação? [...] Essa unidade determina as vestes, o tom, o gesto, a contenção, desde o púlpito colocado nos templos até os tablados erigidos em plena rua [...], todas essas coisas convêm ao lugar, ao orador, a seu auditório"[64].

"Na comédia, o caráter [da personagem] tem sido o objeto principal e a condição não passou de acessório; é preciso que, a partir de agora, a condição se torne o objeto principal e o caráter seja apenas o acessório. Era do caráter que se tirava toda a trama. Procuravam-se, em geral, circunstâncias que o ressaltassem e depois elas eram encadeadas. A condição, seus deveres, suas vantagens, suas complicações é que devem servir de base à obra. Parece-me que esse manancial é mais fecundo, mais amplo e mais útil que o dos caracteres"[65].

Discurso sobre a Poesia Dramática (1758)

"Eis, portanto, o sistema dramático em toda sua extensão. A comédia jocosa, que tem por objeto o ridículo e o vício, a comédia séria, que tem por objeto a virtude e os deveres do homem. A tragédia que teria por objeto nossas desgraças domésticas e a tragédia que tem por objeto as catástrofes públicas e as desgraças dos grandes personagens"[66].

"Os espectadores são apenas testemunhas ignoradas da coisa.

'São, portanto, os personagens que se deve ter em vista?'

Creio que sim. Que formem, sem o perceber, o nó da intriga; que tudo lhes seja impenetrável, que avancem para o desenlace, sem o suspeitarem"[67].

"Que o espectador saiba de tudo e que os personagens se ignorem tanto quanto possível; que, satisfeito do presente, eu deseje com ardor aquilo que segue; que este personagem me faça desejar aquele; que um incidente me precipite para o incidente que lhe é conexo; que as cenas sejam rápidas, que só contenham coisas essenciais à ação. Assim despertarás meu interesse"[68].

"Assim, quer compondo, quer representando, não penses no espectador, é como se ele não existisse. Imagina no proscênio uma

---

63. Idem, p. 135-136; ed. fr., p. 1157.

64. Idem, p. 136-137; ed. fr., p. 1157 e 1158.

65. Terceira Conversa, op. cit., p. 164; ed. fr., p. 1177.

66. *Discurso sobre a Poesia Dramática*, II, p. 39-40; *De la Poésie dramatique*, em *Oeuvres* 4, p. 1279.

67. Idem, XI, p. 74; ed. fr, p. 1306.

68. Idem, XI, p. 77-78; ed. fr., p. 1308.

160 A ARTE DO ATOR ENTRE OS SÉCULOS XVI E XVIII

grande parede que te separa da platéia e representa como se a cortina não subisse"[69].

"Uma das partes mais importantes, e mais difíceis, da arte dramática não é ocultar a arte? Ora, o que a revela mais que o contraste? Ele não parece algo feito à mão? Não é um procedimento gasto? Em que peça cômica já não foi praticado? E quando uma personagem impaciente e rude entra em cena, que rapazinho, fugido do colégio e escondido num canto da platéia, não diz consigo mesmo: o personagem sereno e doce não deve estar longe!"[70].

"Um povo não tem a mesma capacidade para se destacar em todos os gêneros de drama. A tragédia me parece mais adequada ao gênio republicano e a comédia, principalmente a jocosa, ao caráter monárquico [...].

Num povo escravo, tudo se degrada. É preciso aviltar-se pelo tom e pelo gesto, para despojar a verdade de seu peso e ultraje. Os poetas se assemelham então aos bobos da corte: falam livremente, devido ao desprezo que padecem"[71].

"Nem sempre o público é capaz de desejar o verdadeiro. Quando se precipita na falsidade, pode lá permanecer durante séculos; mas é sensível às coisas naturais e, tão logo sentir sua impressão, jamais a perderá de todo"[72].

"Eu o modificarei [o modelo ideal] conforme as circunstâncias. [...]

O estudo dobra o homem de letras. O exercício fortalece o andar e levanta a cabeça do soldado. O hábito de transportar fardos abate os rins do carregador. A mulher gorda inclina a cabeça para trás. O corcunda dispõe seus membros de outra maneira que o homem normal. Eis algumas observações que, multiplicadas ao infinito, formam a estatuária e ensinam-lhe a alterar, fortalecer, enfraquecer, desfigurar e reduzir seu modelo ideal do estado de natureza a qualquer outro estado que quiser.

É o estudo das paixões, dos costumes, dos caracteres, dos usos que ensinará o pintor do homem a alterar seu modelo, reduzindo-o do estado de homem ao de homem bom ou mau, tranqüilo ou colérico.

É assim que, de um só simulacro, emanará uma variedade infinita de representações diferentes, que cobrirão a cena e a tela"[73].

69. Idem, xi, p. 79; ed. fr., p. 1310.
70. Idem, xiii, p. 83; ed. fr., p. 1313.
71. Idem, xviii, p. 106 e 107; ed. fr., p. 1329-1330.
72. Idem, xx, p. 114; ed. fr., p. 1335.
73. Idem, xxii, p. 130; ed. fr., p. 1349-1350.

A TRATADÍSTICA DO ATOR: FONTES PRIMÁRIAS 161

Paradoxo sobre o Comediante (1770: 1ª versão; 1830: versão póstuma, completa)

"Quero que [o comediante] tenha muito discernimento; acho necessário que haja nesse homem um espectador frio e tranqüilo; exijo dele, por conseqüência, penetração e nenhuma sensibilidade, a arte de tudo imitar, ou, o que dá no mesmo, uma igual aptidão para toda espécie de caracteres e papéis"[74].

"[Mlle. Clairon] fez para si um modelo ao qual procurou de início conformar-se; sem dúvida, concebeu esse modelo da maneira mais elevada, mais grandiosa e a mais perfeita que lhe foi possível; mas tal modelo que tomou da história, ou que sua imaginação criou como um grande fantasma, não é ela; se o modelo não a ultrapassasse em altitude, como seria fraca e reduzida sua ação!"[75].

"Dirá alguém, estes acentos tão plangentes, tão dolorosos, que esta mãe arranca do fundo de suas entranhas, e com os quais as minhas são tão violentamente sacudidas, não é o sentimento atual que os produz, não é o desespero que os inspira? De modo algum; e a prova é que são medidos, que fazem parte de um sistema de declamação; que mais baixos ou mais agudos do que a vigésima parte de um quarto de tom, são falsos; que estão sujeitos a uma lei de unidade; que são, como na harmonia, preparados e preservados: que satisfazem todas as condições requeridas apenas através de um longo estudo; que concorrem para a solução de um problema proposto; que, para serem levados ao ponto justo, foram ensaiados cem vezes"[76].

"O que é, pois, o verdadeiro do palco? É a conformidade das ações, dos discursos, da figura, da voz, do movimento, do gesto, com um modelo ideal imaginado pelo poeta, e muitas vezes exagerado pelo comediante. Eis o maravilhoso. Esse modelo não influi somente no tom; modifica até o passo, até a postura. Daí vem que o comediante na rua ou na cena são dois personagens tão diferentes, que mal se consegue reconhecê-los. A primeira vez que vi Mlle. Clairon em casa dela, exclamei com toda a naturalidade: '*Ah! senhorita, eu vos julgava mais alta de uma cabeça inteira*'"[77].

"[No mundo, os comediantes são] isolados vagabundos, à mercê dos grandes; poucos modos, nenhum amigo, quase sem qualquer dessas santas e doces ligações que nos associam às penas e aos prazeres de outrem que partilha dos nossos. Vi muitas vezes um comediante rir fora do palco, não guardo lembrança de jamais ter visto um deles chorar. Essa sensibilidade a que eles se arrogam e que se lhes abona,

74. *Paradoxo sobre o Comediante*, op. cit., p. 32; *Paradoxe sur le Comédien*, em *Oeuvres* t. 4, p. 1380.
75. Idem, p. 33; ed. fr., p. 1381.
76. Idem, p.36; ed. fr., p. 1383-1384.
77. Idem, p. 39-40; ed. fr., p. 1387.

162 A ARTE DO ATOR ENTRE OS SÉCULOS XVI E XVIII

o que fazem dela, então? Largam-na sobre o tablado, quando descem, a fim de retomá-la quando tornam a subir?

O que lhes calça o soco ou o coturno? A falta de educação, a miséria e a libertinagem. O teatro é um recurso, nunca uma escolha. Nunca alguém se fez comediante por gosto à virtude, pelo desejo de ser útil na sociedade e de servir a seu país ou sua família, por nenhum dos motivos honestos que poderiam mover um espírito reto, um coração ardente, uma alma sensível a abraçar tão bela profissão. [...]

Já se disse que os comediantes não têm nenhum caráter porque, representando todos, perdem aquele que a natureza lhes deu; que se tornam falsos, como o médico, o cirurgião e o açougueiro se tornam duros. Creio que se tomou a causa pelo efeito, e que eles servem para interpretar todos porque não têm nenhum"[78].

"As imagens das paixões no teatro não são, pois, as verdadeiras imagens, sendo, portanto, apenas retratos exagerados, apenas grandes caricaturas sujeitas a regras de convenção. [...] Qual é o comediante que apreenderá melhor essa prosápia prescrita, o homem dominado por seu próprio caráter, ou o homem nascido sem caráter, ou o homem que dele se despoja a fim de revestir-se de outro, maior, mais nobre, mais violento e mais elevado? Somos nós mesmos por natureza; somos um outro por imitação; o coração que supomos ter não é o coração que temos. O que é, pois, o verdadeiro talento? O de conhecer bem os sintomas exteriores da alma de empréstimo, de dirigir-se à sensação dos que nos ouvem, dos que nos vêem, e enganá-los pela imitação desses sintomas, mediante uma imitação que engrandece tudo em suas cabeças e que se torna a regra do julgamento deles"[79].

"O homem sensível fica demais à mercê de seu diafragma para que seja grande rei, grande político, grande magistrado, homem justo, profundo observador e, conseqüentemente, sublime imitador da natureza, a menos que possa esquecer-se e distrair-se de si mesmo, e com a ajuda de uma imaginação forte, saiba criar, e, de uma memória tenaz, manter a atenção fixada em fantasmas que lhe servem de modelos; mas então não é mais ele quem age, é o espírito de um outro que o domina"[80].

"Em Nápoles [...] há um poeta dramático cujo principal cuidado não é compor a peça. [...]

Ele exercita os atores durante seis meses, juntos e separadamente. E quando imaginais vós que a companhia começa a representar, a entender-se, a encaminhar-se para o ponto de perfeição que ele exige? Quando os atores ficam extenuados de cansaço dos ensaios multiplicados, o que chamamos *blasés*. A partir desse instante os progressos são surpreendentes, cada qual se identifica com sua personagem; e é depois

78. Idem, p. 61-62; ed. fr., p. 1407.
79. Idem, p. 66; ed. fr., p. 1412.
80. Idem, p. 69; ed. fr., p. 1414-1415.

A TRATADÍSTICA DO ATOR: FONTES PRIMÁRIAS

desse penoso exercício que as representações começam e prolongam-se por seis outros meses seguidos"[81].

"É que abranger toda a extensão de um grande papel, dispor nele os claros e escuros, o doce e o fraco, mostrar-se igual nas passagens tranqüilas e nas passagens agitadas, ser variado nos pormenores, uno e harmonioso no conjunto, e constituir um sistema firme de declamação que vá a ponto de salvar os repentes do poeta, é obra de uma cabeça fria, de um profundo julgamento, de um gosto refinado, de um estudo penoso, de uma longa experiência e de uma tenacidade de memória não muito comum"[82].

"Mas, segundo dizem, um orador vale mais quando se esquenta, quando é tomado de cólera. Eu o nego. É quando imita a cólera. Os comediantes impressionam o público, não quando estão furiosos, mas quando interpretam bem o furor. Nos tribunais, nas assembléias, em todos os lugares onde se quer ficar senhor dos espíritos, finge-se ora a cólera, ora o temor, ora a piedade, a fim de levar os outros a esses sentimentos diversos"[83].

BENEDETTO CROCE

"Acerca da Commedia dell'Arte*" (1957)*

"Commedia dell'Arte não é, em sua origem, conceito artístico ou estético, mas profissional ou industrial. O próprio nome o diz claramente: *Commedia dell'Arte*, ou seja, teatro feito por gente de profissão e de ofício; pois é este o sentido da palavra 'arte' no italiano antigo. Portanto, não representações teatrais feitas por atores ocasionais, estudantes, acadêmicos, diletantes, confrades de congregações e assim por diante; mas industrialização do teatro, com formação de companhias mediante contratos e estatutos, com mestres e aprendizes, com famílias que transmitem o ofício de pai para filho e de mãe para filha, com exercício itinerante dessa indústria, de cidade em cidade ou, como ainda se diz no jargão teatral, de uma 'praça' a outra"[84].

---

81. Idem, p. 70; ed. fr., p. 1415-1416.
82. Idem, p. 75; ed. fr., p. 1420-1421.
83. Idem, p. 81; ed. fr., p. 1426.
84. B. Croce, Intorno alla *Commedia dell'Arte*, em *Poesia popolare e poesia d'arte*, p. 507.

Bibliografia

FONTES

ACCETTO, Torquato. *Da Dissimulação Honesta*. Tradução de E. Missio. São Paulo: Martins Fontes, 2001.

ALBERTI, Leon Battista. *Da Pintura*. Tradução de A. S. Mendonça. 2 ed. Campinas: Editora da Unicamp, 1992.

ANDREINI, Francesco. Le Bravure del Capitano Spavento. In: MAROTTI, Ferruccio; ROMEI, Giovanna (orgs.). *La Commedia dell'Arte e la società barocca*, v. 2: la professione del teatro. Roma: Bulzoni, 1991.

ANDREINI, Giovan Battista. *Amor nello specchio*. Roma: Bulzoni, 1997.

_____. *La Ferza*; *Prologo in dialogo fra Momo e la Verità*. In: MAROTTI, Ferruccio; ROMEI, Giovanna (orgs.). *La Commedia dell'Arte e la società barocca*, v. 2: la professione del teatro. Roma: Bulzoni, 1991.

ARISTÓTELES. *Ética a Nicômacos*. Tradução brasileira de M. G. Kury. 3. ed. Brasília: Editora da UnB, 1999. (*Éthique de Nicomaque*. Edição bilíngüe. Trad. franc. de J. Voilquin. Paris: Garnier, 1940.)

_____. *Poética*. Tradução portuguesa de E. de Sousa. Lisboa: Imprensa Nacional, 1990. (*Poétique*. Edição bilíngüe. Trad. fr. de J. Hardy. Paris: Les Belles Lettres, 1990.)

_____. *Retórica*. Tradução portuguesa de M. Alexandre Jr., P. F. Alberto, A. N. Pena. Lisboa: Casa da Moeda, 1998. (*Art of Rhetoric*. Edição bilíngüe. Trad. ingl. de J. H. Freese. London: Harvard University Press, 1994. [Loeb].)

ARNAULD, Antoine; NICOLE, Pierre. *La Logique ou l'Art de penser*. Paris: Flammarion, 1970.

166 A ARTE DO ATOR ENTRE OS SÉCULOS XVI E XVIII

BARBIERI, Nicolò. *La Supplica*. In: MAROTTI, Ferruccio; ROMEI, Giovanna. *La Commedia dell'Arte e la società barocca*, v. 2: la professione del teatro. Roma: Bulzoni, 1991.

BEAUMARCHAIS, Pierre-Augustin Caron de. *As Bodas de Fígaro*. Tradução de V. T. de Sousa. Mira-Sintra: Europa-América, 1976.

_____. *Essai sur le genre dramatique sérieux*. In: _____. *Théatre/Lettres*. Paris: Gallimard, 1934. (Pléiade)

BEIJER, Agne (org.). *Le Recueil Fossard*. Paris: Librairie Théatrale, 1981.

BIBBIENA (DOVIZI, Bernardo). *La Calandria*. In: SANESI, Ireneo (org.). *Commedie Fiorentine del 500*. Bari: Laterza, 1912, v. 1.

BÍBLIA de Jerusalém. Tradução de C. Vendrame. São Paulo: Edições Paulinas, 1985.

BOILEAU-DESPRÉAUX, Nicolas. *Art poétique*. Paris: Garnier-Flammarion, 1969. (Tradução brasileira de C. Berretini. São Paulo: Perspectiva, 1979.)

BORROMEO, Carlo. Acta Ecclesiae Mediolanensis; Dalle Omelie recitate il 17 luglio 1583; Lettere a Mons. Giambattista Castagna; al Cardinal Gabriello Paleotti; al Vicario Monsignor Giambattista Castelli; Memoriale di Monsignor illustrissimo e reverendissimo cardinale di Santa Prassede Arcivescovo; Omelia per il battesimo del figlio del legato veneziano Bonifacio Antelmo. In: TAVIANI, Ferdinando (org.). *La Commedia dell'Arte e la società barocca*, v. 1: la fascinazione del teatro. Roma: Bulzoni, 1991.

BOSSUET, Jacques-Bénigne. *Maximes et réflexions sur la comédie*. In: _____. *Oeuvres choisies*. Paris: A. Hatier, 1934.

_____. *Sermon sur le devoir des rois* (2/4/1662). In: _____. *Oeuvres oratoires*. Paris: Desclée de Brouwer, s/d, t. 4.

BOUHOURS, Dominique. *La Manière de bien penser dans les ouvrages de l'esprit*. 2. ed. Amsterdam: Abraham Wolfgang, 1692.

BULWER, John. *Chirologia and chironomia*. London/Amsterdam: Feffer & Simons, 1974.

CALDERÓN DE LA BARCA, Pedro. *La Vida es sueño*. Madrid: Cátedra, 1988.

CECCHINI, Pier Maria. *Breve discorso intorno alle commedie, commedianti & spettatori*. Napoli: Gio Domenico Roncagliolo, 1616.

_____. *Discorso sopra l'arte comica con il modo di ben recitare*. In: MAROTTI, Ferruccio; ROMEI, Giovanna. *La Commedia dell'Arte e la società barocca*, v. 2: la professione del teatro. Roma: Bulzoni, 1991.

_____. *Frutti delle moderne commedie e avisi a chi le recita*. Padova: Guaresco Guareschi, 1628.

CÍCERO, Marco Túlio. *De l'Orateur*. Edição bilíngüe. Tradução de E. Courbaud. Paris: Les Belles Lettres, 1967.

_____. *Retórica a Herênio*. Edição bilíngüe. Tradução de A. C. Faria, A. Seabra. São Paulo: Hedra, 2005.

CONDILLAC, Étienne Bonnot de. *L'Art d'écrire*. In: _____. *Oeuvres philosophiques*. Paris: PUF, 1947, v. 1.

CORNEILLE, Pierre. *Cinna; Le Cid*. In: *Les Chefs d'oeuvre de Corneille*. Rio de Janeiro: Imprensa Nacional, s/d.

_____. *Discours de l'utilité et des parties du poème dramatique*. In: _____. *Oeuvres complètes*. Paris: Seuil, 1963.

DIDEROT, Denis. *A Religiosa*. Tradução de A. Bulhões e M. Tati. São Paulo: Abril, 1980.

BIBLIOGRAFIA 167

_____. *Discurso sobre a Poesia Dramática*. Tradução de L. F. Franklin de Mattos. São Paulo: Cosac Naify, 2005.

_____. *Est-il bon? Est-il méchant?*; *Jacques le fataliste et son maître; Les Bijoux indiscrets*. In: *Oeuvres complètes*. Paris: Hermann, 1978, t. 2; 1980, t. 10.

_____. *Jóias Indiscretas*. Tradução de E. Brandão. São Paulo: Global, s/d.

_____. *Entretiens sur* Le Fils naturel; *Le Fils naturel; Le Père de famille; De la poésie dramatique; Lettre sur les sourds et muets; Additions à la* Lettre sur les sourds et muets *(Lettre à Mlle.***); Au Petit prophète de Boehmischbroda; Les Trois chapitres; Salon de 1767; Traité du beau*. In: _____. *Oeuvres*. Paris: Robert Laffont, 1996, t. 4.

_____. Lettre de Diderot a Mme. d'Épinay, 18 août 1773. In: _____. *Oeuvres*. Paris: Robert Laffont, 1997, t. 5.

_____. *Encyclopédie; Mélanges philosophiques, historiques etc., pour Catherine II*. In: _____. *Oeuvres*. Paris: Robert Laffont, 1995, t. 3.

_____. *L'Éloge de Richardson; Les Deux amis de Bourbonne; Ceci n'est pas un conte; Satire I:* sur les caractères et les mots de caractère, de profession etc.; *Sur Les Femmes*. In: _____. *Oeuvres*. Paris: Gallimard, 1951. (Pléiade)

_____. *O Sobrinho de Rameau*. Tradução de M. Chauí; *Carta sobre os Cegos; Suplemento à Viagem de Bougainville*. Tradução de J. Guinsburg. São Paulo: Abril, s/d.

_____. *Paradoxo sobre o Comediante; Carta sobre os Surdos e Mudos*. In: _____. *Diderot: Obras II:* estética, poética e contos. Organização, tradução e notas de J. Guinsburg. São Paulo: Perspectiva, 2000.

_____. *O Filho Natural* e *Conversas sobre* O Filho Natural. In: _____. *Diderot: Obras V*. Tradução e notas de Fatima Saadi. São Paulo: Perspectiva, 2008.

DIDEROT, Denis; D'ALEMBERT, Jean le Rond. Éloge de M. le Président de Montesquieu. *Encyclopédie ou Dictionnaire Raisonné des Sciences, des Arts et des Métiers*, t. 5. Disponível em: <http://gallica.bnf.fr/ark:/12148/bpt6k50537q/f1.chemindefer>. Acesso em 26 fev. 2008.

D'ALEMBERT, Jean le Rond. Genebra e Carta a J.-J. Rousseau. In: ROUSSEAU, Jean-Jacques. *Carta a d'Alembert*. Tradução de R. L. Ferreira. Campinas: Editora da Unicamp, 1993.

_____. Vers sur le roi de Prusse. *Correspondance Littéraire*, sept. 1758. Edição de M. Tourneux. Paris: Garnier, 1878, t. 4.

D'AUBIGNAC, François Hedelin. *La Pratique du théâtre*. Genève: Slatkine, 1996.

D'ORSI, Giovanni Giuseppe. *Considerazioni sopra un famoso libro francese intitolato* La Manière de bien penser dans les ouvrages de l'esprit. Bologna: Costatino Pisani, 1703.

DU BOS, Jean-Baptiste. *Réflexions critiques sur la poésie et sur la peinture*. Paris: École Nationale Supérieure des Beaux-Arts, 1993.

EURÍPIDES. *Le Cyclope*. Tradução de M. Delcourt-Cuver. Paris: Gallimard, 1962. (Pléiade).

GARZONI, Tommaso. De' Comici e tragedi così auttori come recitatori, cioè de gli istrioni; De' formatori di spettacoli in genere, e de' ceretani o ciurmatori massime; De' buffoni, o mimi, o istrioni. *Piazza universale di tutte le professioni del mondo*. In: MAROTTI, Ferruccio; ROMEI, Giovanna. *La Commedia dell'Arte e la società barocca*, v. 2: la professione del teatro. Roma: Bulzoni, 1991.

168   A ARTE DO ATOR ENTRE OS SÉCULOS XVI E XVIII

GHERARDI, Evaristo. *Il Théatre italien*. 2. ed. Amsterdam: Adrian Braakman, 1695.

GOLDONI, Carlo. *Arlequim, Servidor de Dois Amos*. Tradução de E. M. Ricci. São Paulo: Abril, 1976.

_____. *A Estalajadeira*. Tradução de J. S. Melo. Lisboa: Estampa, 1973.

_____. *Il Teatro comico; L'Amante militare; La Buona madre; La Cameriera brillante*. In: _____. *Tutte le opere*. Milano: Mondadori, 1936, v. 2; 1941, v. 4; 1946, v. 7; 1941, v. 5.

GRIMM, Friedrich Melchior. *Correspondance littéraire, philosophique et critique*. Organização de M. Tourneux. Paris: Garnier, 1878, t. 2.

GOZZI, Carlo. *Il Ragionamento ingenuo*. Genova: Costa & Nolan, 1983.

GUARINI, Giambattista. *Il Compendio della poesia tragicomica; Il Pastor fido*. Bari: Laterza, 1914.

HORÁCIO (Quinto Horácio Flaco). *Arte Poética*. Tradução de R. M. Rosado Fernandes. Lisboa: A. M. Teixeira & Cia., s/d. (*Art poétique*. Edição bilíngüe. In: _____. *Épitres*. Tradução franc. de F. Villeneuve. Paris: Les Belles Lettres, 1995).

_____. *Les Sermones*. Organização de A. Debidour. Paris: Hachette, 1940.

HUGO, Victor. Prefácio de Cromwell. Tradução de Célia Berretini. São Paulo: Perspectiva, [s/d].

INGEGNERI, Angelo. *Della Poesia rappresentativa e del modo di rappresentare le favole sceniche*. Modena: Panini, 1989.

LAMY, Bernard. *La Rhétorique ou l'Art de parler*. Paris: PUF, 1998.

LE BRUN, Charles. *L'Expression des passions*. Paris: Dédale, Maisonneuve et Larose, 1994.

LESAGE, Alain-René. *Gil Blas de Santillana*. Tradução de M. M. Barbosa du Bocage e L. C. Campos. Belo Horizonte: Itatiaia, 1999.

LILLO, George. *London Merchant, in 18th. Century Plays*. London: J. M. Dent & Sons, 1946.

LOCATELLI, Basilio. *Della Scena de' sogetti comici e tragici*. In: MAROTTI, Ferruccio; ROMEI, Giovanna. *La Commedia dell'Arte e la società barocca*, v. 2: la professione del teatro. Roma: Bulzoni, 1991.

LONGINO, [Dionísio]. *Do Sublime*. Tradução de F. Hirata. São Paulo: Martins Fontes, 1996.

LOPE DE VEGA CARPIO, Felix. Arte Nuevo de Hacer Comedias. In: SÁNCHEZ ESCRIBANO, Federico; PORQUERAS MAYO, Alberto. *Preceptiva Dramática Española*. 2. ed. Madrid: Gredos, 1972.

LOYOLA, Inácio de. *Exercícios Espirituais*. Tradução do CEI-Itaici. São Paulo: Loyola, 2000.

LUTERO, Martinho. *Sobre a Autoridade Secular*. Tradução de H. L. de Barros e C. S. Matos. São Paulo: Martins Fontes, 1995.

MAQUIAVEL, Nicolau. *A Mandrágora*. Tradução de M. Silva. Rio de Janeiro: Civilização Brasileira, 1959.

_____. *Il Principe*. Milano: Garzanti, 1994. (Tradução brasileira de L. Xavier. São Paulo: Abril, 1983)

MARIVAUX, Pierre C. de Chamblain de. *A Ilha dos Escravos*. Tradução de L. M. Cintra. Lisboa: Estampa, 1973.

_____. *La Double inconstance* et *Les Fausses confidences*. Paris: Larousse, s/d.

MELO, Francisco Manuel de. *O Fidalgo Aprendiz*. 3. ed. Porto: Domingos Barreira, s/d.

BIBLIOGRAFIA

MOLIÈRE (POQUELIN, Jean-Baptiste). *Artimanhas de Scapino*. Tradução de C. Drummond de Andrade. Rio de Janeiro: Imprensa Nacional, 1962.

_____. *As Preciosas Ridículas* e *Sganarello*. Tradução de M. Tati. Rio de Janeiro: Civilização Brasileira, 1957.

_____. *As Sabichonas*; *O Burguês Fidalgo*. Tradução de O. M. Cajado; *O Tartufo*. Tradução de J. Monteiro. In: _____. *Teatro Escolhido*. São Paulo: Difel, 1965, v. 2.

_____. *Le Misanthrope*. Paris: Hachette, 1935.

_____. *O Médico à Força*. Tradução de A. F. de Castilho. Lisboa: Simões Lopes, 1949.

OTTONELLI, Giovan Domenico. *Della Cristiana moderazione del teatro*. In: TAVIANI, Ferdinando (org.). *La Commedia dell'Arte e la società barocca*, v. 1: la fascinazione del teatro. Roma: Bulzoni, 1991.

PERRUCCI, Andrea. *Dell'Arte rappresentativa premeditata ed all'improvviso*. Firenze: Sansoni, 1961.

PRÉVOST, Antoine-François. *Manon Lescaut*. Tradução de A. Nabuco. São Paulo: Círculo do Livro, s/d.

QUINTILIANO, Marco Fábio. *Institution oratoire*. Edição bilíngüe. Tradução francesa de J. Cousin. Paris: Les Belles Lettres, 1980.

RACINE, Jean. *Andrômaca*; *Britânico*. Tradução de J. Klabin Segall. São Paulo: Martins, 1963.

_____. *Bérénice*; *Iphigénie en Aulide*. In: _____. *Oeuvres complètes*. Paris: Seuil, 1962.

_____. *Fedra*; *Ester*; *Atalia*. In: _____. *Três Tragédias*. Tradução de J. Klabin Segall. Rio de Janeiro: Irmãos Pongetti, 1949.

_____. *Seconde préface*. *Britannicus*. In: _____. *Oeuvres complètes*. Paris: Seuil, 1962.

RATIO studiorum (*Ratio atque institutio studiorum Societatis Iesu*). Edição bilíngüe. Tradução de L. Albrieux, D. Pralon-Julia. Paris: Belin, 1997.

SAINTE-ALBINE, Pierre Rémond de. *Le Comédien*. Genève: Slatkine, 1971.

RICCOBONI, François. *L'Art du théâtre*; *Lettre de M. Riccoboni Fils à M****. Genève: Slatkine, 1971.

_____. *Dell'Arte rappresentativa*. Fac-símile. Bologna: Arnaldo Fiore, 1979.

_____. *Discorso della commedia all'improvviso e scenari inediti*. Milano: Il Polifilo, 1973.

_____. *Refléxions historiques et critiques sur les differens théatres de l'Europe*, avec *les Pensées sur la déclamation*. Fac-símile da edição de 1738. Paris: Jacques Guerin, 1969.

ROUSSEAU, Jean-Jacques. *Carta a d'Alembert*. Tradução R. L. Ferreira. Campinas: Editora da Unicamp, 1993.

_____. *Carta sobre a Música Francesa*. Tradução de J. O. de Almeida Marques e D. F. Garcia. Campinas: IFCH/Editora da Unicamp, 2005.

_____. *De L'Imitation théâtrale*; *Lettre à D'Alembert sur les spectacles*; *Lettre sur la musique française*. In: _____. *Oeuvres complètes*. Paris: Gallimard, 1995, v. 5. (Pléiade).

_____. *Discours sur les sciences et les arts*. In: _____. *Oeuvres choisies*. Paris: Garnier, 1931. (Tradução brasileira de I. G. Soares e M. R. Nagle, *Discurso sobre a Origem e os Fundamentos da Desigualdade entre os Homens*. São Paulo: Ática; Brasília: Editora da UnB, 1981)

170 A ARTE DO ATOR ENTRE OS SÉCULOS XVI E XVIII

_____. *Discurso sobre as Ciências e as Artes*. Tradução de M. E. Galvão. São Paulo: Martins Fontes, 2002.

_____. *Júlia ou a Nova Heloísa*. Tradução de F. Moretto. São Paulo: Hucitec; Campinas: Editora da Unicamp, 1994.

_____. *Le Devin de village; Narcisse; Pygmalyon, scène lyrique*. In: _____. *Oeuvres complètes*. Paris: Gallimard, 1995, v. 2. (Pléiade).

_____. *Les Confessions*. In: _____. *Oeuvres* complètes. Paris: Hachette, 1903, v. 8.

RUZANTE (BEOLCO, Angelo). *A Mosqueta*. Tradução de J. Barata. Lisboa: Estampa/Seara Nova, 1973.

SCALA, Flaminio. *Il Teatro delle favole rappresentative*. Milano: Il Polifilo, 1976.

_____. *Prologo della comedia del* Finto Marito; *Prologo per recitare*. In: MAROTTI, Ferruccio; ROMEI, Giovanna. *La Commedia dell'Arte e la società barocca*, v. 2: la professione del teatro. Roma: Bulzoni, 1991.

SEDAINE, Michel. *Le Philosophe sans le savoir*. Paris: Société des Textes Français Modernes, 1996.

SOMMI, Leone de'. *Quattro dialoghi in materia di rappresentazioni sceniche*. Milano: Il Polifilo, 1968 (tradução brasileira de J. Guinsburg, *Quatro Diálogos em Matéria de Representação Cênica*. In: *Leone de'Sommi*: um judeu no teatro da Renascença italiana. São Paulo: Perspectiva, 1989).

SUÁREZ, Francisco. *Tratado de las Leyes y de Dios Legislador*. Edição bilíngüe. Tradução de J. R. E. Muniozguren. Madrid: Instituto de Estudios Políticos, 1967.

SWIFT, Jonathan. *As Viagens de Gulliver*. Tradução de M. F. Lima. Mira-Sintra: Europa-América, 1974.

TASSO, Torquato. *L'Aminta*. In: Camerini, Eugenio (org.). *I Drammi de'boschi e delle marine*. Milano: Sonzogno, 1927.

TERÊNCIO, Públio. *O Homem Que se Puniu a si Mesmo*. Tradução de W. de Medeiros. Coimbra: Instituto Nacional de Investigação Científica, 1992.

VOLTAIRE (AROUET, François-Marie). *Cândido; O Ingênuo; Zadig*. Tradução de M. Quintana. São Paulo: Abril, 1979.

ESTUDOS

ALIVERTI, Maria Ines. Per Una Iconografia della Commedia dell'Arte. *Teatro e storia*. IV, n. 1, aprile 1989.

ALLEGRI, Luigi. Teoria e poetica del teatro moderno. In: ALONGE, Roberto; BONINO, Guido Davico (orgs.). *Storia del teatro moderno e contemporaneo*: la nascita del teatro moderno, Cinquecento-Seicento. Torino: Einaudi, 2000, v. 1.

ALMEIDA PRADO, Décio de. *João Caetano*. São Paulo: Perspectiva, 1972.

_____. *João Caetano e a Arte do Ator*. São Paulo: Ática, 1984.

ALMEIDA PRADO, Raquel de. *A Jornada e a Clausura*. São Paulo: Ateliê, 2003.

_____. Do "Brasil" de Rousseau ao "Brasil" de Defoe: indivíduo e Novo Mundo. *Rapsódia*: almanaque de filosofia e arte, n. 1, São Paulo: FFLCH/USP, 2001.

_____. Ética e Libertinagem nas *Ligações Perigosas*. In: NOVAES, Adauto (org.). *Libertinos Libertários*. São Paulo: Companhia das Letras, 1996.

BIBLIOGRAFIA

_____. *Perversão da Retórica, Retórica da Perversão*. São Paulo: Editora 34, 1997.

ALONGE, Roberto. La Riscoperta rinascimentale del teatro. In: ALONGE, Roberto; BONINO, Guido Davico (orgs.). *Storia del teatro moderno e contemporaneo*: la nascita del teatro moderno, Cinquecento-Seicento. Torino: Einaudi, 2000, v. 1.

ANGELINI, Franca. Gian Lorenzo Bernini e la sorpresa del vedere. In: CARANDINI, Silvia (org.). *Il Valore del falso*: errori, inganni, equivoci sulle scene europee in epoca barocca. Roma: Bulzoni, 1994.

_____. *Il Teatro barocco*. Roma: Laterza, 1996.

APOLLONIO, Mario et al. Commedia dell'Arte. In: *Enciclopedia dello spettacolo*. Roma: Le Maschere, 1956, v. 3.

_____. *Storia della Commedia dell'Arte*. Roma: Augustea, 1930.

ARIÈS, Philippe. *História Social da Criança e da Família*. Tradução de D. Flaksman. Rio de Janeiro: Zahar, 1978.

ATTINGER, Gustave. *L'Esprit de la Commedia dell'Arte dans le théâtre français*. Paris: Librairie Théatrale, 1950.

AUERBACH, Erich. A Ceia Interrompida. In: _____. *Mimesis*. 5. ed. São Paulo: Perspectiva, 2007.

BAKHTIN, Mikhail. *A Cultura Popular na Idade Média e no Renascimento*: o contexto de François Rabelais. Tradução de Y. Frateschi. Brasília: Editora da UnB; São Paulo: Hucitec, 1999.

_____. Epos e Romance. *Questões de Literatura e de Estética*. 3. ed. Tradução de A. Fornoni Bernardini, J. Pereira Jr., A. Góes Jr., H. S. Nazário, H. F.de Andrade. São Paulo: Editora da Unesp, 1993.

BALTRUSAITIS, Jurgis. *Aberrações*: ensaio sobre a lenda das formas. Tradução de V. A. Harvey. Rio de Janeiro: Editora da UFRJ, 1999.

BASCHET, Armand. *Les Comédiens italiens à la cour de France*. Paris: E. Plon, 1882.

BECQ, Annie. Fonctions de Diderot dans la genèse de l'esthétique française moderne. In: *Lumières et modernité*: de Malebranche à Baudelaire. Caen: Paradigme, 1994.

_____. *Genèse de l'esthétique française moderne, 1680-1814*. Paris: Albin Michel, 1994.

BELAVAL, Yvon. *L'Esthétique sans paradoxe de Diderot*. Paris: Gallimard, 1950.

BENZONI, Gino. *Gli Affanni della cultura*: intellettuali e potere nell'Italia della Controriforma e barocca. Milano: Feltrinelli, 1978.

BERRETTINI, Célia. Rousseau e a Arte Dramática. *Teatro Ontem e Hoje*. São Paulo: Perspectiva, 1980.

BICKEL, Ernest. *Historia de la Literatura Romana*. Tradução de J. D.-R. López. Madrid: Gredos, 1987.

BORIE, Monique; ROUGEMONT, Martine de; SCHERER, Jacques (orgs.). *Estética Teatral*: textos de Platão a Brecht. Tradução de H. Barbas. Lisboa: Calouste Gulbenkian, 1996.

BOURQUI, Claude. *La Commedia dell'Arte*. Paris: Sedes, 1999.

BRAGAGLIA, Anton Giulio. Comici italiani in Francia. *La Lettura*. Milano, a. 25, n. 12, 1 dez. 1925.

BRAY, René. *La Formation de la doctrine classique en France*. Paris: Nizet, 1966.

172 A ARTE DO ATOR ENTRE OS SÉCULOS XVI E XVIII

BRILHANTE, Maria João. *Jacques le fataliste* por Bertolt Brecht: Marcas de uma Leitura. In: _____. (org.). *O Fatalista de Diderot*. Lisboa: Moraes, 1978.

BURKE, Peter. A Descoberta do Povo. *A Cultura Popular na Idade Moderna*. Tradução de D. Bottmann. São Paulo: Companhia das Letras, 1989.

_____. *A Fabricação do Rei*. Tradução de M. A. Borges. Rio de Janeiro: Jorge Zahar, 1994.

_____. El cortesano, vers. J. P. Montojo. In: GARIN, Eugenio (org.). *El Hombre del Renacimiento*. Madrid: Alianza Editorial, 1993.

_____. *As Fortunas d'O Cortesão*. Tradução de A. Hattnher. São Paulo: Editora da Unesp, 1997.

_____. L'Art de l'insulte en Italie aux XVIe. et XVIIe. siècles. In: DELUMEAU, Jean (org.). *Injures et blasphèmes*. Paris: Imago, 1989.

_____. *Veneza e Amsterdã*: um Estudo das Elites do Século XVII. Tradução de R. Eichemberg. São Paulo: Brasiliense, 1990.

CAMERINI, Eugenio. *Le Pastorali, le tragicommedie, l'*Aminta, *il* Pastor Fido. In: _____ (org.). *Drammi de' boschi e delle marine*, Milano, Sonzogno, 1927.

CAMPARDON, Émile. *Les Comédiens du roi de la troupe italienne pendant les deux derniers siècles*. Paris: Berger-Levraut, 1880, 2 vs.

CAPPELLETTI, Salvatore. *Luigi Riccoboni e la riforma del teatro*. Ravenna: Longo, 1986.

CARANDINI, Silvia. *Teatro e spettacolo nel Seicento*. Bari: Laterza, 1993.

CARLSON, Marvin. *Teorias do Teatro*. Tradução de G. C. de Souza. São Paulo: Editora da Unesp, 1997.

CASSIN, Barbara. A Máscara e a Efetividade. *Discurso*: revista do Departamento de Filosofia da USP. Tradução de L. F. Franklin de Mattos. São Paulo: Pólis, n. 21, 1993.

CASSIRER, Ernst. *A Filosofia do Iluminismo*. Tradução de A. Cabral. Campinas: Editora da Unicamp, 1994.

CHAUNU, Pierre. *A Civilização da Europa das Luzes*. Tradução de M. J. Gomes. Lisboa: Estampa, 1995, 2 vs.

CHOUILLET, Jacques. *Diderot*: poète de l'énergie. Paris: PUF, 1984.

_____. *La Formation des idées esthétiques de Diderot*. Paris: Armand Colin, 1973.

_____. *L'Esthétique des Lumières*. Paris: PUF, 1974.

COMPAGNINO, Gaetano; SAVOCA, Giuseppe. *Dalla Vecchia Italia alla cultura europea del Settecento*. Roma: Laterza, 1996.

COSTA, Iná Camargo. Sinta o Drama. In: _____. *Sinta o Drama*. Rio de Janeiro: Vozes, 1998.

COURTINE, Jean-François. L'Héritage scolastique dans la problématique théologico-politique de l'âge classique. In: MÉCHOULAN, Henri (org.). *L'État baroque*. Paris: Vrin, 1985.

COURVILLE, Xavier de. *Un Apôtre de l'art du théâtre au XVIIIe. siècle*: Luigi Riccoboni dit Lélio (l'expérience française). Paris: L'Arche, 1967, t. 2.

_____. *Un Artisan de la rénovation théâtrale avant Goldoni*: Luigi Riccoboni dit Lélio (chef de troupe en Italie). Paris: L'Arche, 1967.

_____. *Lélio*: premier historien de la Comédie Italienne et premier animateur du théâtre de Marivaux. Paris: Librairie Théâtrale, 1958.

BIBLIOGRAFIA

CROCE, Benedetto. Intorno alla Commedia dell'Arte. In: _____. *Poesia popolare e poesia d'arte*. 2. ed. Bari: Laterza, 1946.

CUPPONE, Roberto. *Il Mito della Commedia dell'Arte nell'Ottocento francese*. Roma: Bulzoni, 1999.

CURTIUS, Ernst Robert. Diderot e Horácio. In: _____. *Literatura Européia e Idade Média Latina*. Tradução de T. Cabral e P. Rónai. São Paulo: Hucitec/Edusp, 1996.

CUSSET, Catherine. Suzanne ou la liberté. *Recherches sur Diderot et sur l'Encyclopédie*. Centre National du Livre et CNRS, n. 21, octobre 1996.

D'AMICO, Silvio. La Commedia dell'Arte. In: ALONGE, Roberto; BONINO, Guido Davico (orgs.). *Storia del teatro moderno e contemporaneo*: la nascita del teatro moderno, Cinquecento-Seicento. Torino: Einaudi, 2000, v. 1.

DARNTON, Robert. *Boemia Literária e Revolução*. Tradução de L. C. Borges. São Paulo: Companhia das Letras, 1987.

_____. *O Iluminismo como Negócio*. Tradução de L. T. Motta e M. L. Machado. São Paulo: Companhia das Letras, 1996.

_____. *O Lado Oculto da Revolução*: Mesmer e o final do Iluminismo na França. Tradução de D. Bottmann. São Paulo: Companhia das Letras, 1988.

DERRIDA, Jacques. *Gramatologia*. Tradução de M. Schnaiderman e R. Janine Ribeiro. 2. ed. São Paulo: Perspectiva, 1999.

DESBORDES, François. Le Secret de Démosthène. In: QUINTILIEN. *Institution oratoire*. Tradução de F. Desbordes. Paris: Les Belles Lettres, 1995.

DIECKMANN, Herbert. *Cinq leçons sur Diderot*. Paris: Minard, 1959.

_____. Le Thème de l'acteur dans la pensée de Diderot. *Cahiers de l'Association Internationale des Études Françaises*, Paris: Les Belles Lettres, n. 13, 1961.

DOBRÁNSKY, Enid A. Os *Ensaios sobre a Pintura*, de Diderot: uma estética da sensibilização. In: DIDEROT, Denis. *Ensaios sobre a Pintura*. Tradução de E. A. Dobránsky. Campinas: Papirus/Editora da Unicamp, 1993.

DOGLIO, Maria Luisa. La "poesia rappresentativa"; L'*institutio* scenica. In: INGEGNERI, Angelo. *Della Poesia rappresentativa e del modo di rappresentare le favole sceniche*. Modena: Panini, 1989.

DONNAY, Maurice et al. *Le Théâtre à Paris au XVIIIᵉ. siècle*: conférences du Musée Carnavalet – 1929. Payot: Paris, 1930.

DOTOLI, Giovanni. Rhétorique et théatre de la tragi-comédie à la tragédie. In: MOSELE, Elio (org.). *Dalla Tragedia rinascimentale alla tragicomedia barocca*. Fasano: Schena, 1993.

DUCHARTRE, Pierre-Louis. *La Commedia dell'Arte et ses enfants*. Paris: Éditions d'Art et Industrie, 1955.

DUVIGNAUD, Jean. *Sociologia do Comediante*. Tradução de G. Velho. Rio de Janeiro: Zahar, 1972.

EAGLETON, Terry. *A Função da Crítica*. Tradução de J. L. Camargo. São Paulo: Martins Fontes, 1991.

ELIAS, Norbert. *A Sociedade de Corte*. Tradução de P. Süssekind. Rio de Janeiro: Zahar, 2001.

FACCIOLI, Emilio. Cronache e personaggi della vita teatrale. In: _____ (org.). *Mantova – Le Lettere*. Mantova: Istituto Carlo d'Arco, 1962, v. 2.

FAIVRE, Bernard. La Profession de comédie; L'Acteur et le jongleur. In: JOMARON, Jacqueline de (org.). *Le Théâtre en France*. Paris: Armand Colin,

174 A ARTE DO ATOR ENTRE OS SÉCULOS XVI E XVIII

1992.

FERRONE, Siro. *Attori mercanti corsari*: la Commedia dell'Arte in Europa tra Cinque e Seicento. Torino: Einaudi, 1993.

_____ (org.). *Commedie dell'arte*. Milano: Mursia, 1985, 2 vs.

_____. La Parola e l'immagine: Lelio bandito e santo. In: Carandini, Silvia (org.). *Il Valore del falso*: errori, inganni, equivoci sulle scene europee in epoca barocca. Roma: Bulzoni, 1994.

FO, Dario. *Manual Mínimo do Ator*. Tradução de L. Baldovino e C. D. Szlak. São Paulo: Senac, 1998.

FRANKLIN DE MATTOS, Luiz Fernando. *A Cadeia Secreta*. São Paulo: Cosac&Naify, 2004.

_____. Livre Gozo e Livre Exame. In: NOVAES, Adauto (org.). *Libertinos Libertários*. São Paulo: Companhia das Letras, 1996.

_____. O Espetáculo Teatral Segundo Diderot. *Discurso*: revista do Departamento de Filosofia da USP, São Paulo: Pólis, n. 17, 1988.

_____. *O Filósofo e o Comediante*. Belo Horizonte: UFMG, 2001.

FUMAROLI, Marc. *Héros et orateurs*: rhétorique et dramaturgie cornéliennes. Genève: Droz, 1996.

_____. Introduction. In: MOUSNIER, Roland; MESNARD, Jean (orgs.). *L'Âge d'or du mécénat*: 1598-1661. Paris: Éditions du CNRS, 1985.

_____. *L'École du silence*. Paris: Flammarion, 1998.

GAIFFE, Félix. *Le Drame en France au XVIIIe. siècle*. Paris: Armand Colin, 1971.

GAMBELLI, Delia. *Arlecchino a Parigi*: dall'inferno alla corte del Re Sole. Roma: Bulzoni, 1993.

GARAVELLI, Bice Mortara. *Manuale di retorica*. Milano: Bompiani, 2002.

GHERSI, Alda Bellasich. Les Implications rhétoriques dans le premiers drames mis en musique. In: MAMCZARZ, Irène (org.). *Dramaturgie et collaboration des arts au théâtre*. Firenze: Leo S. Olschki, 1993.

GIARDI, Orietta. *I Comici dell'Arte perduta*. Roma: Bulzoni, 1991.

GRIMALDI, Nicolas. Quelques paradoxes de l'esthétique de Diderot. *Revue philosophique*, Paris: PUF, n. 3, juil./sept. 1984.

GRUMEL, V. Culte des images. In: *Dictionnaire de théologie catholique*. Paris: Letouzey et Ané, 1922, t. 7 (1).

GUARDENTI, Renzo. *Gli Italiani a Parigi*: La Comédie Italienne (1660-1697). Roma: Bulzoni, 1990.

HABERMAS, Jürgen. *L'Espace public*. Tradução de M. B. de Launay. Payot: Paris, 1978.

HAIGH, Arthur Elam. *Attic Theatre*. Oxford: Clarendon Press, 1907.

HANSEN, João Adolfo. *A Sátira e o Engenho*. São Paulo: Companhia das Letras, 1989.

_____. O Discreto. In: NOVAES, Adauto (org.). *Libertinos Libertários*. São Paulo: Companhia das Letras, 1996.

_____. Práticas Letradas Seiscentistas. *Discurso*: revista do Departamento de Filosofia da USP, São Paulo: USP, 25, 1995.

HECK, Thomas F. *Commedia dell'Arte*: a guide to the primary and secondary literature. New York/London: Garland, 1988.

HILDESHEIMER, Françoise. La Répression du blasphème au XVIIIe. siècle. In: DELUMEAU, Jean (org.). *Injures et blasphèmes*. Paris: Imago, 1989.

BIBLIOGRAFIA 175

HOBSON, Marian. Le *Paradoxe sur le comédien* est un paradoxe. *Poétique*, Paris: Seuil, n. 15, 1973.

JAUSS, Hans Robert. *Pour Une Esthétique de la réception*. Tradução de C. Maillard. Paris: Gallimard, 1998.

JOLIBERT, Bernard. *La Commedia dell'Arte et son influence en France du XVIe. au XVIIIe. siècle*. Paris: L'Harmattan, 1999.

JOMARON, Jacqueline de. La Raison d'État. In: _____ (org.). *Le Théâtre en France*. Paris: Armand Colin, 1992.

KIBEDI VARGA, Aron. *Rhétorique et littérature*. Paris: Didier, 1970.

KINDERMANN, Heinz. Commedia dell'Arte. In: *The New Encyclopaedia Britannica*. Chicago/London, 1979, v. 4.

KLEIN, Robert. A Teoria da Expressão Figurada nos Tratados Italianos sobre as *Imprese*, 1555-1612. In: _____. *A Forma e o Inteligível*. Tradução de C. Arena. São Paulo: Edusp, 1998.

KOSSOVITCH, Leon. Preceptivas e Estilos. *Boletim*: Instituto de História da Arte do Masp, n. 1, jan./abr. 1997.

LACOUE-LABARTHE, Philippe. Diderot, le paradoxe et la mimésis. *Poétique*, Paris: Seuil, n. 43, sept. 1980.

LAGRAVE, Henri. *Le Théâtre et le public à Paris de 1715 à 1750*. Paris: Klincksiek, 1972.

LAUSBERG, Heinrich. *Elementos de Retórica Literária*. Tradução de R. R. Fernandes. Lisboa: Calouste Gulbenkian, 1966.

_____. *Manual de Retórica Literaria*. Tradução de J. Pérez Riesco. Madrid: Gredos, 1966.

LEPAPE, Pierre. *Diderot*. Paris: Flammarion, 1991.

_____. *Voltaire*. Tradução de M. Pontes. Rio de Janeiro: Jorge Zahar, 1995.

LICHTENSTEIN, Jacqueline. *A Cor Eloqüente*. Tradução de M. L. Chaves de Mello e M. H.de Mello Rouanet. São Paulo: Siciliano, 1994.

LIOURE, Michel. Le Drame bourgeois. In: _____. *Le Drame de Diderot à Ionesco*. Paris: Armand Colin, 1973.

LUKÁCS, Giörgy. Dalla Prefazione a *Storia dello Sviluppo del Dramma Moderno*; Georg Buechner nella falsificazione fascista e nella realtà; Il Romanzo storico e il dramma storico; Per Una Sociologia del dramma moderno. In: _____. *Scritti di sociologia della letteratura*. Tradução de G. Piana. Milano: SugarCo, 1964.

_____. *Il Dramma moderno*. Tradução de L. Coeta. Milano: SugarCo, 1976.

MAMCZARZ, Irène. Problèmes de dramaturgie comparée dans les réflexions théoriques de Luigi Riccoboni. In: _____. *Dramaturgie et collaboration des arts au théatre*. Firenze: Leo S. Olschki, 1993.

MAMONE, Sara. *Firenze e Parigi*: due capitali dello spettacolo per una regina, Maria de' Medici. Milano: Amilcare Pizzi, 1988.

_____. Viaggi teatrali in Europa. In: ALONGE, Roberto; BONINO, Guido Davico (orgs.). *Storia del teatro moderno e contemporaneo*: la nascita del teatro moderno, Cinquecento-Seicento. Torino: Einaudi, 2000, v. 1.

MANGINI, Nicola. *Drammaturgia e spettacolo tra Settecento e Ottocento*. Padova: Lurana, 1979.

MARAVALL, José Antônio. Novidade, Invenção, Artifício: papel social do teatro e das festas. In: _____. *A Cultura do Barroco*. Tradução de S. Garcia.

176   A ARTE DO ATOR ENTRE OS SÉCULOS XVI E XVIII

São Paulo: Edusp, 1997.

MARITI, Luciano. Comici dilettanti e comici di professione. In: _____. *Commedia ridicolosa*. Roma: Bulzoni, 1978.

MAROTTI, Ferruccio. *Lo Spettacolo dall'umanesimo al manierismo*. Milano: Feltrinelli, 1974.

MAROTTI, Ferruccio; ROMEI, Giovanna (orgs.). *La Commedia dell'Arte e la società barocca*, v. 2: la professione del teatro. Roma: Bulzoni, 1991.

MARQUES, José Oscar de Almeida. A Educação Musical de Emílio. *Rapsódia*: almanaque de filosofia e arte, São Paulo: FFLCH/USP, n. 2, 2002.

MARX, Karl. *Para a Questão Judaica*. Tradução de J. Barata-Moura. Lisboa: Avante, 1997.

MÉCHOULAN, Henri. L'Espagne dans le miroir des textes français. In: _____ (org.). *L'État baroque*. Paris: Vrin, 1985.

MELLO E SOUZA, Antonio Candido de. A Educação pela Noite; O Patriarca. In: *A Educação pela Noite*. 2. ed. São Paulo: Ática, 1989.

_____. Crítica e Sociologia. *Literatura e Sociedade*. São Paulo: Editora Nacional, 1975.

MÉNIL, Alain. *Diderot et le drame*. Paris: PUF, 1995.

MEYER, Jean. *La France moderne*: de 1515 à 1789. Paris: Fayard, 1985.

MEYER, Marlyse. *As Surpresas do Amor*. Tradução de R. de Almeida Prado. São Paulo: Edusp, 1992.

MIC, Constant. *La Commedia dell'Arte ou Le Théâtre des comédiens italiens des XVIe, XVIIe et XVIIIe siècles*. Paris: La Pléiade, 1927.

MICHEL, A., Concile de Trente. In: *Dictionnaire de théologie catholique*. Paris: Letouzey et Ané, 1946, t. 15.

MOFFAT, Margaret M. *Rousseau et la querelle du théâtre au XVIIIe. siècle*. Paris: E. de Boccard, 1930.

MOLINARI, Cesare. *La Commedia dell'Arte*. Milano: Mondadori, 1985.

MORETTO, Fulvia M. L. O Paradoxal Denis Diderot; Diderot e o Teatro. In: _____. *Letras Francesas*: estudos de literatura. São Paulo: Editora da Unesp, 1994.

MOSELE, Elio (org.). *Dalla Tragedia rinascimentale alla tragicommedia barocca*. Fasano: Schena, 1993.

MUHANA, Adma. *A Epopéia em Prosa Seiscentista*. São Paulo: Editora da Unesp, 1997.

_____. Poesia, e Pintura, ou Pintura, e Poesia. *Boletim*: Instituto de História da Arte do Masp, n. 1, jan./abr. 1997.

NAKAM, Géralde. *Les Essais de Montaigne*: miroir et procès de leur temps. Paris: Nizet, 1984.

NICASTRO, Guido. *Metastasio e il teatro del primo Settecento*. Roma: Laterza, 1996.

NICOLL, Allardyce. *Il Mondo di Arlecchino*. Tradução de E. S. Vaccari. Milano: Bompiani, 1980.

NOVAIS, Fernando. Anotações sobre a Vida Cultural na Época do Antigo Regime. *Discurso:* revista do Departamento de Filosofia da USP, São Paulo: Lech, n. 10, 1988.

OGG, David. *La Europa del Antiguo Régimen*: 1715-1783. Tradução de C. Manzano. Madrid: Siglo Veintiuno, 1976.

ORLANDO, Francesco. Il Dato di fatto falso: tecnica teatrale e visione del mondo. In: CARANDINI, Silvia (org.). *Il Valore del falso*: errori, inganni, equivoci

BIBLIOGRAFIA 177

sulle scene europee in epoca barocca. Roma: Bulzoni, 1994.

PANDOLFI, Vito (org.). *La Commedia dell'Arte*: storia e testo. Firenze: Sansoni, 1957. 6 vs.

_____. La Commedia dell'Arte; La Nascita dello spettacolo professionista. In: _____. *Il Teatro del Rinascimento e la Commedia dell'Arte*. Lerici, 1969.

PARKER, Geoffrey. *La Europa en crisis*: 1598-1648. Tradução de A. Jiménez. Madrid: Siglo Veintiuno, 1981.

PATILLON, Michel. *Éléments de rhétorique classique*. Nathan, 1990.

PÉCORA, Alcir. A Cena da Perfeição. In: CASTIGLIONE, Baldassare. *O Cortesão*. Tradução de C. M. Louzada. São Paulo: Martins Fontes, 1997.

_____. *Máquina de Gêneros*. São Paulo: Edusp, 2001.

_____. Parnaso de Bocage, Rei dos Brejeiros. In: NOVAES, Adauto (org.). *Libertinos Libertários*. São Paulo: Companhia das Letras, 1996.

PELLISSON, Maurice. Les Hommes de lettres et les comédiens. In: _____. *Les Hommes de lettres au XVIIIᵉ. siècle*. Paris: Armand Colin, 1911.

PETRACCONE, Enzo (org.). *La Commedia dell'Arte*: storia, tecnica, scenari. Napoli: Ricardo Ricciardi, 1927.

PLEBE, Armando. *Breve História da Retórica Antiga*. Tradução de G. M. de Barros. São Paulo: EPU/Edusp, 1978.

PLEBE, Armando; EMANUELE, Pietro. *Manual de Retórica*. Tradução de E. Brandão. São Paulo: Martins Fontes, 1992.

POLI, Giovanni (org.). *La Commedia degli Zanni*. Milano: Palazzo Durini, 1964.

PONTREMOLI, Alessandro. Il Teatro dell'arcano: ritualità civile e cerimonia. In: ALONGE, Roberto; BONINO, Guido Davico (orgs.). *Storia del teatro moderno e contemporaneo*: la nascita del teatro moderno, Cinquecento-Seicento. Torino: Einaudi, 2000, v. 1.

PRADO JR., Bento. A Força da Voz e a Violência das Coisas. In: ROUSSEAU, Jean-Jacques. *Ensaio sobre a Origem das Línguas*. Tradução de F. Moretto. Campinas: Editora da Unicamp, 1998.

_____. Gênese e Estrutura dos Espetáculos. *Revista Cebrap*, São Paulo: Brasiliense, n. 14, 1975.

_____. Imaginação e Interpretação: Rousseau entre a imagem e o sentido. In: MELLO E SOUZA, Antonio Candido de; LIMA, Luiz Costa (orgs.). *A Interpretação*. Rio de Janeiro: Imago, 1990.

_____. Romance, Moral e Política no Século das Luzes: o caso Rousseau. *Discurso*: revista do Departamento de Filosofia da USP, São Paulo: Pólis, n. 17, 1988.

PRANDI, Alfonso. *L'Europa centro del mondo*. Torino: Società Editrice Internazionale, 1980, 2 v.

RASI, Luigi. *I Comici italiani*. Firenze: Fratelli Bocca, 1897.

RENUCCI, Paul. La Cultura. In: ROMANO, Ruggero; VIVANTI, Corrado (orgs.). *Storia d'Italia*: dalla caduta dell'Impero Romano al secolo XVIII. Torino: Einaudi, 1974, v. 2, t. 2.

RIBEIRO, Renato Janine. *A Etiqueta no Antigo Regime*: do sangue à doce vida. 3. ed. São Paulo: Brasiliense, 1990.

ROMANO, Roberto. *Silêncio e Ruído*. Campinas: Editora da Unicamp, 1996.

_____. Diderot à Porta da Caverna Platônica. In: *Diderot: Obras I*: filosofia e política. Organização, tradução e notas de J. Guinsburg. São Paulo:

178   A ARTE DO ATOR ENTRE OS SÉCULOS XVI E XVIII

Perspectiva, 2000.

ROSA, Alberto Asor. *La Cultura della Controriforma*. Roma/Bari: Laterza, 1989.

ROSENFELD, Anatol. *O Teatro Épico*. 4. ed. São Paulo: Perspectiva, 2006.

ROUANET, Sérgio Paulo. Os Herdeiros do Iluminismo. In_____. *As Razões do Iluminismo*. São Paulo: Companhia das Letras, 1987.

ROUBINE, Jean-Jacques. L'Exhibition et l'incarnation. In: JOMARON, Jacqueline de. *Le Théâtre en France*. Paris: Armand Colin, 1992.

ROUGEMONT, Martine de. *La Vie théâtrale en France au XVIIIᵉ. siècle*. Paris: Champion; Genève: Slatkine, 1988.

RUDÉ, Georges. *A Europa no Século XVIII*. Tradução de G. R. Crespo e M. F. de Carvalho. Lisboa: Gradiva, 1988.

RUFFINI, Franco. *Commedia e festa nel Rinascimento*. Bologna: Il Mulino, 1986.

SALINAS FORTES, Luiz Roberto. *Paradoxo do Espetáculo*. São Paulo: Discurso Editorial, 1997.

_____. Rousseau, o Teatro, a Festa e Narciso. *Discurso*: revista do Departamento de Filosofia da USP, São Paulo: Pólis, n. 17, 1988.

SÁNCHEZ ESCRIBANO, Federico; PORQUERAS MAYO, Alberto. El "Vulgo" en la preceptiva de la Edad de Oro. In: _____ (orgs.). *Preceptiva dramática española*. 2. ed. Madrid: Gredos, 1972.

SAND, Maurice. *Masques et bouffons*. Paris: Michel Levy, 1860, 2 vs.

SCHERER, Jacques. Introduction. In: ROUSSEAU, Jean-Jacques. *Oeuvres complètes*. Paris: Gallimard, 1995, v. 2. (Pléiade).

_____. *La Dramaturgie classique en France*. Paris: Nizet, 1977.

_____. *Le Cardinal et l'orang-outang*. Paris: Sedes, 1972.

_____. Le Théâtre Phénix. In: JOMARON, Jacqueline de (org.). *Le Théâtre en France*. Paris: Armand Colin, 1992.

SCHERILLO, Michele. La Commedia dell'Arte. In: FALORSI, Guido (org.). *La Vita italiana nel Seicento*. Milano: Garzanti, 1939.

_____. *La Commedia dell'Arte in Italia*. Torino: Ermanno Loescher, 1884.

SKINNER, Quentin. *As Fundações do Pensamento Político Moderno*. Tradução de R. Janine Ribeiro e L. Teixeira Motta. São Paulo: Companhia das Letras, 1996.

SOLIVETTI, Carla. La Commedia dell'Arte in Russia e Konstantin Miklasevskij. In: MIKLASEVSKIJ, K., *La commedia dell'arte*, trad. C. Solivetti, Venezia: Marsilio, 1981.

SOUZA, Maria das Graças de. A História que julga: Diderot e Raynal. In: _____. *Ilustração e História*. São Paulo: Discurso, 2001.

_____. *Natureza e Ilustração*: sobre o materialismo de Diderot. São Paulo: Editora da Unesp, 2002.

STAROBINSKI, Jean. *A Transparência e o Obstáculo*. Tradução de M. L. Machado. São Paulo: Companhia das Letras, 1991.

_____. L'Accent de la verité. In: *Diderot et le théâtre*. Paris: Comédie-Française, 1984.

_____. Le Fusil à deux coups de Voltaire. *Revue de Métaphysique et de Morale*. Paris: Armand Colin, n. 3, 1966.

_____. *1789*: os emblemas da razão. Tradução de M. L. Machado. São Paulo: Companhia das Letras, 1989.

BIBLIOGRAFIA 179

SZONDI, Peter. Tableau et coup de théâtre. *Poétique*, Paris: Seuil, n. 9, 1972.

_____. *Teoria do Drama Burguês*. Tradução de L. S. Repa. São Paulo: CosacNaify, 2004.

_____. *Teoria do Drama Moderno (1880-1950)*. Tradução de L. S. Repa. São Paulo: Cosac & Naify, 2001.

TARUGI, Luisa Secchi. Lo Spazio scenico nella trattatistica rinascimentale. In: MOSELE, Elio (org.). *Dalla Tragedia rinascimentale alla tragicommedia barocca*. Fasano: Schena, 1993.

TAVIANI, Ferdinando (org.). *La Commedia dell'Arte e la società barocca*, v. 1: la fascinazione del teatro. Roma: Bulzoni, 1991.

TAVIANI, Ferdinando; SCHINO, Mirella. *Il Segreto della Commedia dell'Arte*. Firenze: La Casa Usher, 1982.

TESSARI, Roberto. *Commedia dell'Arte*: la maschera e l'ombra. Milano: Mursia, 1981.

_____. *La Commedia dell'Arte nel Seicento*: "industria" e "arte giocosa" della civiltà barocca. Firenze: Leo S. Olschki, 1969.

_____. *Teatro e spettacolo nel Settecento*. Bari: Laterza, 1995.

TORRES FILHO, Rubens Rodrigues. À Sombra do Iluminismo. In: _____. *Ensaios de Filosofia Ilustrada*. São Paulo: Brasiliense, 1987.

TORT, Patrick. *L'Origine du* Paradoxe sur le comédien. Paris: Vrin, 1980.

TREASURE, Geoffrey R. R. *The Making of Modern Europe*: 1648-1780. London/New York: Routledge, 1993.

TRIMPI, Wesley. Horace's *ut pictura poesis*: the argument for stylistic decorum; The early metaphorical uses of $\Sigma KIA\Gamma PA\Phi IA$ and $\Sigma KHNO\Gamma PA\Phi IA$. In: *Traditio*: studies in ancient and medieval history, thought and religion. New York: Fordham University Press, 1978, v. 34.

VALSECCHI, Franco. *L'Italia nel Settecento*. Verona: Arnoldo Mondadori, 1975.

VENTURI, Franco. Au Coeur des lumières; Pour Une Histoire des lumières. In: *Europe des lumières*. Tradução de F. Braudel. Paris/La Haye: Mouton, 1971.

_____. D'Alembert. In: _____. *Le Origini dell'Enciclopedia*. Torino: Einaudi, 1963.

_____. From Diderot to Mirabeau. In: _____. *The End of the Old Regime in Europe (1776-1789)*. Tradução de R. B. Litchfield. Princeton: Princeton University, 1991.

_____. *Giovinezza di Diderot*. 2. ed. Palermo: Sellerio, 1988.

_____. L'Italia fuori d'Italia. In: ROMANO, Ruggero; VIVANTI, Corrado (orgs.). *Storia d'Italia*: dal primo Settecento all'unità. Torino: Einaudi, 1973, v. 3.

VERNIÈRE, Paul. *Lumières ou clair-obscur?* Paris: PUF, 1987.

VIVANTI, Corrado. La Storia politica e sociale: Dall'avvento delle signorie all'Italia spagnola". In: ROMANO, Ruggiero; VIVANTI, Corrado (orgs.), *Storia d'Italia*: dalla caduta dell'Impero Romano al secolo XVIII. Torino: Einaudi, 1974, v. 2, t. 1.

WILLIAMS, Raymond. *El Teatro de Ibsen a Brecht*. Tradução de J. M. Álvarez. Barcelona: Península, 1975.

_____. Formas. In: _____. *Cultura*. Tradução de L. L. Oliveira. Rio de Janeiro: Paz e Terra, 1992.

180   A ARTE DO ATOR ENTRE OS SÉCULOS XVI E XVIII

_____. *Tragédia Moderna*. Tradução de B. Bischof. São Paulo: Cosac & Naify, 2002

WILSON, Arthur M. *Diderot, sa vie et son oeuvre*. Tradução de G. Chahine, A. Lorenceau, A. Villelaur. Paris: Laffont/Ramsay, 1982.

_____. The Biographical Implications of Diderot's *Paradoxe sur le comédien*. In: *Diderot Studies*, Genève, v. 3, 1961.

WOOLF, Stuart J. La Storia politica e sociale. In: ROMANO, Ruggero; VIVANTI, Corrado (orgs.). *Storia d'Italia*: dal primo Settecento all'unità. Torino: Einaudi, 1973, v. 3.

YATES, Frances A. *A Arte da Memória*. Tradução de F. Bancher. Campinas: Editora da Unicamp, 2007.

ZORZI, Ludovico. Intorno alla Commedia dell'Arte. In: _____. *L'Attore, la commedia, il drammaturgo*. Torino: Einaudi, 1990.

_____. Venezia: la repubblica a teatro. In: _____. *Il Teatro e la città*. Torino: Einaudi, 1977.

Índice Onomástico

Alberti, Leon Battista – 55, 59
Andreini, Francesco – xxxi, 41, 51, 53, 54, 57, 138, 142
Andreini, Giovan Battista – xxviii, xxxi, 18n, 51, 54, 57, 58, 59, 60, 62, 68, 152
Andreini, Isabella – 39, 41, 51, 52, 53, 54, 55, 58
Angelini, Franca – 35n
Apollonio, Marco – 17n, 19n
Ariosto, Ludovico – 75
Aristófanes – 126
Aristóteles – xxn, xxviii, xxiin, xxix, 22, 23, 24, 30n, 31, 52, 54, 55, 56, 59n, 90, 109, 112, 113, 121, 134n, 142, 145-147

Bakhtin, Mikhail – 140, 141
Balletti, Elena – 75, 77
Barbieri, Nicolò – xxxi, 60-67, 68, 69, 70, 71, 138, 139, 153-154
Baron (Boyron, Michel) – 80, 81, 82, 84
Baschet, Armand – 38n
Baudelaire, Charles – 140
Beaumarchais, Pierre-Augustin Caron de – 126
Becq, Annie – xxxn

Belaval, Yvon – xixn, xxxn, xxxin
Beniscelli, Alberto – 97n
Benzoni, Gino – 37n, 56n
Bibbiena (Dovizi, Bernardo) – 20
Bickel, Ernst – 9n, 102
Boileau-Despréaux, Nicolas – 72, 133
Bórgia, Lucrécia – 31n
Bossuet, Jacques-Bénigne – 13, 43
Bouhours, Dominique – 72, 73, 74, 154-155
Bragaglia, Anton Giulio – 63n
Bray, René – 72n, 122n
Brecht, Bertolt – xvn, xvi
Burke, Peter – 13n, 19n, 43n, 84n

Callot, Jacques – 139
Carandini, Sílvia – 42n
Carlson, Marvin – 72n
Castiglione, Baldassare – 20
Catarina II – 1, 7, 8, 10
Cecchini, Pier Maria – 39, 41, 51, 52, 61, 152
Chancerel, Léon – 140
Chaunu, Pierre – 2n, 7n
Cherea, Francesco – 16n
Choiseul, Louise de Crozat de – 8n
Chouillet, Jacques – xxxn, 12n, 103n,

182   A ARTE DO ATOR ENTRE OS SÉCULOS XVI E XVIII

126n, 133

Cícero, Marco Túlio – 104

Clairon (Legris de Latude, Claire-H.-J.) – xxxv, 10, 138, 161

Clemente VIII – 40

Clemente XIII – 5

Colbert, Jean-Baptiste – 3, 120n

Compagnino, Gaetano – 73n

Condillac, Étienne Bonnot de – 100n

Copeau, Jacques – 140

Corneille, Pierre – 80, 93, 130

Courville, Xavier de – 44n, 45n, 74n, 76n, 78n, 79n, 80n, 81n, 88n, 93n

Croce, Benedetto – 17, 18, 139, 163

Curtius, Ernst Robert – 101

D'Alembert, Jean le Rond – 1, 3, 4, 5, 7

D'Amico, Sílvio – 38n

D'Aubigné, Agrippa – 43n

Da Vinci, Leonardo – 59n

Damiens, Robert-François – 4

De Piles, Roger – 124, 128

Deffand, Marie de Vichy du – 8n

D'Épinay, Louise – 8n

Desfontaines, Pierre-F. Guyot – 81n

Diderot, Denis – XIII, XIV, XV, XVI, XVII, XVIII, XIX, XX, XXI, XXII, XXIII, XXVIII, XXIX, XXX, XXXIII, XXXIV, XXXV, XXXVI, 1, 2, 3, 4, 5, 7, 8, 9, 10, 11, 12, 78, 85n, 88n, 99-117, 119-134, 135, 136, 137, 138, 142, 143, 144, 157-163

Dioniso de Halicarnasso – 73

Doglio, Maria Luísa – 21n, 22n, 23n, 24n

Donnay, Maurice – XVIIIn, XIX

D'Orsi, Giovan Giuseppe – 74, 75

Du Bos, Jean-Baptiste – 103, 104, 106, 107, 116

Duchartre, Pierre-Louis – 44n

Eleonora da Áustria – 30

Elias, Norbert – 13n, 14n, 71n

Emanuele, Pietro – 67n

Eurípides – 26n

Faccioli, Emílio – 21n, 28n, 40n

Faivre, Bernard – 38n

Felipe de Orléans – 12, 42, 45, 76, 77, 79, 84

Fénelon, Françoisde Salignac de La Mothe- – 13

Ferrone, Siro – 15n, 19n, 39n, 40n, 76n

Fleury, André-Hércule de – 78, 85

Fo, Dario – 38n

Franklin de Mattos, Luiz Fernando – IX, XXn, 143

Frederico II, o Grande – 1n, 2, 3, 4

Fréron, Élie-Catherine – 125, 126

Fumaroli, Marc – XXIIIn, XXIVn, XXIXn, XXXIVn, 18n, 49n

Gaiffe, Félix – 126, 127n

Gambelli, Delia – 17n

Garavelli, Bice Mortara – 65n, 66n

Garzoni, Tommaso – XXVI, 17n, 47-51, 57, 68

Gaussin, Jeanne-Catherine – XVII

Gautier, Théophile – 139n

Goldoni, Carlo – 16, 97, 98, 125

Gonzaga, Ferrante – 27, 28, 29, 35

Gonzaga, Francesco – 21n, 27, 28, 29, 35, 41n

Gonzaga, Guglielmo – 27, 28, 29, 35

Gonzaga, Isabella – 27, 28, 29, 31n, 35

Gonzaga, Vincenzo – 27, 28, 29, 35

Górgias – XVIII

Gozzi, Carlo – 88, 97, 98, 139

Grimm, Friedrich Melchior – 1, 2, 3, 7, 11

Grumel, V. – 27n

Guarini, Giambattista – 22n

Hansen, João Adolfo – IX, 13, 14n, 35n, 44n, 45n

Heck, Thomas F. – 48n

Helvétius, Claude-Adrien – 8, 126

Henrique III – 38n, 46n

Henrique IV – 13, 38, 39, 41, 42, 43n, 71

Hill, Aaron – 12n

Horácio Flaco, Quinto – 147-148

Hugo, Vítor – 139, 140, 141

Ingegneri, Ângelo – XXVI, XXVII, XXIXn, 21, 22, 23, 24, 25, 26, 30n, 31, 32, 37, 56n, 142, 151-152

Jansenius, Cornelius – 84n

Jomaron, Jacqueline de – 15n, 38n, 42n, 43n, 80n

La Chaussée, Pierre-Claude Nivelle de – XXII

ÍNDICE ONOMÁSTICO

La Motte, Antoine Houdar de – 81n
Laforgue, Jules – 140
Lagrave, Henri – 14n, 76n, 77, 78n, 119, 122n
Lamy, Bernard – 128, 129
Landois, Paul – 100n
Lasso, Orlando di – 19
Lausberg, Heinrich – 101, 102, 103
Le Breton, André-François – 100n
Le Brun, Charles – 14, 123, 124, 128
Leão x – 20n
Lecouvreur, Adrienne – 88
Lichtenstein, Jacqueline – 135
Locatelli, Basílio – 51, 56, 57
Longino – xxxivn
Louise da Suécia – 2
Loyola, Inácio de – xxiv, xxvii, 65n, 149
Luís xiii – 41, 42, 60, 71, 88n
Luís xiv – xxxiin, 3, 13, 14, 15, 42, 43, 44, 45, 46, 71, 72, 73, 76, 120n, 123n, 130
Luís xv – xxxii, 2, 3, 4, 5, 6, 7, 8, 9, 12, 45, 77, 78, 85, 125, 130
Lutero, Martinho – xxv, xxvii, xxxiin, 23n

Maffei, Scipione – 75, 78n
Maintenon, Françoise d'Aubigné de – 43, 44, 45, 46, 72
Mamone, Sara – 39n, 40n, 41n
Maquiavel, Nicolau – xxvii
Margarida de Sabóia – 21n, 41n
Marivaux, Pierre – 78
Marotti, Ferruccio – xxviiin, xxxin, 16n, 17n, 18n, 26n, 28n, 29n, 36n, 37n, 49n, 50n, 51n, 52n, 53n, 54n, 55n, 56n, 57n, 58n, 60n, 61n, 152n, 153n
Martinelli, Tristano – 39, 40, 43, 48, 51, 53
Médici, Catarina de – 38
Médici, Cosimo de – xxix
Médici, Ferdinando de – 39, 40
Médici, Giovanni de – 20n
Médici, Maria de – 35, 39, 40, 41, 42, 43, 44, 47, 48, 51, 60, 71
Meister, Jakob Heinrich – 1n
Mercier, Louis-Sébastien – 126
Meyer, Jean – 2n, 43n, 73n, 85n
Mic, Constant – 16n
Michel, A. – 71n
Moffat, Margaret M. – 88n

Molière (Poquelin, Jean-Baptiste) – xivn, 14, 42, 80, 88n, 119, 120, 125, 126
Molinari, Cláudio – 16n, 48n
Montesquieu, Charles de Secondat de – 4, 5
Monteverdi, Cláudio – 21n
Muhana, Adma – 56n, 59n, 101n
Muratori, Ludovico – 73, 74, 79

Nakam, Géralde – 23n

Ogg, David – 85n
Ottonelli, Giovan Domenico – 67-71

Palladio, Andrea – 21
Palissot, Charles – 125, 126, 127
Pandolfi, Vito – 37n, 40n, 59n, 139n
Parabosco, Girolamo – 16n
Parker, George – 38n
Pedro iii – 7
Pellisson, Maurice – xviiin
Pergolesi, Giovanni Battista – 6
Perrucci, Andrea – 63n, 79n
Petraccone, Enzo – 19n
Plauto – 31n, 126
Plebe, Armando – 67n, 90
Poli, Giovanni – 17n
Pontremoli, Alessandro – 20n, 21n
Prandi, Alfonso – 43n, 71n

Quintiliano, Marco Fábio – xxiii, xxiv, xxxiii, 89, 90, 91, 92, 93, 94, 96, 97, 104, 148

Racine, Jean – 80, 93
Raynal, Guillaume-François de – 1n
Reboux, Paul – xviiin
Renucci, Paul – 42n
Riccoboni, Antônio – 74
Riccoboni, Luigi – xxxi, xxxii, xxxiii, 72-87, 88, 89, 92-97, 138, 141, 143, 155-156
Richelieu, Armand de – 88n
Ripa, Cesare – 59n
Romagnesi, Marc'Antonio – 88n
Romei, Giovanna – xxxin, xxviiin, 16n, 17n, 18n, 36n, 49n, 50n, 51n, 52n, 53n, 54n, 55n, 56n, 57n, 58n, 60n, 61n, 152n, 153n
Roubine, Jean-Jacques – 80n, 86n

184 A ARTE DO ATOR ENTRE OS SÉCULOS XVI E XVIII

Rousseau, Jean-Jacques – xvii, 1, 3n, 6, 10, 126

Sainte-Albine, Pierre Rémond de – xxxiii, 12n, 78, 157
Sand, Georges – 140
Sand, Maurice – 140
Sansovino, Jacopo – 16n
Santo Agostinho – 84n
São Carlos Borromeu – xxvii, xxviii, 18n, 47-51, 141
São Tomás de Aquino – 59n
Savoca, Giuseppe – 73n
Scala, Flamínio – 39, 51, 54, 55, 153
Scherer, Jacques – 15n
Scherillo, Michele – 31n, 38n, 46n, 88n
Schino, Mirella – 36n, 88n
Sedaine, Michel – xvii, xvii, 120, 126
Simônides – 59n
Skinner, Quentin – xxvn, xxvii, xxxiin, 71n
Sófocles – 21
Solivetti, Carla – 140n
Sommi, Leone de' – xxvi, 26-35, 38, 49, 57, 60, 142, 143, 149-151
Sticotti, Antônio Fábio – 12, 76
Suárez, Francisco – xxv
Suzuki, Márcio – ix
Szondi, Peter – 114n

Tácito, Públio Cornélio – 80
Tasso, Torquato – 21, 22n, 37, 73
Taviani, Ferdinando – xxviiin, 36n, 47, 48n, 49n, 53, 68n, 88n
Terêncio, Públio – 105n, 112n
Tessari, Roberto – 16n, 36n, 37n, 42n, 140n
Tort, Patrick – 12n
Treasure, Geoffrey R.R. – 2n, 13n, 43n, 45n
Trimpi, Wesley – 109
Troiano, Máximo – 18, 19

Valeriano, Piero – xxix
Valsecchi, Franco – 79n
Verlaine, Paul – 140
Versini, Laurent – 85n, 88n, 100n
Villeneuve, F. – 101n, 102n
Vinti, Cláudio – xivn
Vivanti, Corrado – 28n
Voltaire (Arouet, François-Marie) – xvii, xviii, 7n, 88

Wilson, Arthur M. – 2, 3n, 4n, 5n, 6n, 7n, 8n, 85n, 100n, 126n, 127n

Zannino, Maffio – 16, 37
Zêuxis – 93
Zorzi, Ludovico – 20n, 37n

Este livro foi impresso na cidade de Cotia,
nas oficinas da MetaBrasil, em 2018,
para a Editora Perspectiva.